12.

L'OBJET

PERSPECTIVES PSYCHANALYTIQUES
Collection dirigée par Alain Julien Brun

LE NÉGATIF par André Green et al.

L'OBJET par Jean Guillaumin

© L'Esprit du Temps, 1996
ISBN 2-908206-63-3

Jean GUILLAUMIN

L'OBJET

ou
l'objet, l'absence et l'ombre

Essai psychanalytique

L'Esprit du Temps

AVANT-PROPOS

L'objet ?

Le mot, pour technique qu'il soit devenu chez les psychanalystes, reste chez eux, comme partout en français, marqué de je ne sais quelle archaïcité, classique ou romantique. Objet de l'amour. Objet de la haine. Objet des pensée du jour, ou bien des pensées du rêve. Investi ou désinvesti, affirmé, dénié ou renié, rejeté, exilé, enfermé, clair ou ambigu. Mais dans tous les cas et sous toutes ses formes, objet qui comme tel, ne saurait *entièrement satisfaire* aux appuis immédiats et actuels offerts par la représentation consciente ou inconsciente qu'on en a. Objet, donc, toujours à quelque degré en quête ou encore en manque, – malgré toute capture, annulation ou fétichisation possibles – d'un support objectif, «objectal» peut-être, d'un supplément de support dans la réalité perceptive interne ou externe : et au-delà, dans ce que Freud désignait comme la réalité matérielle.

Tel est l'objet dont ce livre fait son propos, et comme on dit… son «sujet». Objet ? Sujet ? L'équivoque du langage est ici, comme souvent, plus que simple rencontre et fait songer, à juste titre, aux considérations de Freud sur les mots primitifs à double sens. On y reviendra, car, d'une certaine façon, *cela* – je veux dire cette dimension-là de l'objet – est déjà dans… le sujet. Et pose aussitôt la question essentielle de la place du tiers entre sujet et objet.

La psychanalyse nous a appris empiriquement, par l'écoute sur ce point convergeante des devis innombrables et changeants des analysants, à entrevoir, et parfois à cerner pour un moment, les caractères généraux, *et pourtant si singuliers* de l'objet. De cet Autre que soi, autre (et hôte) de soi, de ce double, de droit proche du Moi, *et pourtant* à lui en partie étranger quasiment par nature, que ce Moi ne cesse de postuler, le réclamant toujours de quelque façon sans jamais pouvoir vraiment le tenir, ni au dedans, ni au dehors, y compris quand il croit s'en être assuré. Un double habité, dans cela même qui le constitue en tant qu'objet, par une différence irréductible de position dans l'existence par rapport à son modèle ou à sa copie. Différence mal tolérée parce qu'irritante, décevante donc excitante, appelant la satisfaction d'une impossible quiétude, car elle parle avec insistance dans le double dont il s'agit d'un tiers insaisissable. Cela vaut pour toutes les pathologies de l'âme – qu'on l'appelle Seele ou Psyché ou même appareil psychique. Mais ces pathologies ne sont elles-mêmes que des amplifications plus ou moins durables et douloureuses des mouvements secrets qui forment et agitent le désir ordinaire, celui des gens comme tout le monde, des gens comme nous.

Freud, qui a beaucoup et diversement parlé d'«objet», en a défini métapsychologiquement le concept par rapport à la pulsion en 1915. Et l'intérêt pour ce qu'on a pu appeler, d'une expression que lui-même employait parfois, et qui correspond certainement à l'une des orientations majeures de sa pensée, la «relation d'objet» (*Objektbeziehung*) n'a pas manqué après lui chez les psychanalystes. Cet intérêt s'est affirmé particulièrement, tant dans une ligne tenue pour plus classique, que dans des écoles comme celle de Mélanie Klein, ou celle de H. Kohut, dans la période d'expansion de la pensée freudienne qui a suivi en Europe et en Amérique la fin de la guerre de 1939-1945 : cela sans doute en raison des utiles systématisations qu'on peut en tirer pour la clinique. En France, les travaux majeurs de M. Bouvet d'une part, de D. Lagache de l'autre, pour ne citer qu'eux, ont eu à cet égard une influence indiscutable entre 1950 et 1975. Les recherches des analystes se sont ensuite centrées sur d'autres points, ou tout simplement, ont usé d'un autre langage. Si l'on discutait encore de la «relation d'objet» vers le début de la dernière décennie, comme le montrent des ouvrages tel que celui de B. Brusset (1988), et comme le rappelle tout récemment, le livre d'A. Green sur la métapsychologie (*Propédeutique*, 1995), c'était désormais plutôt le ressort de la relation, son objet en somme, qui insistait et interrogeait les psychanalystes.

Mais si l'accent s'est déplacé, c'est semble-t-il, moins par un effet de mode que parce que la psychanalyse s'approfondit. *L'intérêt des analystes se porte maintenant davantage sur ce qu'il y a de plus central et comme de nucléaire ou de fondamental, par delà les divers cas de figure qui s'en offrent et les taxinomies qu'on a pu en faire, dans l'expérience vécue, et intime à la rencontre analytique, du désir d'objet.* Nous sommes apparemment rendus, après un siècle, dans un temps où la psychanalyse s'interroge de plus en plus sur ses propres fondements, c'est-à-dire sur *la manière propre et spécifique, liée à sa méthode même*, à son cadre et à son opération, *qu'elle a de viser la réalité*, y compris dans le discours théorique qu'elle élabore à partir et à propos de sa pratique empirique.

Cette préoccupation est apparue progressivement dans les travaux de langue française des dix dernières années. Le chemin en était, me semble-t-il, esquissé par des études d'André Green sur la symbolisation et l'absence (repris dans son livre *La folie privée*, 1990), et sur la "désobjectalisation" (1985). C'est, pour ma part, en vue d'un congrès psychanalytique centré sur le thème même de l'Objet que j'ai accepté en 1986 la charge d'un rapport – présenté au printemps 1988 à Genève. Intitulé par moi "L'objet de la perte dans la pensée de Freud", il disait bien mon approche. Les autres rapports et contributions du congrès interrogeaient aussi, à leur façon, les expressions et le devenir de la perte et de l'absence dans l'expérience d'objet. A l'automne de la même année, à Deauville, un colloque, remarquablement introduit par René Diatkine, traitait directement de "La notion d'objet" en psychanalyse (*Revue Française de Psychanalyse*, 1989, N°4). L'année précédente, en 1987, j'avais donné à la *Revue Belge de Psychanalyse* une étude sur les variations cliniques de la position de l'objet perdu dans l'expérience psychique. Je publiais un peu plus tard, en 1989, un article sur ce que j'appelai le *noyau narcissique* de l'objet ("L'objet, l'absence et l'ombre"), puis un autre encore sur la clinique et la métapsychologie de la perte d'objet. C'est seulement un peu après (1990), mais indépendamment et sans référence à ces travaux, que Marie Moscovici faisait paraître un petit livre intéressant sur *L'ombre de l'objet*, sous-titré "Sur l'inactualité de la psychanalyse". De l'année suivante, sont les travaux majeurs de R. Cahn sur l'émergence du Sujet, dont la problématique est si étroitement corrélative de celle de l'objet.

Je réunis ici et j'articule entre-elles quelques unes de mes études personnelles sur le thème que je viens de cerner à grands traits. Plusieurs sont nouvelles. Les autres sont remaniées. Centrées sur l'objet en psychanalyse, toutes ramènent inévitablement au travail des pulsions dans l'exercice praticien de l'analyse, comme aussi à l'observation spontanée des mouvements de la vie dans l'existence quotidienne. Une déjà longue familiarité des descendants de Freud avec la clinique suggère aujourd'hui à beaucoup que, plus encore que ce «mal de réminiscence» qui a, en premier, intéressé le fondateur de la psychanalyse, c'est ce qu'on pourrait appeler le «mal d'objet» (équivalent peut-être, chez l'être adulte, à ces «crises de mauvais objet» qu'a décrites naguère chez le bébé P. Luquet (1962)) qui correspond le mieux en ce qu'elle a d'essentiel, à cette «maladie humaine», dont le psychanalyse justement s'occupe. On s'en convaincra, je l'espère, en lisant cet essai, qui tente librement, par plusieurs voies, mais toujours à l'aide de la rigoureuse méthode et des modèles métapsychologiques issus de Freud, de mettre, autant qu'il est possible, un peu d'ordre, sans trop en altérer les traits existentiels majeurs, au foyer même de ce que nous pouvons *entendre* de l'expérience d'objet chez l'être humain.

Le livre comprend deux parties.

Une première partie, *«l'expérience d'objet dans la pensée psychanalytique»*, s'attache à approfondir ce dont il est ici question, en définissant davantage les concepts et leur écoute autour de quelques hypothèses majeures. Elle comprend quatre chapitres.

Le *chapitre premier* (*L'objet, l'absence et l'ombre, ou le noyau narcissique de l'objet*) dessine de l'objet, tel qu'il apparaît en psychanalyse, une sorte de vue d'ensemble, qui inscrit l'inconnu dans le connu. Il pose de suite le problème crucial – c'est le cas de le dire – de la place et de la fonction de cette part variable de «recouvrement narcissique», vouée au débat identitaire entre l'investissement de soi et l'investissement de l'autre, qui, selon moi, forme comme le cœur de ce qui, de l'objet fait pour le sujet un objet précisément, et du coup, se trouve aussi au cœur de la question même de la subjectivité. Ainsi se trouvent interrogés dans leur principe le lieu et le destin d'une sorte de *tierce région* (elle-même *lieu du tiers,* toujours à quelque égard, *absent*), à la fois médiatrice et captive tant du Moi que de l'Autre.

Le *second chapitre* consiste dans une étude attentive et poussée de la place et du développement à rebondissements, par avancées et retours successifs, de *la notion d'objet dans la pensée théorique de* Freud suivie dans toutes ses étapes. On étaie et fonde ainsi sur des textes capitaux, serrés de près mais interprétés de manière originale et selon des hypothèses précises, ce qui a été annoncé. A savoir que l'objet (en l'appelant ici *«L'objet de la perte»*, l'auteur souligne la référence en quelque sorte *négative* qui l'attache foncièrement à ce qui lui fait défaut), moteur final et premier – c'est-à-dire *originaire* – du désir, est dans sa substance psychique même, fait de ce qui, en lui, continue de manquer au sujet. Et que l'aspiration, ou la pression pulsionnelle qui meuvent inconsciemment ou non ce dernier en sa direction sont en somme tissées d'inconnu et d'absence à l'intérieur du Moi, en quête dans le monde perceptif de sa part d'irreprésenté. L'expérience psychanalytique confirme ici à sa façon, mais sans s'y confondre, l'intuition des poètes, qu'on retrouve également sous d'autres modes par exemple chez les mystiques, étudiés psychanalytiquement par C. Parat. L'objet – peu ou beaucoup – n'existe *psychiquement* que du vécu chez le sujet d'une manière, disons, de transcendance qu'il a par rapport à lui, et qui, en son intérieur même, entraîne pour ainsi dire résistiblement le sujet hors de lui-même. Ce vécu de transcendance, qu'on pourrait sans doute qualifier, si l'on philosophait, de connaissance «transcendantale» au sens du criticisme kantien, est ainsi, non sans quelque violence, *immanent* à *l'expérience même d'objet*, telle que faite et éprouvée par le Moi, du dedans de l'appareil psychique. Et d'un certain point de vue, il en devient peut-être – par une métaphore empruntée, celle-ci, aux Sciences précises – comme l'«attracteur étrange» et l'organisateur…

L'étude menée ici examine et réévalue en chemin plusieurs problèmes troublants auxquels s'est arrêtée, les laissant en suspens, la pensée de Freud (par exemple l'«énigme de la douleur» ; le concept de «phylogenèse» ; le rôle et la nature des «identifications primaires»). Ses conclusions mènent à tirer des travaux mêmes de Freud, des vues nouvelles et originales sur les *rapports profonds d'homologie et de correspondance qu'entretiennent, avec la structure de l'expérience intime d'objet chez l'homme, l'organisation très particulière du cadre et des règles psychanalytiques* ainsi que divers aspects de l'engagement, du déroulement et de l'issue des cures. Nourrie d'une information étendue, voire érudite, toute cette recherche est portée par une forte unité dynamique. Elle s'éclaire de nombreuses notes (renvoyées, comme partout dans le livre, en fin de chapitre pour ne pas entraver le texte), et s'appuie sur des sources qu'on trouvera aisément à la fin de l'ouvrage, dans la Bibliographie générale.

Le *troisième chapitre* prend, avec une part d'arbitraire, peu évitable, un risque particulier : celui d'opposer et de tenter de classer, pour un essai de systématisation, les principaux "types" d'expérience d'objet, tels que vue du côté des sujets rencontrés dans la clinique. Les hypothèses qu'on y fait, les modèles plus généraux qu'on y essaie, recourent à la métapsychologie freudienne des années vingt, en en privilégiant, non sans justifier ce choix, l'aspect topique (*«Variations de la topique du deuil : les lieux de l'objet perdu»)*. On propose de distinguer conventionnellement, mais prudemment et, quitte à devoir combiner parfois les catégories esquissées, des localisations psychiques dites :

a) *utopiques*, où l'idéalisation joue un rôle particulièrement grand ;
b) *exotopiques* (ou *ectopiques*), où interviennent une expulsion ou une incarcération hors de, ou en dedans de l'appareil psychique ;
c) *atopiques*, où le Moi-Sujet ne parvient à situer nulle part le lieu de l'objet manquant, soit que ses représentations oscillent incessamment entre dehors et dedans, soit qu'elles demeurent confusément agglutinées ;
d) *paratopiques*, où se constitue une sorte d'annexe ou de double du Moi, ou même de l'appareil psychique dans son ensemble, inséparable de son modèle, qui à la fois en a besoin et doit le tenir à distance ;
e) *eutopiques* enfin, cette dernière catégorie, aux limites sans doute assez problématiques, englobant par hypothèse les états et situations d'équilibre suffisamment heureux, durables et flexibles, de localisation psychique de l'objet manquant...

La deuxième partie («*le travail d'objet en psychanalyse*») comprend, après un court avant-propos, cinq chapitres. Elle est centrée sur la pratique analytique, et même sur certains problèmes particuliers de technique psychanalytique qui tous s'organisent des recherches et des hypothèses présentées dans la Première partie, et entraînent, par retour, des éclairages complémentaires pour la mise en représentation théorique.

Le ***quatrième chapitre*** («*Pour une métapsychologie de l'objet : propositions à partir de la clinique*») met à l'épreuve d'observations particulières la problématique de recouvrement narcissique dans la séparation et le deuil, illustrant ainsi la perspective précédemment dégagée.

On peut considérer le ***cinquième chapitre*** («*Un Moi sans objet ?*») comme une illustration clinique et technique particulière, et complexe, de l'un des cas de figure que distinguait le chapitre quatre. L'observation évoquée conduit à une discussion qui met en cause la notion d'un noyau du Moi-Sujet, ici mis en rapport à nouveau avec la part ambiguë de l'ombre dans l'objet –, et qui questionne la pratique de l'interprétation psychanalytique.

Un **sixième chapitre** (*«Les fantasmes organisateurs et l'impensé dans l'analyse»*) traite, en appui, là encore, sur des données d'observation, de ce qu'on pourrait appeler *la part de l'inconscient et des fantasmes en commun entre le patient et l'analyste* dans les origines et dans le déploiement en son lieu propre du processus psychanalytique, ainsi que dans son issue. Et il tente, ce disant, d'indiquer le parti qu'on peut tirer de ces fantasmes de fond, au niveau desquels s'enlacent un effet d'étayage et une dynamique désirante.

Le **septième chapitre** (*«Rencontrer et signifier l'objet : l'attention flottante, l'auto-érotisme d'écoute et l'interprétation»*) étudie les formes, le fondement et les rythmes de l'attention dite, selon Freud, «également flottante» chez l'analyste, dans son rapport à la pensée rationnelle et à l'interprétation, en privilégiant l'écoute de l'analyste comme lieu fondateur de la mise en travail du trop et du pas assez de présence sensible de l'objet.

Le **huitième** et **dernier chapitre** (*«Jugement de non-représentabilité et renoncement à la maîtrise de la pensée»*) peut avoir la valeur d'une conclusion. Il interroge les limites de la représentation, y compris théorique dans le travail de mise en sens, et attire l'attention sur une forme, selon l'auteur, décisive *de jugement : le jugement de renoncement au contrôle intégral de la représentation*, contenant l'irrésolu et l'irrationnel dans une décision *en quelque sorte rationnelle par défaut*, qui fonde la capacité même de penser et d'être soi.

Une courte postface, en forme d'interface, regardant et en direction du livre et en direction de celui qui le lira, termine, et adresse cet essai.

PREMIÈRE PARTIE
L'EXPÉRIENCE D'OBJET
DANS LA PENSÉE PSYCHANALYTIQUE

Chapitre I

L'OBJET, L'ABSENCE ET L'OMBRE
ou le noyau narcissique de l'objet *

Ce qui rend singulière la notion d'objet [1] en psychanalyse, c'est qu'elle correspond à une expérience d'incomplétude, et non pas, comme dans le langage courant et dans la pensée scientifique positiviste, à l'assertion de réalité d'un terme supposé entièrement et distinctement opposable, affronté et plus ou moins symétrique au « Moi », ou au Sujet (*Ich*).

Plus précisément, on a affaire ici à une exigence ou encore à une tension inassouvie et maintenue *vers* la distinction complète et l'opposabilité franche de l'objet au Moi, tension habitée par un vécu de frustration lui aussi persistant.

En psychanalyse, l'objet est en effet postulé, visé dans l'insistance de la pulsion mais jamais constitué ou même « donné », au sens un peu ambigu que ce mot prend parfois dans la pensée phénoménologique post-hégélienne. Et l'on peut dire que nous ne l'appréhendons comme tel (comme objet à proprement parler) que par l'éprouvé de son absence ou de la part qui, en lui, nous demeure dérobée. Cette part affecte le Moi d'une sorte de trouble identitaire à son propos qui, léger ou grave, fait que ce

---

* Une première publication de ce texte, ici remanié, a été faite dans la *Revue Française de Psychanalyse*, 4/1989, p. 1099-1109.

Moi se ressent incomplet de ne pouvoir à sa guise localiser complètement au-dehors ou au-dedans ce qui le décomplète, et qui en même temps détermine au-dedans de lui le maintien de l'investissement « d'objet ».

Freud semble avoir voulu réserver en 1915 à la seule mélancolie la superbe métaphore poétique de l'« ombre de l'objet », tombant ou s'étendant sur le Moi. Mais, dans le sens que j'indique, il n'est sans doute pas faux de dire que les objets, fût-ce dans les cas les plus banals, les plus éloignés de la pathologie majeure, ne nous sont donnés comme tels que *par le moyen de leur part d'« ombre »* [2], qui correspondrait alors au défaut ou au manque à les comprendre ou, mieux, à les *saisir* (ou bien à s'en dessaisir !) davantage, plutôt que d'en demeurer à demi *saisi*. Ils ne se positivent ainsi pour nous que par la présence et le concours de leur *négatif* : car tout à fait trouvé, atteint, possédé ou alors expulsé entièrement, maîtrisé en somme de quelque façon, et pour autant qu'il l'est, l'objet *n'a plus d'existence psychique* cliniquement observable. Il s'enfonce dans le sol du soi, ou dans les murailles de l'environnement, il disparaît. Au contraire, dérobé, inaccessible en quelque chose, et pour autant qu'il le demeure et résiste à la réduction, il existe psychiquement, et, dans la cure, il produit *in absentia* ce qu'on peut appeler des conduites d'objet ou, si l'on veut, des « relations d'objet », encore que cette expression ait reçu chez certains une valeur plus restrictive.

Il y a là une sorte d'évidence praticienne, irritante parce que paradoxale pour la pensée logique commune, mais qui correspond bien, à la fois :

1 - A la précoce intuition freudienne du *rôle de la frustration et de l'absence dans la genèse du désir* et dans celle de la représentation, consciente comme inconsciente, de ce qu'il vise ;

2 - A l'idée – tout aussi freudienne (1905) – de la tendance universelle à la *surestimation de l'objet d'amour* (et sans doute, plus largement, de tout objet investi) ;

3 - A la nature, enfin, de l'*objet « total »*, en tant qu'incluant nécessairement une part d'altérité qui échappe au contrôle du sujet, point bien vu par Freud et élaboré par Mélanie Klein, qui le

met au centre de ses pénétrantes considérations sur la position dépressive.

Cela nous oblige, si nous voulons traiter avec quelque vérité analytique la *notion* d'objet, à affiner la métapsychologie un peu sommaire dont nous nous servons le plus souvent. Les choses seraient plus simples s'il suffisait d'opposer, à l'intérieur de l'appareil psychique en état de fonctionnement « normal », un certain ensemble d'impressions ou de traces stables, désigné comme « complexe de l'objet » (et rapporté sans nulle équivoque à un signifié extérieur déterminé) à un autre ensemble clair et distinct, également stable, assigné par le sujet à la représentation de soi, et formant, symétriquement au premier, le « complexe du Moi »[3]. Mais ce schéma ne suffit pas. Il résulte des remarques précédentes que, du point de vue clinique, ce qui précisément spécifie et maintient dans son être le « complexe de l'objet » comme opposable au « complexe du Moi », c'est moins la trace mnésique positive du réel extérieur dans le Soi, que sa trace en quelque sorte « négative ». C'est-à-dire non effectuable, non susceptible d'être comblée par une prothèse représentative vraiment « adéquate », qui, si elle advenait, anéantirait au contraire l'expérience d'objet en ramenant l'appareil psychique à un état de désexcitation complète.

Le problème se complique encore si l'on observe que la fonction de cette dimension en quelque sorte passive, de ce *noyau de saisissement* rendu persistant par l'éprouvé du défaut ou de l'absence dans l'objet, qui seul confère psychiquement à cet « objet » son caractère d'objet-pour-moi et donc de *véritable* objet par rapport à un « sujet », n'a rien de général et de spéculatif. Elle intéresse au contraire au plus haut point *le réglage concret du rapport à la réalité*, interne comme externe. Car l'éprouvé « passif » de saisie par l'objet et de dépendance à l'objet semble nécessaire à produire chez le sujet le « sentiment » même de réalité et le « jugement d'existence » relatif à l'objet. C'est précisément, en clinique, *le défaut même, à des degrés divers, de cet éprouvé de saisissement par le défaut ou le manque dans l'objet* (nucléairement constitutif de l'expérience d'objet), ou la présence des défenses qui en dérivent, qui me paraissent signer les tableaux du *faux*, du *comme si*, du *simulacre*, comme sans doute aussi ceux de l'hallucination. D'autres formes de ce défaut – ou alors un *excès* persécuteur du sentiment même du défaut – peuvent aussi être soupçonnées à l'origine des expériences de déréalisation comme de dépersonnalisation. Celles-ci sont elles-mêmes ensemble, comme je l'ai avancé ailleurs (1976), de probables défenses contre l'effondrement dépressif, qui, lui, signerait l'échec général des moyens de relativisation, de localisation, de rétention et d'aménagement de la part d'équivoque identitaire psychiquement constitutive de l'objet.

Autant de raisons qui disposent à considérer que ce que Freud appelle dans la mélancolie « l'ombre » de l'objet tombant sur le moi (le problème, auquel je reviendrai, restant posé de son « étendue », de son impact et de son poids en fonction des tableaux pathologiques), correspond bien à titre *essentiel* ou nucléaire à l'élément générateur de toute réelle et vivante expérience d'objet, heureuse ou malheureuse, et à ce titre, peut et doit trouver une forme au moins approchée de représentabilité générale dans la métapsychologie freudienne.

L'« ombre » de la métaphore polysémique de Freud pourrait, en fait, sans trop de distorsion, être considérée comme correspondant à une manière de recouvrement topique de traces identitaires, au niveau duquel serait laissée dans l'*indécidable*, le contradictoire et l'ambivalentiel (« dans l'ombre ? ») l'attribution des affects et sensations correspondant respectivement au sujet ou à l'objet.

Si l'on veut serrer de plus près la valeur métapsychologique de cette ombre, qu'on figurera peut-être dans un graphe *topologique* par une zone hachurée d'intersection entre deux « régions » du soi (voir au ch. 4), il convient, me semble-t-il, d'interroger aussi l'aspect *économique* des choses. L'ombre, cœur de l'objet comme tel, serait l'espace vécu de la *déliaison* (ou de la *non-liaison*) et des *émois* qui en découlent dans le Soi, en tant, et pour autant que ce dernier est atteint par l'identification primaire directe (« hystérique » au sens de M. Fain ?) à l'objet, et qu'il s'éprouve durablement « altéré » (*verandert*), ou « aliéné » par l'expérience d'objet.

Altération (le mot veut dire « devenir » ou faire devenir *autre*) qui est alors corrélative – sur le plan de la *dynamique* – d'une *régression pulsionnelle*, plus ou moins générale ou sectorisée, vers le narcissisme. L'absence *totale*, si elle était possible, d'un tel espace vécu, d'une telle région psychique confuse, véritable cœur narcissique de l'objet, marquerait un état de *non-perception* ou, mieux, de *non-sentiment* de l'altérité[4]. Sa présence, large ou minime, est au contraire le signal et le sceau spécifique d'une ouverture, étroite ou large, générale en direction d'une altérité, et de la perception de l'altérité même de l'objet investi, appréhendé du dedans du Soi comme « nécessaire » au-dehors à partir d'une plus ou moins bruyante « source » de souffrance inapaisée.

Toutefois, ces formulations topiques, économiques et dynamiques, même si l'on en tolère l'évidente approximation, ne suffisent pas non plus tout à fait. La gamme des expériences d'objets s'étend, on l'a rappelé, du manque dépressif grave et répété, décompensant vers le désespoir et l'incapacité du Moi, jusqu'au manque – lui dynamique et structurant – d'un désir éveillé et tendu vers un but spécifié et personnalisé, en même temps que contenu et différé, en passant par toutes les formes défensives ou invalidantes du déni, du morcellement, de l'expulsion ou de l'annulation de l'éprouvé nucléaire que j'évoque, plus ou moins vulnérant mais nécessaire à la vie psychique. Comment donc se représenter métapsychologiquement le maintien du manque correspondant à l'« ombre » au cœur même d'un complexe de l'objet cependant assez stabilisé pour échapper aux pathologies graves ?

Sans doute, faut-il admettre que l'expérience d'objet exige, pour ce qu'on pourrait nommer sa bonne régulation, que la zone « d'ombre » dont il est ici question demeure *protégée et maintenue*, comme la chair du fruit, ou comme le noyau générateur de l'expérience[5] par une sorte d'écorce faite de *sutures identifiantes internes* à forme, probablement, d'automatismes sensori-perceptifs et moteurs, en interaction plus ou moins réversible, dans le cadre du comportement ou/et du caractère, avec l'environnement. L'ombre ne pourrait ainsi, dans le fonctionnement le plus courant, entamer ou pénétrer cette sorte de gaine ou d'écorce qu'en partie, localement, dans des conditions et pour des fins bien précises, ordonnées aux activités de communication banales de la vie.

Les objets vivants et vivifiants avec lesquels nous entretenons des relations dites « objectales », à l'aide d'une position dépressive – au sens de M. Klein– bien tempérée, procéderaient tous d'un tel équilibre. Arrimée au réel par des liens suffisamment immobiles (ou répétitifs) et rassurants, qui circonscriraient en leur centre un foyer en activité de semi-confusion identifiante, l'expérience correspondante comporterait des *recouvrements partiels et flexibles*. Une « identité de perception » modérément instable, animant un travail incessant, continué ou plutôt toujours repris dans des après-coup innombrables, y travaillerait la différenciation par triage de l'autre et du moi au moyen des mouvements de l'identification projective (au sens encore de M. Klein et de son école, comme aussi des post-kleiniens Winnicott ou Bion) c'est-à-dire d'un jeu complexe entre les retournements et les renversements antérieurs au refoulement que Freud a décrits dès 1915.

On peut imaginer, peut-être, de quel achèvement relatif et suffisant de l'enveloppe [6] plus ou moins inerte et stable qui contient le noyau actif et instable de l'expérience d'objet a besoin le Moi pour être à peu près à l'abri des décompensations dépressives sévères ou soudaines, comme des scléroses, ruptures, isolations, refoulements ou expulsions qui chercheraient à l'en protéger. Ici, le Moi et l'objet, selon une formule célèbre, contemporaine de *l'Esquisse* se développent et se soutiennent bien *ensemble*[7], et de manière réciproque. Car c'est de la conjonction dans un cadre unitaire, lui assez ferme, des expériences d'objet partielles et fugitives mal contenues que procède, autour du primat génital, la mise au point *dynamique* de l'expérience d'objet. Grâce à la mise en relation du lieu psychique du manque, et donc de la « zone d'ombre », avec des excitations sensori-perceptives actuelles insistantes, et avec des traces mnésiques plus anciennes suffisamment constantes, le travail du négatif (au sens d'A. Green, 1986 ; 1992) ou de la zone identitaire ambiguë du Moi peut se poursuivre, se renouveler et alimenter ainsi l'activité de jeu d'une psyché réglant ses propres frontières avec autrui en même temps que son organisation interne.

De là, il semble possible et même nécessaire de former l'hypothèse générale que ce qui est ainsi au centre de l'expérience d'objet correspond, dans la seconde théorie freudienne des pulsions, à une part résiduelle, ou régressivement réinvestie, inexhaustible tant que la vie continue, de mélange-intrication pulsionnelle (*Meltzung*) non contrôlée, ayant la valeur d'une scène originaire interne-externe hautement condensée entre le Soi et le monde [8], source active infinie d'alimentation en énergie pulsionnelle pour tous les fantasmes. Cette sorte de scène véhicule ou contient de multiples traces d'excitations « phylogénétiques » comme « ontogénétiques », de provenance différente mais non distanciées les unes des autres ni reconnues, dues notamment aux excitations venues d'un environnement humain signifiant (chargé lui-même d'histoire objectale) et mêlées aux excitations endogènes. Elle appelle par sa nature même une élaboration en après-coup, par recours à l'épreuve de réalité, et selon des procédés plus ou moins réitératifs. Et c'est de ce qui en persiste, ou se renouvelle – comme une braise continue de brûler dans la cendre –, que procèdent l'expérience d'objet, dans le devenir et la vie, en interaction avec le monde extérieur.

On peut, dès lors, avancer que si l'appui nécessaire sur l'épreuve de réalité a fait défaut, ou qu'il a, au contraire, été excessif dans la psychogenèse, avant de se trouver soudain déconcerté sévèrement comme dans les séparations ou les traumatismes mal négociés de la vie, l'excitation endogène du foyer de recouvrement du noyau originaire tendra à « s'étendre », à faire éclater l'écorce des liaisons automatisées rassurantes, et à devenir incontrôlable, appelant des mesures urgentes de projection ou d'exclusion, de renversement dans le contraire, de clivage, d'inclusion cryptique, de sidération affective, etc.

En tant qu'expérience spécifique, à finalité modificatrice, d'interaction de réalité, la psychanalyse (comme les thérapies qu'elle inspire) se donne, quant à elle, comme objectif, d'autoriser par son dispositif à la fois suspensif (donc désidentifiant) et protégé par les sutures identifiantes fournies par le cadre, une transgression transférentielle du noyau mal circonscrit de *l'expérience d'ombre de l'objet* – excessivement répandu ou, au contraire, trop exclu, isolé ou refoulé dans le Moi du patient – en direction de l'analyste. Les indices en provenance de ce dernier (d'ailleurs ouvert lui-même contre-transférentiellement à cette sorte de mélange, sous le contrôle flottant de son entraînement professionnel) sont incorporés par le patient dans une nouvelle *Meltzung* sadomasochique confuse, de laquelle ils seront peu à peu extraits pour être répartis, structurés dans l'après-coup par le déroulement organisateur de la cure, vouée à la reprise d'une histoire et d'une préhistoire insignifiées du patient.

Si bien que *la part de l'ombre, nucléairement constitutive de l'expérience d'objet comme telle, devient dans la cure même, où elle s'est au commencement extravasée par le recouvrement transféro-contre-transférentiel, l'élément régénérateur essentiel de la restauration de la capacité du patient de se servir de l'inachèvement et de la part de confusion narcissique et d'irreprésentabilité de l'objet pour être en relation avec lui-même et avec les autres.* L'excès de recouvrement ou le manque à recouvrir, ramassés dans l'espace analytique, y sont, par l'analyse, proprement mis au travail pour une réélaboration intrapsychique de la réalité et des frontières identitaires. C'est un point qu'ont bien vu aussi des auteurs comme J. Pellet, ou F. Duparc.

Ici, j'hésite à illustrer mes remarques générales et mes essais de définition d'exemples, qui, toujours trop courts ou trop longs, et forcément gauchis par l'intention de démonstration se trouveront mieux placés plus loin. Mais on aura sans doute senti dans mes propos la référence condensée à une clinique qui, chez tous les praticiens, ne fait trace que d'expériences dont la complexité et le nombre défient la statistique, et nourrissent à la fin des intuitions d'ensemble à la fois claires et difficiles à isoler. Est-on honnêtement en mesure d'être plus précis ? Je donnerai cependant quelques matériels d'observation ci-dessous et dans les chapitres ultérieurs.

Peut-être parviendrai-je cependant dès maintenant à faire mieux comprendre le point central des propositions qui ont précédé à l'aide de quelques précisions cliniques supplémentaires sur l'expérience vécue dont il s'agit. Par "point central", j'entends ce que j'ai dit de *la nature paradoxale de l'objet, en tant qu'il n'existe (et ne se reconnaît) psychiquement que par ce qui, de lui, se refuse à notre prise* et demeure dans... l'ombre, entre fantasme et réalité, Moi et autrui. Soulignant encore que ce caractère lui est non pas adventice, contingent mais essentiel, fait partie de sa substance et, pour ainsi dire, de sa définition. *Il se définit, dans toute la force apparemment contradictoire des termes, par sa part d'indéfini dans le fini*, ou aussi bien par la finitude de notre pouvoir de le finir, de le conclure, encore que nous ne cessions pas de « le » viser dans sa certitude et sa réalité, tout en peinant à poursuivre en désir son assertion et son achèvement.

On le voit, et j'y insiste, cette étrange définition n'est empiriquement possible – et d'ailleurs, à mon sens, nécessaire – qu'en fonction de l'admission solidaire d'une sorte de *double rapport de croyance à l'objet*.

1 - D'une part, une *certitude*, une adhésion, plus spontanée que rationnelle – primaire en quelque façon, voire originaire – relativement à l'existence « réelle » distincte et excitante de l'objet par rapport au sujet, et aux autres objets.

2 - D'autre part, dans cette enveloppe ou ce cadre même, une *incertitude*, (que j'ai comparée à l'ombre de l'objet sur le Moi, et qui veut une représentabilité métapsychologique) pour laquelle l'identité et la position de l'objet, comme celles du Moi à son égard, sont indécises, donc inachevées. De là que travaille en foyer à ce niveau une activité de développement et d'ajustement plus ou moins interminable de la représentation, de la connaissance et donc du contrôle de l'objet.

Le manque d'un seul de ces *deux* éléments *simultanément nécessaires* est alors suffisant pour rendre caduque la valeur d'*objet proprement dit pour un sujet* des termes ou des supports désignés à cette place, et à les réduire à l'état de simples prolongements, attributs, ou, au mieux, doubles en miroirs asservis au sujet.

Voici maintenant, et quand même, un cas, rapidement évoqué. L'inachevable, le noyau négatif de l'objet y est mis en évidence par l'excès non contenable des troubles qu'il produit.

Le patient, un homme de 38 ans, est venu en analyse il y a trois ans, en raison de l'intensification chez lui de pénibles difficultés subjectives de vie (auparavant tant bien que mal surmontées en appui sur une réussite sociale certaine en affaires) dans ses relations tant publiques que privées avec autrui. Sentiment très général d'avoir « peur des autres » – sauf des personnes très familières et pour lui entièrement prévisibles – et de devoir faire de gros efforts, vécus comme artificiels et souvent secrètement percés à jour par ses partenaires, pour cacher cela derrière des conduites affirmées, mais coûteuses et angoissantes en raison de leur charge agressive. Cela sur fond nostalgique de désir intense de « communiquer », de sortir d'une sorte d'exil ou d'isolement *intérieur*, renvoyé en miroir et renforcé par la représentation projective d'un rejet menaçant et imminent, dans le monde extérieur, par l'environnement humain. Des pensées subpersécutoires (soupçons mal repoussés de condamnation, de raillerie, de mépris, en fonction de ce qui se devinerait de sa vulnérabilité), un intense besoin d'aide, quelque peu amer et revendicateur, un sentiment intime habituel d'impuissance et de dépression légère ou aiguë, d'intensité variable selon le degré de restauration temporaire trouvé dans les rencontres et les événements quotidiens, s'ajoutaient au tableau au total assez douloureux mais quelque peu vague et diffus dans le discours du patient, comme aussi, assez longtemps du moins, contre-transférentiellement dans ma propre écoute. Je me ressentais envahi et gêné par ces symptômes imbriqués, présentés en séance dans un grand désordre associatif, télescopant souvent les plans que je croyais un instant pouvoir repérer et écrasant ainsi à chaque fois mon appareil psychique personnel, temporairement privé d'instance critique, dans une sorte d'identification obscure avec l'analysé.

Le patient a eu, semble-t-il, une enfance et une adolescence hachées par des changements multiples parmi ses partenaires adultes comme contemporains. Divorce précoce des parents, modification spectaculaire – plusieurs fois – du genre et du niveau de vie. Émigration avec l'un des parents remarié (le père, à la fois très excitant et vécu disqualifié par de nombreux changements d'objet), et insertion amorcée puis rompue dans des régions et des milieux très différents les uns des autres. Fratrie nombreuse et compliquée, avec des enfants adoptés et de grands écarts d'âge. Relation d'attachement intense jusqu'à l'adolescence à une parente proche de la mère, toujours retrouvée aux vacances et jouant le rôle de point d'amarrage dans ce durable et ample remue-ménage familial. Marié à 25 ans avec une amie d'études partageant narcissiquement les mêmes valeurs, cet homme a pu lui "faire" un enfant, après dix ou douze ans d'attente. Cette paternité, le déclin peut-être de la santé d'un frère aîné et la disparition de la mère lointaine sont également engagés dans son trouble, à un titre mal défini par la demande initiale.

Au cours de l'analyse, un transfert très intense et encombrant se développe, s'accroche à moi sur le mode d'une sorte de demande d'habilitation à vivre, comme si je devais par grâce décider magiquement de la levée de ses symptômes englobant culpabilité et désespoir. Je suis la bouée, sans doute la tante, condensant père et mère perdus et confondus du patient. Plus tard, ce transfert, devant la stabilité assurée par le cadre et l'écoute, se répand presque subrepticement, et se glisse partout dans mon environnement, s'attachant à mes proches, à mes fréquentations, s'appropriant littéralement presque tout l'espace humain personnel de l'analyste, et me donnant l'impression d'être plus ou moins dépossédé par cette saisie avide de mes « autres » à moi. Je suis maintenant une sorte de cadre inerte, de ventre narcissique : le ver est dans le fruit, qui épluche et dévore tous mes objets à la recherche du noyau perdu de son œdipe embrumé qu'il ne peut tolérer de laisser vivre et palpiter nulle part. Il m'a "fait" un enfant, représentant ambigu de son ombre...

La conjonction de ces éléments, déployés sur plusieurs années d'analyse, mais que je ne puis ici développer davantage, permet sans doute de donner au moins une idée de la problématique de l'objet chez mon patient. C'est l'insinuation transférentielle invasive, en deux temps, dans le monde externe (et même interne, par la voie contre-transférentielle) de l'analyste qui est ici particulièrement révélatrice de l'incontinence première de la zone d'ombre de l'objet et du dépassement ou recouvrement (propre au processus analytique) de la topique du patient et de celle de l'analyste.

« L'objet » transférentiel, dans ce cas, est investi à une place ou le patient « lui » réclame *à la fois* d'exister (comme sujet unitaire, et comme source de réponses opérantes), et de se vider, de se répandre et de se paralyser, voire de se perdre dans le réseau même des relations vécues comme trop excitantes dans lequel il est perçu exister. Cette dynamique, avec la topique ambiguë et l'économie douloureuse correspondantes, désigne bien le lieu psychique de la souffrance du patient comme celui d'un objet œdipien immense, spongieux et hautement ambivalent, *manquant* au Moi et, cependant, *visé* comme insupportable à ce Moi incertain de ses frontières propres et déporté hors de lui-même, envahi sans cesse par ses investissements d'objets.

L'ombre narcissique ambivalente de l'objet fluctue sans mesure, s'évase, se disperse et cherche à s'agripper à des messages sensorimoteurs multipliés qui puissent la fixer, mais qu'elle engouffre dans sa mouvante avidité. C'est dans le cadre, qui *contient* la transgression transféro-contre-transférentielle, que l'analyse aura à refaire la métapsychologie malheureuse du patient à l'aide des limites que peuvent lui proposer les interprétations et les liens qu'elles dessinent entre les mots et les choses.

Notes :

1 - En tout cas, celle *d'objet total.* Mais selon moi, ce que les psychanalystes et surtout les kleiniens, ont nommé, après Freud et avec lui, l'*objet partiel* ne s'entend aussi que d'un rapport actif et vivant (quoique caché) entre le certain et l'incertain dans l'expérience d'objet : c'est alors le fond sur lequel se manifeste le motif qui s'y appuie (l'objet partiel donc) qui est tissé d'ambiguïté identitaire. L'objet devenu lui-même partiel, est en général, comme tel, parfaitement défini et vide de toute équivoque. L'ambiguïté est évacuée cers le fond.

2 - Je crois être ici assez proche de certaines des vues de Jean Cournut sur le deuil dans son rapport à « l'ombre », et peut-être, des remarques faites par

R. Diatkine en 1988 sur mon travail sur L'objet de la perte cf. ici mon chapitre 2).

3 - Freud a usé, en 1895, de cette terminologie dans le *Manuscrit G* et dans l'*Esquisse* pour faire entendre l'opposition entre l'objet de la réalité extérieure et l'objet interne. Voir aussi mon chapitre 2.

4 - En fait, on peut penser que *l'intuition de l'objet*, sous la forme massive d'une souffrance aveugle ou « absurde » de son absence, est présente originairement chez l'enfant, appelant des après-coup qui vont restreindre peu à peu et localiser la zone d'ombre immense des origines. On songe ici à la précoce « crise de mauvais objet » dont a parlé P. Luquet (1962). Et Freud, pour qui le premier noyau *(Kern)* du Moi, était quasiment inné (1895), a montré dans *Inhibition, Symptôme et Angoisse* (1925) le lien étroit entre affect de perte et angoisse précoce.

5 - J'emploie ici les termes de noyau et d'écorce sans référence précise et étudiée à l'usage de ces termes chez N. Abraham et M. Torok, avec qui je serais, je crois, volontiers d'accord par ailleurs dans leur conception de la topique (voir aussi mon ch. 4) et de ses relations avec la dynamique introjective.

6 - Je prends le terme d'enveloppe dans un sens voisin de celui, connu, de D. Anzieu (1974, 1985, 1986).

7 - Le mot est du psychologue américain J. M. Baldwin et remonte à 1895, il est ainsi contemporain des débuts de la psychanalyse, comme je l'ai signalé, je crois, dans un de mes premiers ouvrages (1965).

8 - Cette *Meltzung*, cet alliage, inclurait, comme Freud l'a soutenu (1920 ; 1924), les pulsions de destruction et les pulsions d'amour : mais implicitement et primordialement organisées, à la fois sous forme d'une condensation extrême de l'affect et des traces, avec le germe de représentations nouvelles enfermant les virtualités, voire la préfiguration cachée des développements historiques futurs, à advenir dans l'après-coup.

Chapitre II

L'OBJET DE LA PERTE
DANS LA PENSÉE DE FREUD *

Pourquoi l'« objet de la perte », et non pas tout simplement la perte de l'objet, ou la perte d'objet ? Et pourquoi privilégier ici l'examen de l'évolution de la pensée même de Freud dans le traitement d'un sujet que beaucoup de travaux ultérieurs aux siens – dont on ne cherchera pas ici de revue et de discussion critique préalables – contribuent à éclairer ? Deux questions (que je noterai A et B) sur lesquelles il me faut m'expliquer clairement.

*

A - Parler « *d'objet de la perte* », c'est marquer avant tout qu'à mes yeux, la nature et les caractères de l'« objet » ne peuvent s'induire *que de la seule étude clinique*, sans présupposé réalitaire, de *l'expérience psychique elle-même de perte* telle qu'observable dans le matériel de la cure [1]. Trop d'écrits psychanalytiques tendent, clairement ou implicitement, à classer et à interpréter les formes et destins normaux ou pathologiques de la perte en fonction de la seule disparition *matérielle* antécédente, tenue pour plus ou

---

*Une première rédaction de cette étude a été publiée avec les actes du 48ème Congrès des psychanalystes de langue française des pays romans (1988), dans la *Revue Française de Psychanalyse*, 1, 1989, p. 307-377.

moins *causale*, d'un objet (personne ou chose) restrictivement définis, ou de la cessation *d'un certain type précis de comportement à l'égard des objets,* correspondant à une séméiologie *a priori* repérée.

Ces approches, qui partent de la *réalité matérielle* de la perte, événementielle ou fonctionnelle, pour en éclairer la signification ont l'intérêt de conduire parfois à des constructions théoriques riches et utiles. Mais elles ont l'inconvénient de laisser échapper ou de transformer en simple caractère accidentel ce qui est peut-être premier ou *essentiel* en une telle matière. Et ce point ne nie pas l'importance qu'on doit, bien entendu, accorder par ailleurs à la prise en compte du réel dans le travail analytique [2].

Comment en effet tenir pour mineur ou secondaire le sens général de la réclamation inscrite dans toutes les formes du *vécu* de la perte d'objet ?

Dans la clinique de la vie quotidienne comme dans celle de la cure, quelque chose d'*excessif* ou, si l'on peut dire, de transgressif à l'égard de la simple réalité des « faits » de référence s'avère en effet immédiatement habiter à quelque degré tout deuil et toute expérience psychique de perte. Et il serait bien trop vite dit, pour rendre compte de cette étrangeté si sensible à l'oreille, de parler simplement de complaisance ou d'atteinte « narcissiques » inévitables, sous-jacentes à tout investissement « objectal ».

La notion de « narcissisme », profonde mais par ailleurs si problématique aux yeux mêmes de Freud qui n'aimait guère son essai de 1914[3], n'*explique* rien ici, malgré les importantes avances de compréhension – de sens d'ailleurs souvent assez opposé – que nous devons à cet égard depuis quelques décennies à des travaux comme ceux de B. Grunberger, de F. Pasche, d'A. Green, ou comme ceux, lyonnais, Jacqueline Cosnier d'une part, Jean Bergeret de l'autre, pour ne parler que des recherches françaises.

Cette sorte de supplément ou de dépassement de charge et, du coup, cette demande de sens surérogatoire inhérents à l'expérience de perte sont, en tout cas, de quelque nom qu'on les nomme, ce qui retient mon attention, et doit être interrogé dans ces pages.

C'est seulement en scrutant davantage, et sans préjugé objectivant, leur démesure qui a peut-être plus à voir, je l'ai dit dès mon premier chapitre, avec l'assez mystérieuse « ombre »[4] de l'objet, évoquée par Freud, qu'avec les traces mnésiques supposées positives de ce dernier, et qui se donne dans l'appareil psychique soit comme un *excès de manque*, soit comme une excessive *dénégation du manque,* ou même une sorte de « manque de manque » qu'on a quelques chances d'en apercevoir, inductivement, à une autre place que celle que l'observation réaliste classique suggérerait, le motif et le référent cachés : l'objet lui-même enfin, tel que toujours dérobé à la satisfaction que lui offre la mise en représentation de la source ou du but de la demande pulsionnelle [5].

De brefs exemples cliniques illustreront le problème que je pose ici. Je les choisis (en regrettant par ailleurs l'imprécision à laquelle je me vois contraint, pour des raisons déjà dites et d'autres qu'on comprendra) à trois moments du devenir de la cure psychanalytique :

1 - Au tout début de l'analyse ;
2 - En cours d'analyse, lors d'un changement dans l'économie des défenses de résistance ;
3 - En fin d'analyse, dans le mouvement de ce qu'on nomme souvent le deuil de l'analyste, et de l'analyse.

1 - Quels que soient le cas et le motif énoncé de la demande, l'analyse *s'organise dès son départ comme une plainte* plus ou moins discrète et décente, plus ou moins voilée et indirecte adressée au praticien, *une sorte de procès intenté par contumax, de poursuite en répétition ou en représentation d'objet en fuite*, à propos d'un inexplicable (et souvent multiforme) dommage subi, manque vécu à être aimé et à aimer : c'est-à-dire à avoir, à conserver un objet d'amour. Il est toujours fait référence, par mots ou par comportements, dans les propos initiaux, *dès les entretiens préliminaires* (point qui, il me semble, a été très bien situé au registre du dessaisissement et de l'incapacité anale-orale à *retenir*, par J. Favreau), à quelque défaillance relative aux objets en général ou à un objet particulier, ou à quelque absence d'objet à quoi rapporter le senti-

ment même de manque. Il n'est pas nécessaire que l'accent soit *explicitement* « dépressif ». La revendication d'allure quérulente, ou le sentiment de préjudice, l'affirmation pressante d'une ambition inassouvie, d'une attitude de défi, etc., véhiculent la même constante et centrale requête, interjection d'appel, procès devant l'instance analytique pour blessure causée par quelque chose ou quelqu'un qui se dérobe, ou ne se trouve pas, et dont le défaut et le poids tout ensemble irritent ou abattent le Moi.

« Je ne sais pas pourquoi je suis si mal à l'aise avec les femmes », dit, dans un premier entretien préliminaire, cet homme de 35 ans à une analyste (qu'il est venu voir sur le conseil d'un confrère, après une longue suite de consultations médicales pour divers maux « physiques » fonctionnels). « Ou alors, en peu de temps, je m'arrange pour les provoquer et les blesser. C'est plus fort que moi. J'ai l'impression de m'échapper à moi-même, et de passer à côté de tout et de tout le monde. Tenez, même de vous, en ce moment. C'est horrible ! J'ai l'idée que je ne me retrouverai jamais. Autrefois, je suis sûr, dans mon enfance, je pensais avec bonheur que j'étais à ma place dans ma famille, entre mes deux parents. C'était un sentiment de justesse, d'harmonie. Pourquoi aujourd'hui plus rien, alors que j'aurais toutes les possibilités d'être heureux ? Comment me rendre ça ? Aidez-moi ! »

Et voici cette femme, idéologiquement très féministe, naguère militante, qui vient me voir sans détours pour une « analyse didactique », et que j'entends bientôt me dire sur un mode hystérique agressif : « Je m'adresse à vous, mais je vous préviens, je ne vais pas encore une fois me faire pigeonner. Vous allez me coûter très cher, alors, il faut que ça vaille vraiment la peine ».

– « Quoi donc ? »

– « Je ne sais pas, quelque chose à faire, à réaliser, qui m'a toujours été refusé, sans que je sache de quelle façon, par mes parents. Je sens souvent une grande colère en pensant que la vie m'a manquée, m'a laissée vide. J'ai pensé longtemps que j'aurais dû être un garçon. Mais je n'y crois plus. Je suis malheureuse, c'est tout. Pourquoi moi ? C'est injuste. J'ai fait ce que j'ai pu, mais j'ai les mains vides, depuis toujours. Mes frères, et aussi ma sœur sont des gens sans problèmes. Moi, pourtant, j'étais la plus gâtée, la plus aimée, mais quel gouffre. Dites-moi si vous pouvez en sortir quelque chose ? Si je sortirai de là, et si je serai enfin moi-même, et retrouverai, c'est bizarre, ce qui me manque ? »

Comment croire qu'il ne s'agit ici que de « l'envie du pénis » ?

Deux images, donc, des demandes les plus banales que nous entendions : requêtes émises et déjà retirées, ou alors trop insistantes pour ne pas être accusatrices ; ou trop fugitives ou évanescentes pour que nous ne nous sentions pas cités à les préciser, comme détenteurs ou comme représentants directs d'un quelque chose d'innommé, d'un objet perdu ou dérobé que le patient n'a pas même le droit ou le pouvoir non seulement de requérir, mais de penser, coupable ou incapable dans le manque même qu'il en éprouve, et qui ne se confond que passagèrement avec un souvenir, ou un but définissable.

Je note au passage que cette « re-quête », à nous adressée *par-devant* (le face-à-face du fauteuil), nous nomme Ob-jet thérapeutique, et d'emblée nous met « en charge » (charge obscure d'émois faisant retour par l'inconscient contre-transférentiel, et dont le poids est confié au travail de notre pensée) de la quête première, originaire, du véritable objet dont prétend nous parler ce qu'on nous jette ainsi au visage, ou qu'on nous dissimule *derrière* des dénégations, ou sous l'écran des variations d'un refus protéiforme par lesquelles il nous faut bien d'abord nous laisser saisir. Sommation faite en quelque sorte d'entrée de jeu (aux deux sens de sommer et d'additionner par cumulation) du transfert au contre-transfert, qui aura ensuite à s'en accommoder comme il le pourra, dans et pour la cure.

2 - Au cours d'une longue analyse, un patient de 40 ans, qui n'est ni psychiatre ni psychologue, et qui n'a guère – chose rare aujourd'hui – de notions, même vagues, sur la psychanalyse, a évolué considérablement. Il est venu me voir au départ pour une cassure dépressive grave, « faisant suite » (*sic*) à la mort de sa mère, cassure dont la profondeur et la violence, malgré l'absence apparente d'antécédents familiaux et personnels de ce type, avait une note mélancolique. Il a plus tard abandonné son désespoir ;

il s'est structuré par une compréhension œdipienne, d'allure authentique, de son histoire, dans le travail du transfert. Il a aussi exploré et nommé, avec émotion, des aspects très archaïques – apparemment jamais mentalisés par lui, et véhiculés par de vagues souvenirs des modes familiaux particuliers d'interaction des autres enfants de la fratrie – de ses premières années. Assez soudainement, cependant, à la suite, semble-t-il, de mon déménagement, je note chez lui une sorte de mutation dans les défenses, qui donne *rétroactivement* le caractère d'une résistance par le changement positif à tout ce qui a précédé. Le patient, après avoir esquissé un mouvement inopiné de dépression dans l'analyse, développe un désir très refoulé d'abord, puis clair, et ressenti comme logique et nécessaire, un peu revendicatif même, de devenir analyste. L'aspect idéalisant de cette demande nouvelle, qui le fixe à moi et aux partenaires qu'il me donne dans le transfert, se présente comme un brusque déplacement par renversement – d'objet perdu en projet dû – d'un excès de manque resté inscrit en lui et réveillé par le changement de cadre. Notre « alliance de travail » analytique, comme on dit, colmatait sans le satisfaire suffisamment sans doute un manque originé en deçà des objets désignés de la plainte initiale, et de ceux mêmes, mégalomaniaques, des pertes historiques de l'enfance, qui sont comme projetés, à partir du moment que j'ai indiqué, *au-delà* des régulations psychiques formées à l'aide des traces retrouvées avec le concours de l'analyste, dont le patient craint soudain de ne pouvoir s'approprier et coller suffisamment à lui le destin personnel, pour colmater une sorte de vide résiduel, soudain ressenti comme intolérable. Ce vide dont le vécu est brusquement réveillé par le changement du cadre semble démentir ou anéantir toutes les élaborations faites, et révéler ainsi le maintien intégral de l'attente première d'infini et d'omnipotence, qui affirme la grandeur démesurée de l'objet perdu.

3 - Dernier exemple qui, quant à lui, concerne *le devenir de la perte d'objet en fin d'analyse* : fin annoncée, et « acceptée » dans ce cas, d'une longue analyse, raisonnablement « réussie ». La patiente a beaucoup souffert, dans la toute petite enfance, d'une

maladie très douloureuse, ayant entraîné des interventions chirurgicales. Et elle a vécu plus tard, à la latence, deux épisodes traumatiques, l'un dans le registre de la séduction sexuelle, l'autre, de l'ordre de l'éloignement prolongé des deux parents, puis, à la fin de l'adolescence, une violente répétition, sans nul doute inconsciemment organisée par elle-même, des traumatismes anciens. Répétition qui l'a conduite à la demande d'analyse. Pendant des années, elle s'efforce d'entraîner l'analyste, auquel elle s'agrippe, dans une intense lutte sadomasochiste très ambivalente à propos du cadre et de la maîtrise de chaque pièce du matériel verbalisé. Le défusionnement progressif des deux imagos parentales et la reconnaissance des modalités de l'amour et du type spécifique d'agressivité adressée à chacune d'elles dans la problématique du choix du sexe psychique et de la castration, débouchent finalement, après une tentative intermédiaire de plus de deux ans pour disqualifier l'analyste par la fuite masochiste dans une psychiatrisation des symptômes (en direction d'une figure d'ailleurs hautement signifiante de son enfance), sur une acceptation laborieuse du terme, travaillée et négociée dans des oscillations transféro-contre-transférentielles importantes. La séparation s'opère dans une ambiguïté relativement assumée, mais comme à l'arraché. Car il y a quelque chose « à perdre » qui, concentrée transférentiellement sur l'analyste, de toute évidence *continue* de dépasser sa personne, et ne se réduit pas à la somme ni au produit des nombreux avatars de perte d'objets particuliers, différenciés ou archaïques, qui ont pu être repérés et élaborés dans la cure. Quelque chose qui ne se résume pas non plus à une simple illusion narcissique, douloureusement révocable, sur soi-même – bien que la désillusion ne soit pas ici absente...–, et qui demande une sorte de « saut », que j'appellerai « vital », dans la solitude, de renoncement très concret – qui ne soit pas résistance – à attendre « encore », à souhaiter toucher toujours plus de sens ou « tout » le sens ; à restaurer complètement une communication, vécue comme jadis manquée dans la résistance même à l'analyse ; voire à espérer pouvoir, dans l'avenir, reporter *entièrement* ailleurs, par de nouveaux investissements d'objets (religieux, esthétiques, amoureux, addictifs) suffisamment idéalisables, le trop-plein d'une expérience de perte qui demeure, *au fond* sans mesure avec ce qui la justifie, comme avec ce qui « devrait » la réparer. Dans ce cas, point que je souligne, la séparation, finalement, ne devient possible qu'après le travail dans l'analyse, à un stade tardif et comme en après-coup, d'une problématique abyssale (qui se « perd » elle-même dans la remontée des générations) d'identifications rétroactives à des personnages plus ou moins obscurs des souvenirs ou de la légende de la famille. J'ai retrouvé cette séquence dans d'autres analyses, et elle s'accorde avec diverses recherches contemporaines sur la généalogie « transgénérationnelle » des héritages identificatoires, ou, mieux, sur les emboîtements d'identifications, et le « télescopage » (H. Faimberg) des générations, j'y reviendrai plus tard.

Dans ces trois types d'exemple, à trois moments de la cure, on aperçoit bien, je crois, ce dont il est question quand je parle de l'expérience de la perte (y compris la perte de « deuil », qu'on dirait fonctionnelle, qui clôt l'analyse) comme témoignant, par les charges ou intensités mêmes qu'elle engage, d'un dépassement mal réductible en son essence de l'objet référentiel par rapport à toutes ses représentations ou localisations réalistes supposées, tant présentes que passées. Ce dépassement n'est sans doute, au fond (en soi) et au mieux que provisoirement (le provisoire peut durer longtemps) et empiriquement traitable par une conjonction du travail de pensée et du vouloir vivre [6], mais il ne le *devient* dans l'analyse que d'être reconnu et éprouvé d'une certaine façon comme voué, en quelque chose au moins, à l'incurable.

Partir de l'expérience elle-même de la perte, pour inférer l'objet qu'elle énonce négativement, par absence, est alors la seule voie qui s'offre à nous pour ne pas écraser sur ses *Ersatz*[7] l'originalité, dans sa concrétude mais aussi son infinitude, d'un tel objet référentiel. C'est-à-dire pour ne pas le confondre avec les substituts internes ou/et externes sur lesquels le sujet de la perte transfère variablement et successivement, dans la représentation du passé, du présent ou de l'avenir, l'effort de sa quête intarissable de retrouvailles, qui n'a de limites que dans la prise en compte de l'exigence vitale elle-même de son propre *besoin de représentation*.

B - Justifions aussi, et tout aussi clairement, le choix que je fais de centrer dans ce chapitre ma réflexion à propos de l'objet, tel que je l'ai envisagée, *exclusivement* sur le *devenir de la pensée même de Freud*.

C'est en effet la lecture de Freud qui m'a conduit au sentiment que la problématique que je viens d'énoncer (et que, bien entendu, cette lecture elle-même a de longtemps préparée et nourrie) a été par lui *profondément, encore que progressivement, vue, et longuement débattue à l'aide de modèles conceptuels graduellement affinés*, par reprises successives en paliers. Si bien que, chez lui, elle apparaît à la fois essentielle et bien établie.

Il est donc juste de rendre à sa pensée le mérite des intuitions et des preuves qu'elle contient. Mérite, que seul a masqué, sur ce sujet, entre bien d'autres, le débat peut-être vain qui, après sa mort, a opposé ses disciples à propos... de son héritage. La « question de l'objet » est une de celles qui a nourri la querelle passionnelle déclenchée par l'écart entre l'ambition prophétique et la pratique de J. Lacan d'une part, et d'autre part, certaines de ses conceptions théoriques – par ailleurs trop souvent enveloppées de nuées stylistiques [8]. Il n'a manqué, à mon sens, à cette « question », coincée entre le discours sur le Grand Autre et l'« objet petit *a* » d'un côté, et le concept (chez certains un peu mécanisé) de « relation d'objet » de l'autre, que d'être examinée et débattue plus à l'abri des enjeux d'école au sein de la communauté psychanalytique, et dans le droit fil des textes freudiens, pris comme un ensemble toujours en devenir de recherche du vivant même de Freud.

Au demeurant, la lecture des textes dont nous disposons rend rapidement évident que la mise au point des idées de Freud sur le sujet ne s'est pas opérée dans la froideur intellectuelle. Et que c'est au prix de ses propres passion et souffrance qu'il s'est confronté à la perte d'objet chez ses patients, pour aboutir à des énoncés finalement convaincants. Sa démarche personnelle illustre donc aussi mon propos en ceci qu'il construit sa pensée de la perte *du sein même d'une expérience de perte* (à partir de son auto-analyse) présentant les caractères que je mettrai *avec lui* en lumière. On peut dire que la pensée théorique de Freud sur ce thème, plus que sur n'importe quel autre de ceux qui l'ont intéressé, fait partie de *sa propre construction de l'objet perdu*, en ce qu'elle a d'intime et de personnel, et non pas seulement en ce qu'elle a de général et d'universellement valable. Chez un esprit aussi honnête et fidèle à la réalité que le sien, c'est une garantie de vérité de plus.

*

Pour la clarté de ce qui va suivre, je formule maintenant brièvement les principales *hypothèses* que je soutiendrai ici, et dont je tirerai conclusion au terme de ce chapitre en revenant aux conséquences qu'elles comportent, à mes yeux, quant à la compréhension de notre pratique.

Pour moi, les écrits de Freud établissent :

1 - Qu'il a développé un intérêt précoce (avant 1895) et peut-être électif sinon sélectif pour la perte, le deuil, et la dépression largement entendue : « négatif »[9] peut-être, ou contrepartie symétrique de son intérêt, concomitant, pour les fantasmes pervers et la perversion.

2 - Qu'il a retenu presque aussitôt (dès 1895, *manuscrit G* et *Esquisse*) d'une part, un jeu limité de concepts, et d'autre part, une réalité clinique particulière (l'expérience « énigmatique » de la douleur)[10], organisant la problématique de la perte à la manière d'un fil de chaîne dans la trame de son œuvre.

3 - Qu'à peu près dans le même temps, il a eu l'intuition (Cf. l'*Esquisse*) de ce que j'ai appelé un permanent ou irréductible « dépassement » de la réclamation concernant l'objet absent par rapport aux objets référentiels dont il se donne, ou nous donne (dans le cadre de l'analyse) la représentation.

4 - Que c'est cette intuition-là qui a été élaborée par lui autour de l'« énigme », notée en 1895 et déjà citée, mais chez lui insistante, de la douleur psychique, cela par paliers successifs, les étapes ultérieures les plus repérables se situant :

a) en 1905, avec les *Trois essais sur la théorie de la sexualité* ;
b) en 1915, avec *Deuil et Mélancolie* et *Vue d'ensemble sur les névroses de transfert*, et après *Totem et tabou* et *Pour introduire le narcissisme* ;
c) autour de 1925, entre *Le Moi et le Ça* (1923) et *Inhibition* (1926), et après le remue-ménage théorique de 1920-1924, centré sur l'intégration masochique de la violence dans la douleur (*Au-delà*, et *Le problème économique du masochisme*).

En aval, enfin, de ces moments successifs, après 1926, on peut parler d'une installation de la pensée de Freud dans une sorte de certitude, relativement au dépassement ou à la « transcendance » pour ainsi dire de l'objet [11] de la perte.

5 - Que la mise au point des vues de Freud sur cette question n'a été possible qu'au prix de maintes hésitations, *à travers une série de tentatives théoriques intermédiaires*, successivement considérées par lui comme incomplètement satisfaisantes pour le traitement du problème : par exemple celles centrées autour de la notion de narcissisme ou de celle de masochisme.

6 - Que les organisateurs de la solution finalement choisie sont le destin particulier que reçoit *l'après-coup* dans le concept spécifiquement psychanalytique (et souvent injustement négligé [12] comme une soi-disant spéculation, une impasse et une scorie biologique de la pensée de Freud) de « *phylogenèse* », et dans ceux d'« *identification primaire* » et de « *père de la préhistoire personnelle* ». Ces concepts fournissent de l'« originaire » une version remarquable [13], mais parfois assez mal comprise, encore que vérifiable dans la clinique à travers les recherches actuelles sur les identifications dites « inter- » ou « trans- »-générationnelles, et la transmission « *par* le négatif ».

Je me propose de suivre d'étape en étape le développement de cette doctrine de l'objet et de la perte, longuement élaborée par Freud, avant d'en indiquer plus loin l'incidence pertinente sur mon approche du travail analytique, tel que je le conçois aujourd'hui.

Il ne me semble toutefois pas inutile d'introduire l'étude du devenir de la pensée de la perte chez Freud par *quelques brèves remarques de langue sur plusieurs termes importants du lexique freudien relatif à cette difficile question*. C'est ce lexique basal, sorte de *constellation linguistique de la perte*, qui, précocement constitué, accompagnera à peu près sans changement – support ou appui langagier fixe de la problématique – les oscillations de la théorie.

Freud était, comme on sait, un parfait connaisseur et un talentueux utilisateur de la langue allemande. Doté non seulement d'une évidente oreille littéraire, mais aussi d'un ample bagage d'érudition et d'un attrait certain pour la sémantique et la philologie, il entendait sans nul doute toutes les résonances véhiculées par la structure, la construction et l'histoire des mots, parties intégrantes de l'organisation préconsciente, en tant qu'elle se prolonge de son étayage sur la langue partagée avec le groupe social. Nous en avons maints exemples. Je n'ai pas, loin s'en faut, la maîtrise de la langue dans laquelle Freud écrivait, et ne la lis pas moi-même sans quelque peine. Je me risquerai pourtant, par nécessité, à interroger les connotations qu'apportent aux écrits que j'examinerai plus loin trois au moins des vocables qui y reviennent le plus souvent, dans une place de choix, *Verlust, Objekt, Schmerz*[14], véritables pivots de la constellation terminologique freudienne de la perte.

I - *der Verlust*, la perte

« Perte » est le mot français à peu près constamment retenu pour traduire le terme allemand *Verlust*, dont Freud se sert pour substantiver l'expérience de perdre (*Verlieren*), en tant notamment qu'elle est relative à un « objet » (l'objet perdu : *das verlorene Objekt*), ou à quelque équivalent.

Arrêtons-nous d'abord à ce terme de « perte », que la révision actuelle des traductions dans notre langue ne conteste pas (cf. les nouvelles versions dirigées par J. Laplanche, avec A. Bourguignon et coll., notamment dans le cadre de l'édition complète de Freud, en langue française, en cours). Il est issu du substantif verbal latin *perditionem*, lié au verbe *perdere*. *Perdere* vient – par l'altération du composé *perdare* – de *do, dare*, et signifie dès l'origine abandonner sans profit, se dépouiller ou être dépouillé à fond (*per*). Perte est, le plus généralement, accompagné d'un complément de nom (perte de temps, d'argent, d'amour, d'un ami...), ce qui correspond à l'emploi *transitif* du verbe perdre : perdre quelque chose ou quelqu'un. Mais le mot *peut aussi s'utiliser sans complément*. Il est alors presque toujours lui-même complément direct d'un verbe : faire, subir, avoir une perte (bien que cette construction admette aussi un complément de nom pour perte, comme dans « faire une perte d'argent »). L'emploi de perte sans aucun complément peut être rapproché de l'usage *intransif* du verbe perdre (« je perds », par exemple au jeu, ou dans un combat ; ou même, « ce vase perd »), qui implique que l'accent est mis sur une *atteinte en quelque sorte identitaire du sujet lui-même du verbe perdre*. On peut rappeler ici qu'en latin, *pereo* (je péris, je meurs, je suis perdu) servait au présent de l'indicatif de passif au verbe *perdere*. Au total, le mot français de perte est chargé de connotations qui admettent une certaine *imprécision sur la nature et le lieu* (interne ou externe) *de ce qui est atteint ou perdu*. On retrouve donc curieusement chez nous aussi quelque chose de ce que Freud signale en 1915 dans la clinique de la mélancolie, notion dont on connaît, et dont je soulignerai encore, l'extension qu'il tend à lui donner et qu'il lui maintient dans le cadre de l'expérience dépressive. Le vécu de perte peut, comme on sait, s'accompagner, selon lui, au moins chez le « mélancolique », d'*un sentiment d'incertitude* quant à la matière ou la nature, l'origine, l'impact, le lieu et le moment de la disparition de ce qui est perdu. On l'a vu, j'ai introduit dès mes premières pages l'hypothèse que cette incertitude était justement, en clinique (quoique généralement sur un mode moins massif et spectaculaire), le motif même de la demande ou de la plainte, *quelle qu'elle soit*, du patient et l'enjeu du travail de l'inconscient dans l'analyse.

Le verbe allemand *verlieren*, dont procède *der Verlust*, n'a pas tout à fait la même diversité de construction que sa traduction française habituelle (bien qu'on dise *verloren gehen* pour « être perdu », sans autre détermination). Essentiellement transitif, il se précise donc de façon commune dans la langue classique par un complément en régime direct. Le substantif *der Verlust* se rencontre néanmoins, pour sa part, en tout cas dans la langue de Freud, tout comme le français perte, sans complément de nom. Cette imprécision sur l'enjeu de la perte *sous-entend* sans doute, allusivement, un objet : *das Verlustobjekt*. Mais, là encore, l'accent est bien mis d'abord sur *l'expérience vécue que le manque de l'objet détermine, en tant que blessure du sujet en quête de la raison de sa plainte*. Ici, le français rejoint sur l'essentiel l'allemand.

Mais au plan étymologique, dans *Verlust*, le préfixe *ver* s'ajoute an radical *lust* pour en modifier le sens. Le préfixe *ver* correspond, en allemand, dans à peu près tous ses emplois, à l'idée d'une sorte de barre affectant le mot racine d'une butée, d'un seuil ou d'un soulignement qui impose soit *un degré d'intensité de plus*, soit un *renversement de la signification*. On pourrait donc, complaisamment (!), imaginer que le *Verlust* est soit l'intensification, soit le renversement dans le contraire du ... *Lust*, si important dans la théorie psychanalytique, en raison du rôle qu'y joue le *Lustprinzip*, le principe de plaisir (qu'on serait d'ailleurs aussi en droit d'appeler principe du désir, *Lust* ayant en allemand les deux significations) ! *Verlust* ferait ainsi fonction de doublet d'*Unlust* (déplaisir ... ou non-désir ?), le préfixe *ver* renforçant la négation, ou portant, au contraire. à ses limites, jusqu'à en négativer l'effet, l'expérience subjective du *Lust* comme plaisir-désir... Il n'est pas interdit de penser que Freud a pu jouer en quelque coin de son esprit avec de tels fantasmes philologico-sémantiques qui, d'ailleurs, correspondent, paradoxalement, à une certaine vérité. Dans la clinique, la perte, le *Verlust*, et les affects corrélatifs sont en effet, je l'ai marqué et nous le retrouverons, communément associés à l'*intensité* ou à l'*excès* (par rapport à ce que la réalité supporte) du désir ou du plaisir-de-désir, portés à un niveau qui en *inverse la valeur* dans le sens de la souffrance. C'est, en tout cas, ce qu'enseigne la psychanalyse du traumatisme (et ce qu'en a toujours retenu Freud) [15].

Mais la vérité philologique (l'« étymologie »...) est autre, quoique tout aussi intéressante. Si la racine (indo-européenne) du substantif *Lust* est réservée au désir (désir de plaisir ou/et plaisir de désir), avec une nuance de *mouvement vers*, et aussi – c'est à noter – de jeu, le radical *-lust* de *Verlust* dérive, quant à lui, par le travers de certaines formes archaïques du verbe *verlieren* (perdre), d'une autre racine indo-européenne *lu, lav*, qui signifie à peu près « arracher », ou « séparer », et qui a produit en grec, en latin, en anglais et en allemand toute une série de termes très connus marquant le manque, le défaut, l'abandon, la déliaison (*luw, solutus, less, loose, lösen*). On peut remarquer également que cette racine lointaine est voisine, sans pourtant se confondre avec elle, d'une troisième, qui dit... le désir violent, et qui a engendré les mots latins *lubet* et... libido [16]. Dans le cas précis de *Verlust*, et de *verlieren*, il s'agit au total d'une forme intensive (*ver-*) marquant l'idée d'arrachement, avec une valeur passive éprouvée par celui à qui quelque chose ou quelqu'un a été arraché et manque. L'*Objektverlust*, c'est ainsi l'*arrachement de l'objet tel que ressenti par le sujet*, même si l'usage a banalisé et atténué le sens de *Verlust* dans la langue allemande courante. Cette valeur originelle est celle que nous retrouverons, avec toute sa force, dans le terme qui désigne le plus souvent, chez Freud (et plus généralement en allemand), *l'affect de la perte*, la douleur : *Der Schmerz*, dont j'interroge plus bas le vocable (cf. III, plus bas).

II - *das Objekt*, l'objet

Notons le caractère « savant », repris du latin – par le français – qu'a dans l'allemand assez littéraire de Freud le mot *Objekt*, comme d'ailleurs son corrélatif *Subjekt*, très rare chez lui, et absent des Index de ses œuvres complètes. Fort simple, l'étymologie latine (*ob-jectum*, neutre – l'allemand *das Objekt* étant neutre aussi – : d'un participe passé passif substantivé), respectée fidèlement par les deux langues, la française et l'allemande, fait de l'*Ob-jet* quelque chose qui se situe *en avant*, à la manière d'un *Ob-stacle*, ou d'un écran. Écran qui, d'une certaine façon, s'offre de *face* au sujet après avoir été (pro)jeté hors, devant lui, l'idée de jeter, incluse dans le radical, marquant la violence et aussi le caractère archaïque oral du mouvement fondateur sous-jacent. Au sens littéral le plus contraignant, l'objet de la perte (*das Verlustobjekt*) désigne alors ce qui s'aprésente, ce qui s'« objecte » (ou manque à s'objecter) au sujet (*das Subjekt*) ou au Moi (le *Ich* comme sujet), pour figurer à distance ou au dehors la matière, et en quelque sorte le « sujet »[17] de la perte : faute de quoi, ce serait *perte sans objet*, « peine perdue », et le sujet lui-même en serait disqualifié puisqu'il ne serait, du coup, plus *sujet à perdre*, ou à *avoir perdu*, sauf à « se perdre » lui-même de vue dans sa position de sujet. Bref, *l'objet de la perte est d'une certaine façon ce qui a vocation à en donner une représentabilité au sujet qui a perdu*. Et s'interroger sur « l'objet de la perte » revient alors, cela déjà d'un point de vue strictement linguistique, à se demander quels liens de retournement et/ou d'étayage réciproque entre le Moi et l'autre, le dedans et le dehors, met en cause l'expérience (*das Erlebnis*, Freud utilise aussi ce mot…) de perdre ou d'avoir perdu. Que le Sujet soit ici rendu, par le langage, symétrique de l'Objet, et que les deux mots participent l'un de l'autre, peut faire se demander si c'est le second qui s'organise du premier, projeté au-dehors, ou le premier qui s'organise du second en l'installant dans une place contenue en son intérieur. Nous verrons que cette corrélativité du « sujet », ou du Moi [18] et de l'« objet », que je note d'emblée dans ma Préface, n'a jamais vraiment échappé à Freud. Et le sens de ces notations linguistiques ou philologiques se retrouve, curieusement là aussi, par la clinique, dans le problématique de la perte et du deuil, telle que Freud s'y est confronté.

III - Troisième des termes du lexique de Freud auquel je m'arrêterai : la douleur (ou la souffrance), *der Schmerz*

Le mot *Schmerz* se distingue assez bien en allemand, dans l'usage général, de *Leid* (ou de *Leiden*) et de *Pein* (applicables aussi l'un et l'autre à la douleur morale, comme le français « peine », et l'anglais – d'acception plus large – « pain »), par l'idée d'une *violence* dans la souffrance. Il y a au demeurant, chez Freud, peu d'occurrences des termes substitutifs cités, bien que l'adjectif *peinlisch* soit appliqué plusieurs fois chez lui à des expériences désagréables, « pénibles », et définisse un état ou un sentiment (*Stimmung* ou *Empfindung*) douloureux. *Leid(en)* est cependant plus près que *Pein* d'être un doublet de *Schmerz*. Freud parle de la « souffrance de réminiscence » dans l'hystérie comme d'une *Leiden an Reminiszcenzen* (en 1895 notamment). Et *das Leidenbedürfnis* peut chez lui désigner le besoin de souffrir dans le masochisme (1905 ; 1924). Mais l'intensité douloureuse n'est pas soulignée au même point par *Pein* et par *Schmerz*. C'est, en fait, essentiellement autour de l'idée de douleur psychique, comme *psychische Schmerz*, que Freud reviendra à ce qu'il considérera pendant trente ans comme l'« énigme économique » de la souffrance pour la psychanalyse. L'intérêt d'une réflexion philologique et sémantique sur le mot *Schmerz*, et secondairement sur *Leid*, est sans doute d'abord que l'un et l'autre terme renvoient très directement à une blessure *physique*, point sur lequel Freud a d'ailleurs insisté souvent. *Leid* est à rapprocher du latin *laedere* et du français, qui en dérive, lésion. *Schmerz* a une origine indo-européenne, de racine *(s)mertd*, qui signifie écraser, broyer, et qu'on retrouve en anglais dans *to smart*, cingler et déchirer à coups de fouet, déchirer par la souffrance. J'ai indiqué plus haut que la même signification profonde se retrouve dans *Verlust*. Si bien que le composé *Verlustschmerz*, la douleur de la perte, qu'on trouve par exemple en 1915 dans *Deuil et mélancolie*, comporte une très forte unité sémantique (là encore bien accordée à la clinique) qui en redouble littéralement le sens.

Le langage suggère finalement que *la douleur de la perte marque l'entamement du Moi par un manque à représenter le non-Moi, entame qui témoigne elle-même de ce non-Moi par l'affect éprouvé – et en ce sens, le représente aussi à sa façon (par Repräsentaz et non par Vorstellung) sans toutefois pouvoir le penser précisément, ou le figurer*. Et soulignons encore une fois que dans la langue allemande, et chez Freud, le modèle de la douleur morale est emprunté de façon générale à celui de la douleur corporelle. Les idées, latentes dans les mots *Schmerz* ou *Leid*, de broyer et de déchirer décrivent une atteinte spécifique, brutale et irréductible, des *capacités de contention pare-excitation de l'enveloppe corporelle*, et mettent en cause au premier chef l'autonomie et *l'autodéfense* de l'individu qui, pour Freud, sont des attributs essentiels de l'être vivant, véritable fondement peut-être, par étayage, des *Pulsions de Vie* (1920). C'est semblablement *le pouvoir pare-excitation du Moi psychique* qui est atteint dans la douleur morale, ce Moi, écorché, dépouillé de limites sûres et reconnues, témoignant, par son état émotionnel même, de son incapacité de former une représentation adéquate à la contention de la perte subie... On peut, en passant, penser ici à nouveau au concept contemporain de « *Moi-Peau* » chez D. Anzieu (cf. n. 13).

Je ne proposerai aucune réflexion particulière sur le terme de *deuil* (*die Trauer*) employé par Freud dans une acception plus générale (conforme d'ailleurs à l'usage courant tant en français qu'en allemand), et qu'il s'efforce d'éclairer par les notions que j'ai examinées. Au demeurant, il y a divers indices philologiques non négligeables qui pourraient rattacher l'allemand *Trauer* à des racines sanscrites marquant soit l'idée de traverser ou de percer (cf. trou, taroder, trans-), soit celle de broyer (cf. triturer...). Ce serait alors retrouver une signification déjà notée ci-dessus, et rapprocher *Trauer* de *Trauma*...

On ne saurait, certes, au total, confondre les théories implicites que véhiculent la structure individuelle, l'histoire et même l'agencement syntaxique des mots avec les conceptions explicites dont ces mots deviennent porteurs dans un discours théorique organisé. Mais *chez un auteur comme Freud, on peut admettre qu'il existe, plus qu'ailleurs, des convenances cachées entre le propos manifeste et le latent de l'énoncé, notamment pour le vocabulaire*, sans parler des associations par rapprochement ou opposition strictement phonétiques. C'est, en tout cas, une hypothèse sans doute marginale, mais légitime que, sous bénéfice d'un inventaire plus poussé, les quelques remarques qui précèdent semblent étayer en ce qui regarde le langage de la perte. D'autant plus légitime, ajouterai-je, que nous retrouvons, en somme, dans le lexique de la perte, quelque chose de ces mots primitifs, à double sens, auxquels Freud s'est intéressé ailleurs directement.

*

Abordons maintenant carrément les étapes successives de l'élaboration de la pensée freudienne sur l'objet dans son rapport à la perte, commodément repérées ici par les dates de 1895, 1905, 1915 et 1925-1926, auxquelles correspondent des travaux importants qui reprennent les principales données du problème que j'ai posé. Un « hasard » fait que ces dates se succèdent de dix ans en dix ans. Ce sera pour nous une simple facilité mnémotechnique, encore qu'il y ait probablement à dire sur le sens que cet écart de temps régulier, répété, pouvait avoir dans l'Inconscient de Freud.

1. - La première théorie de la perte : 1895

a - Les prémisses : avant 1895

Les écrits pré-analytiques de Freud font très tôt une large part, quoique avec d'autres mots que ceux que j'ai pointés plus haut, à la réalité clinique de la perte, du deuil et des échecs du deuil, qui apparaissent en place centrale dans les cas analysés dans le livre publié en commun avec Breuer en 1895. J'ai déjà fait allusion à ce point important. La « communication préliminaire » des *Études sur l'hystérie* invoque, outre un lien certain entre « l'hystérie » et le « traumatisme », plusieurs observations d'hystériques comportant des souvenirs pathogènes (cf. le « mal de réminiscence ») relatifs à l'assistance donnée, dans des conditions bouleversantes, à des proches mourants – essentiellement chez des femmes soignant des hommes de leur famille.

On sait d'ailleurs que, sous ce rapport, le matériel de Freud et de Breuer est assez analogue à celui dont se servira Pierre Janet (par exemple dans le cas Marie), son condisciple à la Salpêtrière et sans doute dès lors son rival (au moins fantasmatique) auprès de J. M. Charcot, admiré [19]. Anna O..., dont le cas est le seul présenté sous la signature exclusive de Breuer (o. c., chap. 1), a perdu son père après l'avoir soigné, très malade, pendant presque un an, et la psychothérapie est motivée par la gravité des troubles qui suivent. Les conditions de la conjonction que Freud appellera plus tard « coexcitation » du deuil et du désir sexuel incestueux sont donc d'emblée présentes dans le cas. *Emmy von N...*, quant à elle, a perdu 10 frères et sœurs (sur 13) dont elle était la benjamine, et son mari, plus âgé qu'elle, meurt soudain quand elle a 36 ans. Sa mère, naguère, est morte d'une attaque, vers ses 19 ans. *Lucy R...* est gouvernante d'enfants qui ont perdu leur mère, elle-même parente de sa propre mère, et elle pense sans cesse à la mort possible de cette dernière. *Elisabeth von R...* soigne son père (pendant un an et demi), couche dans sa chambre pour le veiller, et il meurt. *Rosalie H...* remplace sa tante morte auprès d'un oncle qu'elle méprise, pour élever les enfants. Un seul des cas cités (*Katharina*) ne comporte pas de décès, mais il y est question d'une grave déception due à un amour pour un homme marié.

On retrouve ici et là de semblables problématiques (chez des femmes encore, le plus souvent) dans le matériel des lettres à Fliess et des manuscrits annexés des années 1890 à 1894. Mais, dans les *Études* mêmes, on ne rencontre encore aucune systématisation spécifique du rapport de la pathologie hystérique avec la perte d'objet. Il s'agit de scènes traumatiques de décès (suivis de deuils ineffectués) dont l'hystérie prend sans plus le relais compulsif, souvent par conversion, et dont la thérapie tente de remémorer le souvenir-origine. Le traumatisme de la mort a fait disparaître la trace mnésique des objets perdus. Tout se passe comme si les identifications des hystériques étaient, dans le corps, dans les représentations (hallucinatoires ou non) et dans les comportements des survivantes *quelque chose du mort*, dont elles ne pourraient ou ne voudraient se débarrasser, demeurant collées à lui et l'ayant comme absorbé dans et par leurs symptômes. Mais il ne sort de là *aucune théorie générale de l'objet, non plus que de la perte comme telle*, malgré un certain nombre d'essais de clarification nosologique et étiopathogénique.

On notera toutefois que dans le *Manuscrit B* (du 8 février 1893), où il dresse un long résumé de ses vues sur les névroses, Freud introduit, in fine, le concept de la « dépression périodique » (*periodische Depression*)[20], considérée par lui comme « la troisième forme des névroses d'angoisse »[21], et « se distinguant *la plupart du temps* de la mélancolie par son rapport, en apparence rationnel, avec le traumatisme psychique », lequel « pourtant ne constitue qu'une *cause déclenchante* » (souligné par Freud, trad. franç., P.U.F, 1956, *La naissance de la psychanalyse*). Cette entité nosologique assez mal délimitée serait dépourvue, nous est-il dit, de « l'anesthésie sexuelle » figurant au tableau de la mélancolie. Le mot « dépression » (*Depression*) sera plus rare chez Freud par la suite. Il n'est jamais si souvent énoncé qu'à cette époque. Et on remarque, dans le passage que j'ai cité, *l'hésitation différentielle avec la mélancolie* qui, en fait, persistera jusqu'au terme de l'œuvre, sous diverses formes. Ce point paraît, ai-je dit, important et je montrerai plus loin pourquoi. Mais on peut avancer dès maintenant qu'il intéresse *une sorte de recouvrement entre ce qui relèvera plus tard des névroses « narcissiques »*, entendues comme des psychoses, et *les « névroses de transfert »* : recouvrement essentiel à notre débat sur le lieu et l'identité de l'objet perdu, dans la mesure où la douleur dépressive énonce *dans tous les tableaux nosologiques*, sur des modes différents, une même plainte inassouvissable [22].

Le *Manuscrit F* (du 18 août 1894) décrit des cas observés de « névrose » prenant la forme d'accès périodique d'angoisse à effet d'inhibition sexuelle, et les associe non sans insistance avec une hérédité « mélancolique », ici pratiquement considérée comme similaire. La préoccupation pour l'« hérédité » des maladies psychiques semble avoir ensuite continué chez Freud sur un mode un peu obsédant (remplacée en partie plus tard par les vues, plus complexes, sur la « phylogenèse »), jusqu'à, environ, la mort de son père en novembre 1896, suivie chez lui, il l'a écrit, de violentes secousses en profondeur, mais aussi de fortes défenses antidépressives. La « dépression », « cyclique » ou non, correspondrait-elle, dans son esprit à une sorte de transmission psychique directe, *sans deuil*, faite aux fils par des pères dépressifs, qualifiés ou non de mélancoliques ? Bien plus tard, il sera question d'un processus d'identification primitif au « père de l'histoire personnelle ». Retour probable d'une intuition précoce, par une problématique associée, dans la théorie élaborée, comme c'est le cas pour bien d'autres idées de Freud ?

Nous voici à l'orée de l'année 1895. Faisons le point : la dépression, au sens large, a pris comme telle une place inattendue dans les réflexions de Freud où elle s'emmêle donc quelque peu, – d'une manière qui ne sera *jamais totalement clarifiée* – avec la « mélancolie ». Mais aucun des termes majeurs (*Objet, Perte, Deuil, Douleur*) dont s'organisera plus tard la question ici traitée, n'est encore isolé, ou mis en évidence, ni *a fortiori* soumis à examen dans le cadre d'une pensée systématique.

b - La mise en place théorique de 1895

Le *Manuscrit G*, qui est sans doute posté à l'adresse de Fliess le 7 janvier 1895, fait par contre date dans l'élaboration théorique des vues de Freud. Subtil, profond, novateur, il est *tout entier* consacré à la « Mélancolie », et... précède de dix-sept jours seulement l'envoi du *Manuscrit H*, lui, consacré à la « Paranoïa », et accompagné d'une lettre (qui n'a été que récemment publiée par J. M. Masson) mentionnant un état de bien-être exceptionnel, et même d'élation chez le scripteur, à l'approche de la double et symétrique opération oto-rhino-laryngologique que lui-même *et* sa patiente Emma Eckstein allaient bientôt subir de la main même de Fliess [23], mandé à cette fin à Vienne...

Ce *Manuscrit G*, si important, et que j'ai discuté ailleurs sous d'autres angles (1976 ; 1982) et évoqué dans le chapitre précédent, inscrit dans son § II (trad. franç., 1956, p. 93) presque tous les termes qui deviendront capitaux. « L'affect qui correspond à la mélancolie est celui du *deuil*, c'est-à-dire du regret amer de l'*Objet* disparu [24]. Il pourrait donc s'agir dans la mélancolie d'une perte – d'une « *perte* dans le domaine des besoins instinctuels » (c'est moi qui ai souligné). Le mot perte (*Verlust*) est encore énoncé plusieurs fois. Et voici que Freud avance une hypothèse en règle : « La mélancolie, dit-il, est un deuil provoqué par une perte de libido. »

Suit un schéma, remarquable en ceci qu'il image pour la première fois l'idée d'une *double réalité* correspondant à l'Objet : l'une interne, l'autre externe. Le schéma est divisé deux fois en deux par une ligne verticale médiane, appelée par Freud « limite du Moi », et par une horizontale, croisée avec la verticale, appelée « limite somatopsychique ». Le « Moi » est à gauche, le monde externe à droite. La partie « somatique » est en bas, la « psychique » en haut. Une figuration grossière indique comment corps et psychisme interagissent l'un sur l'autre par transmission verticale médullaire dans le « Moi ». Mais l'essentiel est dans la figuration d'un lien direct, appelé « action spécifique », entre ce qui est nommé « l'objet sexuel dans le monde extérieur » et le « groupe psychique » qui lui correspond (et, ici, lui fait face) dans le Moi, de l'autre côté de la « limite du Moi », au niveau de la partie « psychique » de ce Moi, le même objet sexuel externe pouvant aussi concurremment exciter de manière directe, mais alors par une action somatique (bas du schéma), les « organes terminaux » de la sexualité du partenaire. Et Freud d'expliquer comment les deux actions, au niveau psychique et au niveau somatique, peuvent être associées et synergiques ou au contraire dissociées, par le défaut soit de l'excitation sexuelle physique, soit des « sensations voluptueuses » (psychiques). L'absence d'excitation sexuelle physique par voie de stimulation interne venant de la psyché lui paraît correspondre à la « mélancolie », et l'absence de volupté d'organe au niveau du contact corporel à l'« inhibition » hystérique.

Cette conception qui porte visiblement sur tout le vécu dépressif en tant qu'il est d'origine interne, est alors soutenue par une explication très intéressante au cours de laquelle apparaît la notion de souffrance (*Schmerz*). Par suite d'une très forte perte (*Verlust*) d'excitation, relative au complexe de l'objet dans le psychisme, il se produit *un effet d'appel* qui fait perdre leur excitation aux autres formations associées. Le vide et la « dissociation » qui en résultent constituent d'*eux-mêmes* une *souffrance* par *appauvrissement* et *hémorragie interne d'excitation*, analogue à une blessure. Par ce trou, « situé dans le psychisme », « l'excitation sexuelle » se trouve « entièrement pompée », et « tarie ». L'explication donnée est telle que la notion regroupante de « souffrance » paraît résulter en toute hypothèse d'une asynergie entre l'excitation du complexe psychique et l'excitation des voies terminales sexuelles. Le passage contient cette explication frappante (qui condense la dimension psychique et la dimension physique de la douleur) des « effets » de la mélancolie : c'est une inhibition « *psychique accompagnée d'un appauvrissement instinctuel, d'où la souffrance qu'il en soit ainsi* » (souligné par Freud) [25]. Il se termine cependant par le rappel qu'il est difficile de distinguer clairement cet effet de celui, analogue (mais pour Freud apparemment moins strictement « psychique » de la « neurasthénie » [26]) : il a toujours cru à la nature étio-neurologique et somatique de ce qu'il continuera d'appeler les « névroses actuelles ».

Retenons au total ceci : pour la « mélancolie », associée par ailleurs de si près à d'autres formes indéterminées ou diverses de « dépression », c'est « dans le psychisme que se situe le trou » qui engloutit l'énergie d'excitation. Et l'affect de « deuil », relatif au regret de l'objet disparu est à comprendre comme dû à une « perte » de « libido » dans le « groupe psychique » correspondant à « l'action spécifique » (sensorielle, sensori-motrice ?) de l'« objet sexuel » externe sur l'intérieur du Moi. La « douleur » (*Schmerz*) enfin, *résulte immédiatement et sans plus, comme affect spécifique, de la dissociation due au rapide retrait de l'excitation des « groupes psychiques »* associés dans le Moi à celui propre à l'objet perdu intérieurement, par perte de l'excitation qui lui est propre. Si j'ai dû m'arrêter un peu sur ce texte, c'est qu'il me paraît contenir (encore qu'on y parle d'excitation mais non de *Besetzung*, d'investissement) *tous* les éléments essentiels de la problématique de *Deuil et mélancolie*, vingt ans à l'avance, à l'exception de la notion de « narcissisme » dont je discuterai plus loin la place dans la solution freudienne, et de celle de *transmission psychique héréditaire*, entrevue plus haut (*manuscrit F*, 1894) et qui jouera plus tard, je le montrerai, un rôle décisif. S'est-on assez avisé de ces anticipations. En particulier de la dernière citée ?

Nous voici maintenant à l'*Esquisse*. Le considérable travail d'élaboration théorique qu'on vient d'examiner et qui prend, dans l'après-coup, une valeur quasi prophétique, ou celle, en tout cas, d'un avant-coup essentiel des formulations tardives de Freud, précède le manuscrit ... de neuf mois seulement, juste le temps d'enfanter un texte consistant. Et il en est séparé par les développements de l'affaire Emma Eckstein. De même que les *Manuscrits G et H* furent écrits *après* une rencontre avec Fliess (en décembre 1894) et *dans l'attente* d'une double intervention de sa part, et pour Freud et pour Emma, l'*Esquisse* est rédigée, d'un trait et avec une exaltation intense, mais obsessionnellement très contrôlée, *après* un autre « congrès » (à Berlin), où, d'ailleurs, Fliess semble être encore intervenu sur les cornets de l'appareil nasal de Freud. Ce rendez-vous paraît avoir représenté l'équivalent d'une sorte de réconciliation amoureuse des deux amis après la grave erreur professionnelle de Fliess [27] – induite par Freud –, les lettres soupçonneuses ou/et réparatrices du printemps 1895 et le cadeau de l'annonce faite à Sigmund, désormais enceint magiquement de la *Traumdeutung*, par la grâce de l'ange des rêves, le 24 juillet 1895. De tels rapports seraient secondaires pour la théorie, si l'*Esquisse* ne se présentait à certains égards comme une méditation de grande portée sur *les relations du Moi avec le monde extérieur*, et que n'y était pas précisément repris et perfectionné le thème de l'élaboration des excitations insupportables par l'investissement des organisations et des voies internes du Moi à la recherche de traces de plus en plus éloignées, autorisant une meilleure « identité de perception », mécanisme de base de l'*identification* (*Identifizierung*), laquelle sera, bien plus tard aussi, liée par Freud à la perte de l'objet (1921 ; 1923).

Tous les termes que nous avons rencontrés en janvier 1895 sont là de nouveau (*Verlust, Objekt, Schmerz*) ainsi que l'idée de deuil (le *Trauer*, déjà mentionné en janvier 1895, comme dans les *Études*) ; et le mot d'investissement (*Besetzung*) est fort utilisé désormais. S'y ajoute le terme, rare, on l'a noté, de *Subjekt*, et, plus souvent, celui de Moi (*Ich*) tandis que s'y dessine une problématique très originale *de la différenciation du Moi et de l'Autre*, non seulement fondatrice à l'égard du futur concept de narcissisme mais aussi génératrice d'interrogations de grande conséquence sur ce qu'on pourrait par avance appeler *la part du réel dans l'identification primaire*.

Les plus visibles nouveautés vont porter, de mon point de vue, sur trois points qui organisent la compréhension de la notion d'objet dans son rapport à ce que Freud a déjà nommé une « perte interne », et dont le sens conserve des obscurités qui sont ici au centre de notre réflexion. Je ne peux faire l'économie de les mettre en évidence.

1 - Le mot *Objet*, maintenant adopté, est quelquefois employé pour désigner tout banalement la réalité extérieure à laquelle s'attache le désir (par exemple au § 11 de la partie I, p. 338, trad. franç. ; ou au § 14, p. 340). Mais, comme en janvier 1895, il ne semble pas, d'abord, y avoir d'équivoque entre le dehors et le dedans ; à l'objet extérieur, *en soi* en quelque sorte, est constamment, à la fois opposée et reliée sa *trace mnémonique* dans le Moi, l'*Objekterinnerungsbild*, l'image de mémoire en représentation de l'objet, qui est « investie » (chargée) d'une certaine « quantité » d'excitation tendant à la décharge. Toutefois, dit Freud, cette quantité est *sans cesse renforcée* par de « nouvelles excitations endogènes » : première idée donc de la permanence irréductible de la « pulsion », d'ailleurs nommée ici *Drang* (§ 11) et non *Trieb* (voir aussi le § 10 sur cette continuité des excitations endogènes). Et les liens « spécifiques » entre le « groupe psychique » (interne) de l'objet et la réponse réelle de l'objet « extérieur » sont tels qu'à défaut d'un apport satisfactoire nécessaire, à venir du dehors, du réel, l'être humain en proie à la poussée des charges intérieures est voué à la détresse psychique, et à une dangereuse impuissance : la *Hilflosigkeit* (*helplessness* dans la *Standard Edition*), qu'il faudrait plutôt traduire par l'« état d'abandon sans recours ». Cela se vérifie directement pour le bébé, qui ne peut, aux « stades précoces », produire dans le monde extérieur les modifications qui le satisferaient et réduiraient suffisamment les changements internes qu'il subit sous l'action de la tension, ou de la pression (*Drang*) [28] de l'excitation. Une personne secourable et « bien au courant » (*erfahren* : expérimentée), objet réel à la fois nécessaire et indépendant ou contingent, parce qu'incontrôlable et variable dans une certaine mesure par rapport à l'enfant, devra donc intervenir. A défaut, l'enfant ne pourra qu'halluciner l'objet de la satisfaction, ou plutôt la satisfaction même pour tenter de réduire la souffrance. Ces considérations très frappantes à cette date, on le

soulignera encore, *mettent en charge l'objet « réel » externe de la sédation et de l'équilibre interne du Moi psychique,* ou si l'on veut, au sens le plus général, du Sujet. Le dedans et le dehors sont appelés à *coopérer* en quelque sorte, par exigence ou besoin (*Bedürfnis* autant que *Neid*) essentiel et naturel, inscrit *dans* l'infirmité spécifique du bébé, à une modification, à un changement interne (l'allemand dit une altération, sinon même une aliénation intérieure : *innere Änderung,* de *Änder* = autre) qui lui soit favorable. Changement qui, dans le cas où « l'objet n'est pas réellement présent » (I, § 15, p. 342) devient du coup défavorable, toute vraie « satisfaction » (*Befriedigung*) étant rendue « impossible » (ibid.). On notera comment Freud, *ici, parvient à la prise en compte du réel extérieur à partir de l'analyse du fonctionnement interne.*

Je relève toutefois l'existence capitale d'une réserve de sens que les écrits ultérieurs de Freud n'utiliseront peut-être jamais plus clairement, mais qu'il conviendra d'avoir à l'esprit pour comprendre la problématique de la « perte » dans un texte comme *Deuil et Mélancolie* en 1915, et celle des instances psychiques d'après 1920. Le dehors, en effet, est ainsi d'emblée, d'une certaine façon, *quelque chose du dedans dans l'impuissance originelle* (*anfängliche Hilflosigkeit*) de l'homme : ce qui, dit Freud, dans une formule très dense, est à l'origine de la « compréhension mutuelle »[29] et constitue la « *source première de tous les motifs moraux* » (I, § 11, trad. franç., p. 336 : *Urquelle aller moralischen Motive*).

Il se pourrait bien que l'évolution ultérieure de la psychanalyse ait tendu à occulter en partie *cette importance de la réalité matérielle extérieure interactive avec le sujet en tant qu'elle émerge dans le fonctionnement même de la vie psychique* : véritable travail, inscrit dans la structure intime de l'individu, d'autodéfense à deux, et partage narcissique d'une signification. Probablement, nous pouvons, en ce sens, comprendre l'allusion de Freud à la « source première de tous les motifs moraux » moins comme une remarque générale sur le développement que comme une assez vertigineuse anticipation de la nature des futurs Idéal du Moi et Surmoi de 1921 et 1923, entendus ici *comme inclusion en après-*

coup dans le Moi de formations qui y avaient par avance, et en somme, *génériquement ou phylogénétiquement,* non seulement une place réservée mais déjà une manière de présence *a priori* ou premières par effet d'absence [30]. *La perte en somme est au commencement, et l'objet n'y manque au-dehors, dans l'absence, le deuil, etc., que d'y avoir déjà, d'emblée, manqué en dedans constitutionnellement.* Cela non seulement chez les « mélancoliques » dont le « groupe psychique de l'objet » est défaillant, mais chez l'être humain en général, et dès les origines. Des origines dont Freud nous fera comprendre plus tard, non sans de difficiles débats conceptuels avec lui-même, et au prix de la mise au point de nouveaux et étonnants modèles, qu'elles sont, *ensemble et indécidablement,* origines préhistoriques et biologiques de l'espèce et du groupe, et origines individuelles, ontogénétiques, les unes et les autres obéissant aux mêmes lois nécessaires, liées à l'organisation sexuelle de l'homme, et donc à ce qu'un biologiste appellerait aujourd'hui son « programme génétique »…

2 - Le second point à noter est que cette précoce avance de Freud en direction de l'intelligence du véritable lieu du manque, et de *cela même dont il est manqué* ne le dispense pas, le presse au contraire, de s'affronter *aussitôt* à la question de la représentation des limites de l'identité et de ses conditions. Il s'y prend d'une manière étonnante, là encore, par la profondeur et la modernité de l'approche, centrée autour de l'élaboration différentielle de la représentation de Soi et de celle d'autrui.

Freud utilise ici pour désigner ce que nous appelons l'autre, ou autrui, le terme, *der Nebenmensch* [31] (I, § 17, p. 348-349 et III, § 1, p. 376-377) le « prochain » qui insiste, par l'idée de *proximité,* sur le *contact sensorimoteur,* et sur une *sorte d'étayage empathique sur un double* qu'on serait fondé à dire, dans le langage d'après 1914, narcissique « primaire ». La conception que sous-tend cette terminologie me paraît fondamentale pour la lecture des textes ultérieurs sur le narcissisme, l'idéalisation, le deuil, la dépression, en tous registres, et elle repose, chez Freud, sur une analyse très pénétrante.

Cette analyse introduit une notion qui perfectionne l'idée de

« groupe psychique de l'objet », énoncée en janvier 1895. Notion bien plus prudente et moins globale que les futurs concepts « d'objet interne », voire d'imago, qui fleuriront le premier dans la lignée kleinienne, l'autre surtout chez les jungiens. Il s'agit, dans l'*Esquisse*, de ce qui est nommé *der Komplex des Nebenmenschen*, soit le complexus du prochain ou si l'on veut de l'autrui, mais d'un autrui, j'y insiste, proximal (celui qui est là à s'occuper de vous), impliquant l'*Erinnerungsbild* d'un « objet du même ordre » que « celui qui a apporté au sujet sa première satisfaction », et aussi son premier déplaisir, *Unlust* (§ 17, p. 348) : un objet, donc, avec lequel (pour des raisons génériques *et* perceptives) ce sujet a vocation à se confondre dans la représentation.

Le complexe du semblable-prochain, ajoute Freud, « se divise en deux parties ». D'un côté, l'« élément nouveau et non comparable à autre chose » (trad. franç., p. 348), et Freud dit plus loin (III, § 1, p. 376) : « une fraction non assimilable, l'objet » (ici : *das Ding* = la « chose », et non *das Objekt*) [32]. D'un autre côté, ce qui « rappelle au sujet les impressions » visuelles ou auditives que lui a causées la perception de *sa propre main*, de *ses propres cris*. Cette seconde partie, ou élément composant du Complexe n'est pas d'emblée isolée, sinon isolable de la première. « Lorsque l'objet crie, le sujet se souvient de ses propres cris et revit ses propres *expériences douloureuses (Schmerzerlebnise)* » (p. 348, souligné par moi). Ici, intervient le *travail de différenciation* de ce qui, *forme primaire du jugement,* est déjà le modèle (un modèle peut-être plus accompli que celui qui en procédera plus tard, J. Strachey le remarque en note dans *La naissance de la psychanalyse*) de l'« épreuve de réalité » : la *Reälitatprüfung*.

Ce travail est loin d'être aisé, assuré ni définitif en tous points. En tout cas, il est incessant, et Freud, qui parle du processus « psychique normal », ne prétend pas qu'il se limite à la petite enfance. « Quand on perçoit », on « imite soi-même les mouvements » (p. 350). Il y a une « valeur imitative » et une « valeur sympathique » *de la perception (ibid.).* Bref, même si Freud ne le dit pas tout à fait explicitement, le sujet et l'objet ne naissent pas seulement « ensemble », (comme chez J.M. Baldwin, 1895), mais ils continuent de le faire, et *ils n'ont peut-être jamais tout à fait fini de défusionner dans la représentation.* S'il en allait autrement, peut-être ne communiqueraient-ils jamais vraiment, ou s'arrêteraient-ils de communiquer. C'est en effet la dualité même des éléments du « complexe des perceptions » de soi et de l'autrui, dit Freud, qui autorise « l'opération à laquelle on donne le nom de compréhension » (III, 1, p. 376). « L'attention d'une personne secourable (*hilfreich*) qui est elle-même généralement objet de désir (*Wunschobjekt selbst*) donne, par cette voie secondaire, accès à l'activité et au pouvoir » du *Verstehen* ou du *Verständigung*. Il y a en somme un *travail naturel, toujours repris ou constant, de réalisation de Soi et de l'autre, à valeur régulatrice*, qui sans doute peut régresser dans ses effets à des moments définis (on peut penser que le deuil en est un exemple caractéristique), et dont la nature rend comme d'avance fragiles de trop rapides et catégoriques conclusions sur ce que certains diront plus tard de la part du « narcissique » et de celle de « l'objectal » dans le traitement, normal comme pathologique, des pertes de la vie.

3 - Troisième point : Freud reprend enfin dans L'*Esquisse* son analyse de la douleur, dont on sait pourtant qu'il maintiendra avec insistance, dans *Deuil et Mélancolie*, et dans des textes ultérieurs, qu'elle lui pose un problème toujours non résolu. En septembre 1895, en tout cas, dans un difficile paragraphe spécial sur ce qu'il appelle *das Schmerzerlebnis* (sous-titre très mal traduit en français par l'« épreuve de la souffrance », si l'on songe que c'est le mot *Prüfung* qui convient le mieux à l'idée d'épreuve), il reprend son idée de janvier 1895 sur le « trou » dans le moi psychique, qui ne le satisfait pas entièrement. Et il donne toute son attention à l'action de la *quantité d'excitation* ($Q\eta$) dans la genèse de ce trou. Cette quantité seule paraît pouvoir, par débordement des organisations existantes « faire une brèche » (*Durchbrechen*, mot qui implique l'idée de passer complètement à travers une trouée violemment pratiquée) dans le dispositif de protection (*die Schirmvorrichtung*, I, § 12, p. 338 : le pare-excitation, ailleurs et plus tard appelé de façon plus abstraite *Reizschutz*) que forment les liaisons en réseau constituant le Moi psychique. L'excitation corporelle d'origine interne ou/et externe

(en φ) pénètre alors en masse en direction du psychique (en ψ). Il y a par suite un frayage (*Bahnung*) entre les traces de la perception ou des représentations actuelles et l'image interne de l'« objet » qui a pu jadis causer la douleur, image conservée dans le Moi (par la mémoire). L'image actuelle peut donc réactiver la souffrance naguère associée aux images de même type sans que l'« incident réel » originel se reproduise, en utilisant les voies forcées par l'action des quantités d'excitation qui ont fait naguère effraction dans le dispositif protecteur. C'est par cet effet de frayage que Freud conçoit qu'un complexe psychique de l'objet puisse devenir algogène sous de faibles charges ultérieures.

Cette analyse [33] nous fournit, certes, un schéma directeur pour la lecture de la réactivation pathologique de la douleur psychique qui confirme et précise les vues de janvier 1895. Mais elle *ne peut, on le notera bien, rendre davantage compte de l'origine de la douleur première, réactivée par association, et du caractère dolorique lui-même, qui* comme dans le *manuscrit G*, demeure *simplement déduit immédiatement* (sur une analogie quasi confusionnante avec la douleur physique qui ne forme pas par elle-même une explication) de la béance, de la « brèche » ou du « trou » psychique dans lequel s'engouffre la quantité d'énergie non contenue [34]. Dans le contexte de la théorie du manque donnée au niveau de l'*Esquisse*, l'hypothèse sans doute la plus proche de l'esprit de Freud reste donc que la douleur psychique est l'*expression directe, sans plus, de l'entrée dans la conscience, sous forme d'une masse d'affect dépourvu de valeur signifiante, de la tension négative, impuissante, de l'individu ou du Sujet vers un complément nécessaire* (mais indéterminé). Cela, en tant que ce sujet est privé, séparé, par l'individuation même (et la vie), quant à sa capacité d'autodéfense et de régulation, de « quelque chose » (*Etwas*), à l'origine plus ou moins dépourvu de visage mais qui, seul, de *droit naturel* ou biologique, vital en quelque sorte, pourrait clôturer le Moi blessé, faire taire le besoin (*das Bedürfnis*) et assurer l'identité.

Pour intéressante qu'elle soit, la solution demeure ainsi tout entière suspendue à cet étrange équation, « causale » si l'on peut dire : *excès de quantité débordant les indices de qualité = douleur psychique*[35]. Il s'agit d'un fait brut dont aucune signification subjective n'est accessible à l'écoute du clinicien… hormis celle d'une perte de la signification. Mais pourquoi la perte ou le manque de signification fait-il souffrir ? *Freud est ici sans réponse, et c'est quand il en prendra conscience qu'il parlera d'une « énigme quantitative de la douleur ».*

Des éléments, que j'ai relevés, existent pourtant dans l'analyse du complexe double du Moi et de « l'autre-semblable-proche », comme dans l'idée de l'impuissance du jeune enfant *à réduire par lui-même son besoin* a priori et inné d'objet, « origine de tous les motifs moraux » et de la « capacité de compréhension », qui pourraient mener plus loin. On peut déjà entrevoir, dans l'expérience de la perte et dans celle de la douleur qui lui est liée, et qui en devient désormais le représentant affectif[36], l'existence d'une obscure *représentation d'emblée, par l'absence, de l'objet* dans un *manque à être initial ou originaire* qui inscrirait ainsi un potentiel et inépuisable *manque à avoir*, à l'égard de soi-même, *la bienveillance, le pouvoir et l'expérience* antérieurement acquis par l'irreprésentable et nécessaire autrui : *der Nebenmensch*, déjà expérimenté (*erfahren* : « qui a appris ») et « capable de secourir » (*hilfreich*).

Je n'ajouterai qu'un mot à cette étude des manuscrits de 1895, vrais texte-origine, pour de futurs après-coup, de la problématique de la perte chez Freud et du travail conceptuel qu'elle lui coûtera. L'*Esquisse* contient, on le sait, dans sa Partie II, avec le cas « Emma » (qui a quelque chance d'être aussi le *cas Irma* et le *cas E. Eckstein*)[37], le premier écrit, précisément, de Freud sur l'après-coup. Sous une forme qui limite encore son effet à la resignification rétroactive tardive comme traumatisme, à l'occasion d'un incident banal de la puberté, d'une séduction sexuelle au départ non investie comme telle et intervenue avant ou pendant la latence. Cette découverte prépare de loin ce que je considère comme le ressort central de la future solution chez Freud de « l'énigme de la douleur » et du dépassement (ou de la transcendance : *unbekannt Verlust*, « perte inconnue », pour employer l'expression que Freud appliquera en 1915 à la cause des plaintes du mélancolique) de l'objet de la perte par rapport à ses représentants désignés ou repérables. Mais il faudra que, dans sa pensée, l'après-coup historique de l'ontogenèse personnelle vienne faire, entre-temps, alliance *dans l'originaire* avec l'avant-coup (*im voraus*) de la phylogenèse, renversé ensuite seulement en après-coup, à la *césure des générations*, pour que ses propres formules, enfin, le satisfassent.

Je résume donc la situation au terme de l'année 1895 [38].

Un vocabulaire essentiel, et qui demeurera, a été dégagé avec les notions de *Perte*, d'*Objet*, de *Sujet* même, et l'opposition entre l'objet intérieur (le complexe des traces représentatives de l'objet) et l'objet « externe ». La problématique de la perte a été définitivement liée à celle du deuil, de la dépression largement entendue, incluant plus ou moins la « mélancolie », et, par l'« expérience de la douleur », de façon générale au manque, au besoin et à l'impuissance innés de l'enfant, qui ne peuvent être compensés dans une certaine et fragile mesure chez l'être humain que par l'élaboration et la différenciation intérieures, progressives ou dialectiques, dans l'appareil psychique, des complexes plus ou moins confus du Moi et de l'Autre-semblable-prochain. La douleur elle-même a été *repérée comme une expérience clé assez étrange* au niveau de laquelle se pose de façon en quelque sorte condensée le problème crucial de la nature et du lieu de l'objet de la perte [39]. Appréhendable seulement en termes d'une *quantité de charge* qui fracture les processus représentatifs qualifiants (ce qui la lie au traumatisme et au défaut d'après-coup), elle se donne immédiatement, *à l'état brut, à la conscience comme dépourvue elle-même de pouvoir signifiant*, et néanmoins témoignant, violemment, d'une signification énigmatique. Simultanément, Freud a découvert, avec le cas « Emma », l'après-coup dans sa fonction hystérogène de mise en représentation fantasmatique par agir et pensée des traumatismes anciens. Mais l'après-coup, à ce stade de ses recherches, ne prend pas encore en compte la charge d'histoire, de pensées et de désir *dépassant le sujet lui-même* mais bloquée, ou en latence dans les objets qu'il réclame comme légitimes, et que postule aveuglément et impérieusement son impuissance à satisfaire ou à négocier seul son besoin. *Une problématique cohérente du « déjà-là » d'une histoire de désir, extérieure au Moi et pourtant constitutive du sujet auquel elle est soustraite, reste à inventer, mais elle est elle-même, déjà, en instance et en travail dans les formulations de cette époque.*

2. - L'objet et la perte au niveau des *Trois Essais* (1905)

a - Le trajet entre 1895 et 1905

On a vu comment la pensée freudienne de la perte et de l'objet perdu se centrait rapidement, dès le temps de l'*Esquisse*, autour du problème du sens de la douleur psychique, ou plutôt de celui *du sens du manque à signifier de la douleur*, par-delà l'explication quantitative qu'on peut lui trouver [40].

Entre 1895 et 1905, la douleur psychique (que d'ailleurs il a bien connue personnellement dans les mouvements dépressifs auxquels il est sujet) devient plus proche, plus familière à Freud à travers son auto-analyse, relancée et intensifiée par la mort de son père, en novembre 1896 (cf. notamment D. Anzieu, 1975, t. 1). Il décrit alors, mais surtout dans l'année qui suit cette mort, comme étranges et quelque peu dépersonnalisants certains des sentiments qu'il éprouve (lettres du 7 juillet 1897, et du 3 décembre 1897, après l'« abandon de la neurotica »). Et, curieusement, comme je l'ai rappelé plus haut et montré ailleurs (1987), on le voit, tandis qu'il s'interroge sur sa théorie de la séduction précoce (la « neurotica » précisément, qu'il renie sous sa première forme fin 1897), subir une sorte de fascination heuristique par les fantasmes pervers, matière privilégiée d'une élaboration créative ultérieure continue de la notion de perversion dans son rapport à la position névrotique [41].

Il est aisé de faire ici l'hypothèse que le développement de cet intérêt au long cours, dans la douleur d'un deuil, et dans l'émoi, inévitable de la confrontation fascinée avec l'inconscient infantile, correspond, chez Freud, au retour d'une partie refoulée des investissements sexuels « pervers polymorphes » des années vécues auprès du vieux père, de la jeune mère, des cinq sœurs et du dernier frère, le plus proche des concurrents fraternels mâles ayant été éliminé, mais aussi à une sorte d'*agrippement obstiné à un savoir perdu*, à la recherche de scènes et d'*objets en quelque sorte antérieurs de la vie des parents*, et singulièrement du père-patriarche. De ce père aux trois épouses (dont les deux premières ne sont jamais mentionnées par Sigmund), sans doute imaginable comme un aventurier glorieux et puissant, dans tous les sens du terme, puis déchu et déprimé (comme le mystérieux oncle à barbe jaune faiseur d'or, frappé par le retour du destin ?) [42].

La douleur est ici conjonction coexistante du deuil actuel et de la curiosité sexuelle pour la longue vie passée du mort ; ressentie comme ayant joué un rôle silencieusement capital aux origines mêmes de l'histoire personnelle de l'enfant. Plusieurs courriers de l'époque à Fliess insistent sur de mystérieux patients masculins, pervertisseurs libidineux de toute leur famille (par exemple 7 janvier 1895, *Manuscrit G* ; lettre du 11 janvier 1897). Des intérêts pointent ici ou là pour les liens de l'ontogenèse avec la phylogenèse (lettre du 5 novembre 1897), relayant les remarques antérieures, fréquentes mais plus classiquement médicales, sur l'hérédité dans la pathologie. Dans la lettre du 6 décembre 1896, moins d'un mois et demi après la mort du père (trad. franç., p. 159), on lit ceci à propos des hystériques : « les accès de vertige, de sanglots, tout est mis au compte d'*une autre personne,* mais surtout au compte de cet autre personnage préhistorique, inoubliable, que nul n'arrive plus tard à égaler » (souligné par moi). Le passage s'illustre, certes, d'une référence à un patient qui gémit comme pour appeler sa mère, morte quand il était tout enfant et qui, ici, pourrait bien être le « personnage préhistorique ». Mais l'expression employée projette alors cette mère dans l'en-deçà de la naissance, et en même temps la rend porteuse d'un supplément de sens, d'un (ou de plusieurs) autre(s) « personnage(s) » potentiels, plus ou moins combinés avec elle. De plus, le passage s'insère dans un texte où l'hystérie, qui vient d'être présentée sous les couleurs dépressives de la douleur et du deuil impossible de l'objet perdu, est hypothétiquement mais clairement théorisée, exemple clinique à l'appui, comme résultant de l'« hérédité » transmise *par l'intermédiaire* d'un « père » pervers à partir de la génération précédente. Douleur, deuil, séductions, transmission par l'« hérédité », référence à un personnage « préhistorique » grandiose, toutes ces notions ensemble, même si elles concourent alors surtout à l'édification de la « neurotica », soutiennent l'interrogation insistante sur l'*au-delà de la douleur et des objets qu'elle se donne sans qu'ils puissent arrêter son excès*, et donc sur la *signification* de la « quantité » dans *cet excès même du manque* qui marque l'expérience de la perte.

Il serait bien intéressant d'interroger aussi, et longuement, sur l'objet et sur la perte, la *Science des rêves* (1900), dont les thèses centrales sur la réalisation onirique du désir et sur la régression topique étaient d'ailleurs déjà formulées, pour l'essentiel, dans les paragraphes de l'*Esquisse* consacrés au processus du rêve (I, § 20 et 21). Que le rêve ait à voir avec le deuil et avec la perte d'objet, et qu'il puisse être vu comme une fête maniaque d'images défiant dénégatoirement la dépression liée à la perte des objets du jour pendant la régression somnique par un rappel dans la phase de vigilance onirogène, est une hypothèse que j'ai pu avancer en 1981 [43]. Et on se rappelle que Freud lui-même a clairement établi un rapport entre la rédaction de son « *livre des rêves* » et la mort de son père, rapport qui se reflète d'ailleurs dans plusieurs des songes personnels qu'il y a étudiés (cf. D. Anzieu, 1975, t. 2). Mais je ne prendrai de la *Traumdeutung* qu'un seul exemple remarquable qui, d'emblée, s'inscrit dans la problématique de l'étrange dépassement de l'objet de la perte, et de l'« énigme économique » de la douleur.

Il s'agit de l'un des rêves les plus singuliers du livre : celui du cadavre d'enfant qui brûle, exposé au début du chapitre VII, et que j'étudie en détail ailleurs [44]. Ce rêve, qui a fort impressionné Freud (il y revient sept fois dans son ouvrage, et c'est là un des plus forts scores de citation, après ceux des rêves auto-analytiques de l'« Injection faite à Irma », de la « Monographie historique » et de « L'oncle à barbe jaune ») est censé lui servir de support pour exposer les lois et la métapsychologie des songes. En fait, rêve d'angoisse, de douleur et de deuil amer marqué au coin de la culpabilité, il fonctionne, à notre écoute d'aujourd'hui, attentive plus que ne l'était celle de Freud en 1900 au transfert et surtout au *contre-transfert*, de la plus surprenante façon. Ni rêve de Freud, qui pourtant se l'approprie pour nous le redire avec une connotation pathétique (rêve « poignant », *rührend Traum*, GW II-III, p. 514), ni rêve exclusivement propre à la cure de l'un de ses patients, il lui a été raconté, dit-il, par une patiente qui ne l'a rêvé elle-même qu'après l'avoir entendu, avec émotion, raconter par un conférencier parlant des rêves (et sans doute, alors, de rêves mis par ce conférencier au compte de quelque autre rêveur...). Cette cascade de rêves, de récits de rêves et d'émotions emboîtés en abîme fait... songer. Qui peut bien faire, hormis Freud lui-même, à une patiente de Freud, des conférences sur les rêves, au moment où lui-même écrit sur ce sujet un maître-livre, et voulu tel ? D'autant que le conférencier, nous dit-on, « a su donner l'explication exacte... ». Freud, en tout cas, est ému par le thème comme nulle part ailleurs dans la *Traumdeutung*. Il y a la séduction et la mort : puisque le petit cadavre brûle tandis que le père *dort, épuisé* dans la chambre voisine, et que le « vieillard » chargé par lui de veiller le corps s'est *assoupi*, laissant la *chute d'un cierge enflammer le linceul* et le *bras* du petit mort. Et il y a la faute, puisque le père est, dans le rêve même, *éveillé* par la vision onirique de l'enfant qui lui adresse ce reproche : « *Ne vois-tu pas que je brûle ?* » Qui, mortellement, ici, empiète sur qui ? De toute manière, la coexcitation sexualité (celle-ci très directement symbolisée) et deuil/mort fait sauter le pare-excitation et réveille l'angoisse d'avoir, dans le plaisir incestueux du songe, oublié et laissé détruire le tiers-réalité [45] : mort d'un enfant de l'inceste, fin d'un rêve. Cette thématique a sans doute un rapport assez direct avec le deuil du père, renversé en deuil impossible d'un(e) enfant désiré(e)...

Mais l'important pour nous, est d'abord, ici, dans *l'extraordinaire et quasiment évident télescopage transféro-contre-transférentiel des attributions identitaires, où Freud a grand-peine à ne pas se perdre* (ou à ne pas se couper ?), toute « simple » (*einfach*, GW II-III, p. 513) qu'il dise l'explication du rêve. J'y vois, pour ma part, une illustration doublement clinique, par travail du rêve et travail de création et d'écriture interposés, qui ne sera pas cependant théorisée par lui – car il y est trop personnellement engagé –, *de l'incertitude du lieu et de l'identité de l'objet de la douleur* – figurée par la brûlure –, qui est aussi dans ce cas *l'objet perdu de la régression* somnique, coexcitant deuil et sexualité. La nuit comme le jour, et dans l'oscillation [46] entre l'un et l'autre, comme entre le dehors et le dedans, l'affect de la perte est en recherche de ce qui peut figurer sa démesure latente, et la justifier.

Le récit complexe de Freud nous livre en effet un véritable nœud de sens où les positions du « père » (le conférencier, le père du petit mort, le veilleur, le psychanalyste) et de l'enfant (l'auditrice, la patiente, l'enfant brûlé(e), ou séduit(e), ou mort(e), et l'accusateur), comme celles du rêveur (le conférencier, la patiente l'auditrice, Freud, le père du mort, le lecteur de Freud) s'enchevêtrent et même *s'échangent à l'infini à l'occasion du passage d'un plan à un autre de l'exposé*. Au point qu'on ne sait plus, analytiquement, qui est séduit et perdu, et qui est séducteur et meurtrier, en même temps que perdant et abandonné.

Il apparaît alors que cet étrange rêve en bande de Mœbius, qui est certainement, d'une manière ou d'une autre, chargé des fantasmes personnels de Freud à l'égard de ses patientes-sœurs-épouses-filles et de ses propres identifications féminines à ces femmes, sur fond de deuil de son père, *se sur-détermine*, dans la violence douloureuse qu'il véhicule, *d'une référence identificatoire protéiforme à l'inaccessible scène*, inconsciente en sa racine, du fantasme pervers (voir plus haut) « un vieillard omnipotent séduit un(e) enfant, le (ou la) mène au désastre, et dénie sa culpabilité en fermant les yeux du Surmoi ». La scène, en aller-retour, renverse probablement dans le contraire celle-ci : « un(e) enfant séduit un vieillard, le châtre et le laisse mourir » grâce à un déguisement onirique : « on est prié de fermer les yeux », comme dans un autre célèbre songe de Freud, qu'il a justement relié à la mort du père-patriarche, Jakob, un moment « accusé » par la « Neurotika » de pédophilie. Il s'agit en tout cas probablement à nouveau de l'errance de Freud, par rêve et patients interposés, à l'occasion de sa pratique même, *à travers le temps mystérieux qui a précédé sa naissance, dans l'au-delà de la scène originaire.* Temps de la séduction croisée Jakob/Amalia, à laquelle le vieux père a finalement succombé, trahi, trompé en désir par son fils aîné dans l'alliance « incestueuse » Sigmund/Amalia-Martha-Psychanalyse. Et temps encore plus lointain des scènes originaires des générations des aïeux. L'objet de la douleur « poignante » du rêve, et donc de la perte, est en direction de tout *ce qui ne pourra jamais être vécu vraiment* de cette *préhistoire* du Moi, à peine entrevue par le trou de serrure de l'imaginaire, et qui, cependant, en a organisé, dès le commencement et comme condensé et télescopé, l'*histoire*. L'*Ürszene* est pour toujours perdue, elle transcende le Moi en direction du passé absolu, dans cela même qui le constitue en le sexualisant déjà et d'emblée dans son fondement. Et la douleur de la perte est « excessive » et inextinguible, dans la mesure où c'est la substance inconnue, mais en droit représentable, du Moi qu'elle « déchire », ou « brûle ». Douleur dépassable seulement dans l'ambiguïté d'un renoncement qui accepte la blessure d'un inachevable, en vérité constitutif du sujet, pour « tenter de vivre », comme dit le poète (Paul Valéry) ici, en déployant, la voile au vent du rêve, dans un feu d'artifice de signifiés contradictoires.

Mais ce sont là, de ma part, des réflexions qui, bien que ramenant à la clinique de l'objet perdu, sont bien loin des intentions *manifestes* de l'obsessionnelle, et tout ensemble créative approche de Freud dans le chapitre VII. Aveuglé pour le moment – « on est prié de fermer les yeux » – par les clartés du transfert et du contre-transfert, il est tout à la passion théoricienne, dont la fonction est sans doute de couvrir la blessure dépressive causée par la mort de son père, survenue au moment de sa vie où tant de choses nouvelles l'excitent. Tant pis si la pulsion, dans son magistral écrit, fait soudain symptôme, et perce, insistante, sous la défense qui cherche à la sublimer... La théorie est certes travaillée par ses propres exemples, mais elle devra attendre d'autres après-coups de la pensée (1905, 1915) pour progresser vers les remaniements décisifs, à venir entre 1920 et 1925.

b - La théorie en 1905 et les *Trois Essais sur la théorie de la sexualité*

La pensée de Freud sur le problème de la perte – et sans doute sur bien d'autres – procède en fait toujours *par retour aux mêmes données fondamentales*, après des *détours* (*Umwegen*) qui enrichissent ses instruments conceptuels. Ce qui échappe au travail de lien entre la clinique et la théorie dans la fin de l'auto-analyse revient ainsi fidèlement dans la problématique clinique et théorique, après un temps de latence.

C'est bien le cas lorsque, après maints excursus dans les rêves, dans les conduites de la vie courante, dans des exposés d'observations (cf. Dora, 1904) et divers articles importants (distinguons celui des *Souvenirs écrans*, 1899, repris et modifié en 1904 dans *Psychopathologie de la vie quotidienne*, qui parle assez directement d'un au-delà des surdéterminations des traces mnésiques : *d'un temps quasiment perdu,* parfois retrouvé indirectement par l'analyse), Freud met en 1905 à exécution le projet d'un traité psychanalytique de la sexualité, de ses déviations et de son développement [47].

Or ce livre donne carrément à « l'objet » une place fort importante. Nulle part le mot ne revient si souvent, généralement dans la formule « objet sexuel » (*Sexualobjekt*), et surtout dans la première partie, intéressant les déviations.

A vrai dire, le mot *objet*, dont nous connaissons bien – depuis la lettre du 7 janvier 1895 – la complexe dualité de sens, interne ou externe, est ici partout employé *d'abord* pour désigner directement le *partenaire réel* et donc « externe », du plaisir sexuel cherché. L'« objet sexuel », le *Sexualobjekt*, est « normal » ou « inverti », il est exposé à des « sublimations » fétichistes, il est soumis au voyeurisme, au sadisme ou au masochisme, etc. On dirait alors un moment qu'il n'est plus même question de la représentation interne ou du « complexe psychique », correspondant (ou non) à cet « objet » du dehors si simplement nommé. En fait, cet emploi assez surprenant est *ad usum Delphini*, la chose est claire si on a lu la correspondance et l'*Esquisse*, alors secrètes. Il a une fonction propédeutique.

Dans les *Trois essais*, la version *interne* de l'objet n'apparaît en fait que dans un débat ménagé un peu plus loin et à point nommé par Freud. Mais cet artifice de rédaction, indubitablement, enrichit notre réflexion sur la perte au moyen d'une sorte de *preuve clinique nouvelle* – qui renforce une intuition de l'*Esquisse*. Freud s'autorise ici de la diversité extrême des « aberrations » sexuelles décrites quant au choix de l'objet *extérieur* qui entraîne l'excitation et conduit à la décharge pour mettre en vedette ce qu'on pourrait appeler *l'imprévisibilité relative pour l'observateur* de l'issue que se donne la pulsion sexuelle (I, B, fin du § 1 et du § 2 notamment). Cette imprévisibilité ou cette chance d'écart ne sont pas totales, mais « il y a lieu de dissocier jusqu'à un certain point la pulsion de l'objet » (p. 31, trad. franç. de 1962). C'est ce que J. Laplanche appelle justement la part de « contingence » de l'objet par rapport à la pulsion (cf. *Problématiques*, I, chap. 3, 1980, et l'article « Objet » du *Vocabulaire* avec J. B. Pontalis ; cf. aussi *Nouveaux fondements pour la psychanalyse*, 1987). On ne pouvait naguère encore, en 1895, attendre de futurs développements dans ce sens, qui maintenant émerge.

Ces nouveaux énoncés de Freud sont d'une portée considérable. Le détour par la psychopathologie des perversions met en forme pour lui une évidence qui ne cesse de travailler sa pensée : il y a, dans la réclamation pulsionnelle en quête de l'objet (et donc dans le vécu même de la perte d'objet) *plus* que ne propose la réalité extérieure actuelle. La perversion ne fait en somme que s'emparer, pour s'y fixer compulsivement, de substituts dont *elle nie l'inadéquation particulière à l'insatisfaction pulsionnelle* pour éviter d'avoir à reconnaître *l'inadéquation générale, première et persistante de tout objet limité et représenté à l'insistance de la pulsion...*

Car la caractéristique majeure de la pulsion, tout juste entrevue dans l'*Esquisse*, est bien son insistance, que Freud appellera sa permanence, ou sa « continuité ». Aucune satisfaction pulsionnelle (*Triebbefriedigung*) ne peut l'éteindre durablement, ni encore moins définitivement. C'est désormais pour lui vérité reconnue.

Aussi bien, la « pulsion » (*Trieb* dès lors, et non plus *Drang*), l'étymologie même du mot l'exprime, on le sait, correspond à l'idée d'une pression intérieure exercée « de bas en haut », sur le Moi, indépendamment de l'objet, en vue de la satisfaction, comme le notaient dès 1967, dans le *Vocabulaire*, J. Laplanche et J. B. Pontalis. Si la pulsion ne peut définitivement être « domptée », c'est qu'elle est, dit Freud, « le représentant psychique d'une source continue d'excitation provenant de l'intérieur de l'organisme et que nous différencions de l'"excitation" extérieure et discontinue » (trad. franç., 1981, p. 56). C'est à cette origine, qui l'ancre à des « sources corporelles » sises à la limite du corps et du psychisme, qu'on doit attribuer l'impuissance du Moi, en tant que *psychique*, à en venir jamais à bout.

Mais ces définitions, bien que freudiennes, pourraient se retourner paradoxalement contre les hypothèses que je crois repérer chez Freud, si l'on réduisait l'énigmatique excès de demande que toute souffrance de perte semble contenir à un *simple excès quantitatif de charge*. Nous nous retrouverions alors rigoureusement au même point. La pulsion ne véhiculerait, ni ne postulerait *aucun sens défini*. C'est une question que Freud a en effet envisagée : « La conception la plus simple, et qui paraîtrait s'imposer d'abord serait que les pulsions ne possèdent aucune qualité par elles-mêmes, mais qu'elles existent seulement comme quantité susceptible de produire un certain travail dans la vie psychique » (p. 56).

Toutefois, la clinique l'amène à récuser cette vue. La pulsion, malgré la contribution fournie à l'excitation par diverses sources *latérales* (bien notées par J. Laplanche dans ses *Problématiques* et ses *Nouveaux fondements pour la psychanalyse*, déjà cités), est pour l'essentiel tenue par sa source d'une part, par son but d'autre part. Une partie déterminée du corps, au niveau des « zones érogènes », l'articule, et son but, c'est-à-dire le mode de décharge qu'elle poursuit, d'ailleurs lié à la nature de la source, n'est pas quelconque (*Trois essais*, p. 57). La source et le but *ensemble* paraissent donc bien inscrire entre eux, et d'une certaine façon en eux, l'objet qui devra – même avec une large part de variabilité et de déplacement possibles – s'ajuster suffisamment à cette postulation constitutive et première. C'est l'existence d'un tel rapport qui amène J. Laplanche à parler avec bonheur d'expression, étrange notion, d'un « Objet-source-but » (op. cit.).

Le point est de conséquence. Même si d'aucuns peuvent hésiter à accepter le concept paradoxal, tout pertinent qu'il soit, de J. Laplanche [48]. La pensée de Freud le conduit bien à poser qu'il y a une exigence formelle, ou au moins une préforme définie d'objet dans la pulsion même, comme l'a jadis relevé chez lui Max Scheler (1913). Si quelque chose demeure insatisfait dans le manque d'objet et dans la perte, ce n'est pas la seule quantité en attente de décharge, mais aussi *le défaut de présentation perceptive* à l'extérieur d'une *réponse à ce qui se donne au dedans de l'appareil psychique comme aspirant à la représentation,* et même à *un certain genre* de représentation. Quelque chose, en somme, de déjà, par avance, « qualifié » (au sens de l'*Esquisse*), ou de préqualifié. On songe ici aux « préconceptions » de W. R. Bion, et aux formes matricielles des objets qu'il décrit. Ou encore aux « pensées d'attente » dont parlera plus tard Freud.

Cependant, même la présence implicite d'une sorte de besoin anticipateur de l'objet (ici partiel), qui l'inscrirait en négatif dans les pulsions particulières articulées par les zones érogènes, ne paraît pas suffisante encore pour qu'on puisse rendre compte par ce moyen de la douleur morale, à dimension dépressive. Celle-ci ne se réduit pas au déplaisir (*Unlust*) découlant de la frustration, et peut difficilement se concevoir comme une simple tension différentielle. Et, malgré toutes analogies légitimes, elle ne peut se confondre avec la douleur physique.

Il faut aller plus loin. Et les *Trois essais* permettent déjà de le faire, à mon avis. De l'analyse que Freud propose des pulsions « partielles », on passe en effet à leur organisation sous le primat du génital. Ce « primat du génital » apparaît, dans la droite ligne de ce qui précède, comme une sorte de mise en tension *unificatrice* des pulsions locales. Il dessine l'image d'un « objet total », au sens où Freud, puis M. Klein en parleront plus tard, visé par un sujet lui-même unifié dynamiquement dans sa complexité même par ce rapport à « l'objet », *anticipé* comme intégré. Ce n'est certes qu'en 1915 que Freud développe en détail, dans un paragraphe ajouté à la partie II des *Trois essais,* le mécanisme de cette unification. Mais, c'est dès 1905, dans le début de sa troisième Partie, qu'il note qu'à la puberté, « un but sexuel nouveau est donné, à la réalisation duquel toutes les pulsions partielles coopèrent, tandis que les zones érogènes se subordonnent au *primat de la zone génitale* » (p. 111, souligné par moi).

Cette belle intuition de Freud, alors toute nouvelle, a, de mon point de vue, un triple intérêt pour notre recherche :

1 - Elle nous autorise à nous demander si l'anticipation d'objet inhérente aux pulsions ne fonctionne pas, dès *avant l'unification*, sur fond de sa *vocation à la synthèse*. N'est-on pas en droit de supposer l'existence d'une sorte de forme prépsychique, ou d'hallucination peut-être « négative »[49] conteneuse de l'*organisation d'ensemble* de l'objet total, laquelle serait garantie, dans une sorte d'avant-coup, par la structure spécifique du corps et de son fonctionnement, et à la poursuite de laquelle, en somme, seraient, si je puis dire, *lancées sans le savoir* les pulsions partielles ? Pré-forme par rapport à la seule unité de laquelle, précisément, elles pourraient, par avance, en somme, se définir comme « partielles ». L'objet total et l'intégration génitale du sujet ne feraient alors qu'accomplir, au plan manifeste et dans la représentation explicite, ce qui demeurait auparavant irreprésenté et latent, ou mieux *irréalisé mais exigible*.

On peut concevoir l'effet d'assomption synthétique du « stade du Miroir » selon Lacan comme l'analogue, chez l'enfant (au niveau de la perception et de la représentation visuelle) d'un tel moment d'intégration mutative par retrouvailles, dans l'après-coup, avec une unité *déjà donnée* et active, mais inassumée dans la réalité psychique[50]. Ce qui est à peu près, me semble-t-il, la position de J. Lacan lui-même à ce sujet. Peut-être aussi pourrait-on parler d'un rapport qui se construirait entre le Soi (?) et le Moi, restant cependant à mieux définir le « Soi » à l'aide de toutes les tentatives, parfois contradictoires, qui en ont été faites (H. Hartmann, H. Kohut, M. Mahler, D. W. Winnicott, J. B. Pontalis, et bien d'autres. Pour une étude critique, cf. J. B. Pontalis, 1975).

2 - L'intuition freudienne de l'intégration sous le primat du génital peut du coup faire mieux comprendre encore l'importance des analyses de 1895 sur l'impuissance de l'enfant et sur la nécessité *interne* qu'il a à recevoir de l'aide et à se trouver en interaction avec un *Nebenmensch* de la réalité externe suffisamment « secourable », « expérimenté », et qui lui « ressemble ». Cette « ressemblance » anticipe sans doute, en fait, sa maturation, et utilise l'unité identitaire et pulsionnelle *déjà assumée* (comme je l'ai suggéré plus haut) *par un autre*, fournissant ainsi à l'enfant un écran et un étayage pour signifier et réaliser son « existence propre » en appui sur une manière de représentation perceptive extrapolée, *protectrice de sa propre vocation unitaire* et qui lui présente *par-devant* une figure repérable de ce qui n'existe encore au fond de lui que de manière obscure, incontrôlable voire persécutrice. Aussi bien, on n'est pas étonné de retrouver à peu près telles qu'en 1895 les analyses de Freud sur l'*Hilflosigkeit* dans la troisième Partie des *Trois essais*, peu après ses considérations sur le primat du génital. Elles sont bien à leur place.

3 - De là, la troisième hypothèse vers laquelle conduit, selon moi, l'idée freudienne du primat du génital. Fort loin encore d'être clairement désignée par Freud, elle semble à terme inévitable. Elle concerne *la nature et l'origine du sexuel*, et complique un peu la classique notion d'étayage local des pulsions sexuelles sur les pulsions du Moi, qui est aussi une des trouvailles, rappelons-le, d'un livre qui en est rempli. Le schéma de l'*Anlehnung* est bien mécanique si on le limite à un décollage, grâce à l'auto-érotisme focal des zones érogènes, de la pulsion sexuelle partielle, en appui sur l'activité de survie de la fonction naturelle. Il ne me semble pas improbable que la dimension « sexuelle » des pulsions, « partielles » ou non, tient essentiellement à cet obscur rattachement, en arrière-fond, à *un système préorganisé d'aires spécialisées* se rapportant à une unité vivante complexe dont aucune des tendances locales ne peut être satisfaite *intégralement* – ou même optimalement – de façon *isolée*. Ce qui correspond à une « coopération » et à un certain freinage harmonique des excitations locales, issues de l'écart inscrit dans les revendications

pulsionnelles locales elles-mêmes *entre l'objet mécanique de la satisfaction du besoin* et ce qu'on peut appeler *le besoin global d'objet* (*Objektbedürfnis*) dans lequel la satisfaction mécanique, dès le départ, s'inscrit elle-même sans le savoir. La « sexualité », comme telle, ne serait qu'à cette condition : elle ne se concevrait, dans l'avant-coup de l'intégration génitale, qu'en fonction de son après-coup organisateur dans l'anticipation inconsciente, mais d'emblée, d'un objet homologue globalement intégré– encore que la « synthèse » n'en soit pas la simple résolution d'une analyse ! –, dont le partenaire humain (*Nebenmensch*) du bébé du premier âge serait, d'ailleurs, un indispensable précurseur, attendu en Messie à l'image humaine venant du dehors. De là le caractère *désirable d'emblée et excitant* de cet objet par nature à la fois nécessaire, promis et dérobé, dont le modèle inconnu reste dans le tréfonds de l'Inconscient, à la limite du corporel, dans l'attente de l'apparition externe « secourable » de sa réalisation incarnée.

Sur ces bases, deviennent un peu plus claires, dès lors, les caractéristiques vécues de la perte, dans son rapport à l'objet qu'*elle suppose* et impose à la fois, et que, pas à pas, nous recherchons avec Freud.

Ainsi de la « surestimation » naturelle de l'objet d'amour dont parle Freud, toujours dans les *Trois essais*. Elle correspondrait à la *projection* sur l'objet de l'anticipation d'une complétude toujours manquante à quelque degré dans les accomplissements *particuliers* du désir. Et on comprendrait mieux qu'aimer représente bien un mouvement vers les retrouvailles [51] avec un objet certes garant, dès l'origine, d'une unité virtuelle, mais toujours à postuler dans la frustration d'une quête, d'une re*quête* plutôt – comme je l'ai dit plus haut – tendue par essence vers une fin tout ensemble future, donnée et manquante. Le *supplément* de requête et l'excès de charge affective que véhicule la douleur de la perte prendraient par suite sens, de référer à une réalité *à la fois naguère perdue, et qui n'a pas encore eu « lieu »* : lieu *psychique* dans la topique interne s'entend. Et l'insistance de Freud sur le diphasisme paradoxal du genre humain (à la fin des *Trois essais*), qui fait de la latence la preuve « de l'oubli » même par lequel doivent passer historiquement les traces dont procède l'identité du Moi témoignerait sans doute, dans la même intuition, du sentiment qu'il a déjà d'une *ambiguïté ou d'une duplicité originaire* de l'individu. Points qui ont été bien saisis, dans les travaux analytiques contemporains, par P. C. Racamier, M. Fain ou encore par R. Barande et I. Barande.

Un dernier et important apport des *Trois essais* en conclura le bilan pour notre enquête. La théorie de la douleur, dont je viens de parler, ne s'y éclaire pas, à vrai dire, *directement*. Il y faut les repères subtils que je viens de relever. Le fil rouge que constitue pour Freud l'énigme qu'elle pose fait ici un crochet, et, à la faveur de la classification des perversions, passe par le sado-masochisme clinique. Arrêtons-nous un instant sur ce point. Le *Schmerzlust*, le plaisir de la douleur de l'autre et celui de sa propre douleur – essentiellement douleur physique dans ce cas [52] – sont présentés par Freud comme inséparables et renversables l'un dans l'autre, au moins dans l'expérience intrapsychique. Sous cet angle, quoique perverse, *la douleur est lien*. A l'aide de la violence, elle attache le Moi à l'éprouvé, en lui ou/et en l'autre, de son propre débordement par l'excitation et de son besoin d'aide impuissante, mais définie et focalisée par le rapport à un partenaire actuel et réel. Le sadomasochisme, comme perversion, cherche sans doute à remplacer la douleur morale immense de la perte d'objet par une douleur physique contrôlée, obtenue d'un partenaire, lui, imperdable parce que contractuellement complice, ou contraint. Ici s'esquisse une problématique de la douleur qui, au-delà de l'analyse des compulsions de la jouissance perverse, interroge le rapport général de la souffrance psychique avec la conservation, au corps à corps, de l'objet de la perte. Les hypothèses de 1924 (*Le problème économique du masochisme*) élargissent cette voie [53]. En 1905, elle est à peine esquissée, voire même encore en latence, et pour assez longtemps.

3. - Le problème de la perte et de l'objet autour de 1915

L'année 1915 marque dix ans plus tard une nouvelle étape importante de la réflexion de Freud sur ces notions mêmes. C'est dans le cadre de la *Métapsychologie* que se mettent en faisceau, et pour ainsi dire se cristallisent derechef autour des interrogations sur la souffrance dépressive (qui font bien ici *retour dans les mêmes termes qu'en 1895*), non seulement les trouvailles de 1905, avec les horizons que, prudemment encore (ou confusément ?), elles ouvrent à Freud, mais aussi le produit d'une série de recherches conceptuelles des années intermédiaires (1905-1914), introduisant des notions encore inédites. Tournons-nous d'abord vers ces dernières.

a - Recherches et notions intermédiaires, entre 1905 et 1915 :

De ce produit de pensée qui prépare les solutions de 1915 (où il s'agira d'une véritable tentative de synthèse entre des démarches disparates, aux fins de *résoudre* l'« énigme de la douleur »), nous retiendrons seulement les aspects les plus importants pour nous.

1 - Dès 1905, Freud a parlé de « pulsions d'autoconservation » (*Selbsterhaltungstriebe*) avant la lettre, dans l'opposition qu'il a établie entre d'une part les « pulsions satisfaisant un besoin » (*Bedürfnis*) ou une « fonction d'importance vitale », en particulier celle de nourriture, qui sert à la vie et à la survie, et d'autre part, les pulsions « sexuelles ». Si on laisse pour le moment de côté les inférences que j'ai proposées plus haut, il reste que les secondes, on l'a rappelé, se développent en appui, ou en « étayage » (*Anlehnung*) sur les premières, et comme à leurs dépens, par le moyen d'une activité auto-érotique [54] liée à la fantasmatisation. La notion, on le sait, se précise en 1910 (*Les troubles psychologiques de la vision*) et en 1911 (*Les deux principes du cours des événements psychiques*). Elle trouve alors son nom et s'en adjoint même un autre, plus large, celui de « pulsions du Moi ». L'idée des pulsions du « Moi », par le

dualisme qu'elle implique, semble conduire à cautionner l'assignation de la sexualité non seulement à une place limitée mais aussi, en raison de *l'allure génétique de la théorie de l'étayage prise au pied de la lettre*, à un temps *linéairement* second (ne nécessitant pas de refoulement préalable, et de retour dans un deuxième temps) du développement. Ainsi comprise, elle discorde donc, assez clairement, par ses présupposés et ses conséquences, avec les hypothèses que pourraient, on l'a vu, soutenir *par ailleurs* les énoncés des *Trois essais* sur l'objet. L'« objet » des pulsions du Moi comme tel ne pourrait ici qu'être non sexuel, ou *ante*-sexuel, ne se sexualisant que tardivement, par libidinalisation de l'investissement sous l'effet plus ou moins continu de la frustration : ce qui négligerait la dialectique capitale, rétroactive autant qu'anticipatrice, de l'après-coup.

Mais Freud qui, certainement, pressent les conséquences appelées par ses vues antérieures sur la contingence de l'objet, et même sur l'objet total, n'est pas très à l'aise avec son nouveau concept. Le *Vocabulaire* de J. B. Pontalis et J. Laplanche emploie plusieurs paragraphes à le montrer (art. : « *Pulsions* du Moi », p. 382), et il y parvient sans peine. On aperçoit déjà, à ce niveau, les causes lointaines du changement que subira à partir de 1920 la théorie des pulsions.

2 - De là, sans doute, aux yeux de Freud, la nécessité d'« introduire », en l'attente, un autre concept, le « narcissisme » (1914), qui suppose un investissement du Moi lui-même, excluant lui aussi, à l'origine (puis récupérant ensuite, secondairement, à son profit, dans un autre temps), l'investissement objectal : investissement du Moi conçu curieusement dès le départ sur le *modèle libidinal*, c'est-à-dire comme un processus d'*amour* (d'amour pour soi). Point précis dont Freud ne tirera précisément toutes les conséquences qu'en 1920, en réunissant dans le concept d'*Éros, et le narcissisme* – y compris *primaire* – en tant qu'*amour de soi* (« *libido narcissique* »), et la *libido objectale*.

En 1914, en tout cas, l'innovation, poussée par ailleurs par un challenge secret avec Jung à propos des psychoses, n'est pas décisive. Si le concept de narcissisme a l'intérêt de procurer à Freud l'occasion de faire de brillantes et pénétrantes analyses de l'idéalisation et de certaines formes de l'amour, et de se confronter à nouveau, quoique trop superficiellement, avec la relation précoce à la mère, dont l'importance a été sentie dès 1895, il ne lui permet pas, par contre, de maintenir un statut suffisamment clair à l'auto-érotisme, dont la fonction était apparemment (et peut-être naïvement) sans équivoque dans les *Trois essais*, ni de doser ce qui, dans la sexualité largement entendue, est primaire et inné, et ce qui est secondaire et acquis.

Selon mon sentiment, cependant, Freud penche au fond de plus en plus pour la thèse d'une *sexualisation d'emblée du Moi*, à laquelle conduisaient tout droit nos réflexions sur les *Trois essais*, concordant en ce sens avec les vues de J. Laplanche sur ce que cet auteur a appelé la théorie de la « séduction généralisée » (1987), préparée depuis plus de dix ans dans ses *Problématiques*. Mais Freud est comme empêché de donner à cette thèse vigueur par ce qu'on pourrait considérer comme son *démon génétique*[55]. Ce démon n'est peut-être, à certains égards, que le rejeton de sa résistance à revenir, par une autre voie, sous la pression de la réflexion rigoureuse, à quelque chose de voisin des hypothèses plus naïves, romantiques et réalitaires – mais de même résultat – de la « neurotica » de naguère. Celles-ci ont peut-être été à regret et hâtivement abandonnées, sans doute en partie sous la pression de la honte qu'il éprouvait du désir symbolique de dénuder son propre père pour en faire l'artisan de ses séductions infantiles personnelles.

Pourtant, tous les éléments étaient là, il ne restait que de conclure. Les formules mêmes qui viennent à Freud véhiculent l'essentiel. Ne dit-il pas qu'il s'agit, avec le narcissisme, d'une *ürsprungliche Libidobesetzung der Ichs* (GW, X, p. 141) : c'est-à-dire d'un investissement du Moi *en même temps libidinal et originaire* ? Qui dit « Libido », dit *désir érotique* et non « énergie » ou « quantité » seulement ! Freud se charge, du reste, de nous le rappeler très clairement trois ans plus tard dans celle de ses « *Leçons* » (1916-1917) consacrée au narcissisme. S'il y a une « libido » narcissique *primaire*, ne faut-il pas admettre une fois de plus que le désir, qui suppose manque, et perte accomplie ou menaçante, exige une *préconnaissance implicitement représentative* de l'objet, *avant* que le Moi ait « perçu » ou admis que l'autre existait ? S. Lebovici a noté que, pour Freud, « l'objet est investi avant que d'être perçu... ». Or il ne peut y avoir investissement dans la satisfaction.

3 - Le troisième modèle théorique que Freud élabore dans ces années-là est celui de la « phylogenèse », mis en conjonction, sur un mode complexe, avec la notion ancienne d'après-coup, qui remonte à 1895 et fait résurgence dans le cas de l'*Homme aux loups* (publié seulement en 1918, mais l'analyse s'est terminée en 1914 : Freud rédige ce cas célèbre à l'automne de la première année de guerre), et avec la notion de *fantasmes originaires*[56].

Dans *Totem et tabou* (1912-1913) c'est, on le sait, le « mythe » de la horde primitive, et du meurtre préhistorique du patriarche tout-puissant et sadique qui fournit le thème. Le livre a beaucoup, et dès le départ, déconcerté les analystes, presque autant peut-être que le fera *Au-delà du principe du plaisir* en 1920. Je n'en analyserai pas ici les difficultés, sauf pour relever un point essentiel à mon propos : c'est le *ton* de Freud qui surprend ses lecteurs, car on ne sait parfois s'il croit *vraiment* que le massacre, ensuite commémoré, du patriarche a bien eu lieu dans la préhistoire, ou s'il se sert seulement des correspondances entre ce que l'ethnologie et l'observation naturaliste permettent d'imaginer, ou de soutenir à titre d'hypothèse, et ce que le travail psychanalytique révèle, pour mieux montrer l'universalité et la logique interne des lois de l'Inconscient.

Cette position intermédiaire (ou limite ?) entre l'assertion scientifique, l'association et la métaphore, position qui, pour ma part, me paraît *pertinente à une théorie satisfaisante de l'originaire*, a pu irriter d'autant plus que Freud fait ensuite, à peu près, et cela jusqu'au terme de sa vie, comme s'il avait *démontré* là une vérité objective. Le *Moïse* de 1940 se conclut sur ce qu'on *pourrait* entendre comme une profession de foi en faveur de la valeur réaliste de l'induction de 1912-1913 sur la préhistoire de la horde primordiale, identifiée à une donnée anthropologique.

Si grande a paru à certains l'ambiguïté, qu'ils y ont vu une fascination abusive de Freud par un schéma évolutionniste lamarckien de la transmission des caractères acquis, et ont rejeté ou négligé tout ou partie des affirmations de l'auteur de *Totem et Tabou* sur la présence dans une sorte d'archéo-inconscient individuel, dès le commencement de la vie, des germes « hérités » de la fantasmatique présentée en 1913. C'est le cas pour J. Laplanche, dont la sagacité remarquable sur la question de la sexualisation originaire est peut-être ici légèrement en défaut (cf. *La Pulsion de mort*, et *Nouveaux fondements*) [57].

Le retour du concept d'« après-coup » dans l'*Homme aux loups*, en 1918, accompagné chez Freud d'une sensible insistance sur la présence, au temps premier du processus traumatique, de traces présentant un minimum d'organisation ensuite repris par des expériences plus tardives, et le développement opportun de la notion de fantasme originaire, renvoyant à une structuration générique des scènes inconscientes majeures, véritables matrices universelles de l'imaginaire individuel, pouvaient cependant donner à l'hypothèse de la survivance du mythe de *Totem et Tabou* et de sa « transmission » un sens original, cohérent avec les recherches précédentes de Freud. Celui d'une sorte de *reconstitution récurrente* de l'histoire personnelle, *puisant dans un modèle déposé par l'environnement non dans le matériel génétique nucléaire inné, mais dans les toutes premières modifications plus ou moins interactives subies sous influence extérieure par l'individu* en cours de développement. Ce sera, à mon avis, la tâche des fécondes recherches de 1915, et de leur remise en chantier en 1925 (après une nouvelle latence, en 1920 et années suivantes), d'avancer dans cette direction.

b - La perte de l'objet dans la *Métapsychologie* de 1915 : *Deuil et Mélancolie* corrigé par *Vue d'ensemble des névroses de transfert* ?

C'est avec le bagage qu'on vient de dire, fruit d'un travail soutenu mais encore hésitant sur les conséquences des intuitions antérieures à propos de l'étrange dépassement ou transcendance par rapport au besoin apparent que révèle la quête de l'objet manquant, que Freud aborde les mois intenses de l'année 1915 auxquels nous devons les cinq essais restants (plus un, récemment retrouvé) de la *Métapsychologie* (qui devait en compter douze, selon les propos tenus par Freud à Ferenczi, avec lequel il correspondait sur ce sujet).

Du point de vue de l'objet et de la perte, le pivot manifeste de la pensée de Freud est évidemment ici *Deuil et Mélancolie*. *Pulsions et destin des pulsions*, qui le précède, contribue particulièrement à sa compréhension. Et *Vue d'ensemble*, dont la rédaction est postérieure, en contient sans doute la clé cachée que Freud, *in extremis*, a hésité puis s'est refusé à livrer au public, le manuscrit restant, inédit, aux mains de Ferenczi.

La douleur de la perte est au rendez-vous, mais différemment, dans les trois textes : au centre de *Deuil et Mélancolie* ; évoquée de biais par les défenses qui en préservent dans *Pulsions* ; éclairée dans ses sources et ses objets, et représentée par l'exemple d'un autre affect, voisin, l'angoisse, dans *Vue d'ensemble*.

Dans *Pulsions*, après des rappels et des clarifications qui reprennent en les précisant les *Trois essais* sur la pulsion, sa source, son but et son objet, Freud fait pour la première fois, comme on le sait, la description des mécanismes « primitifs » des renversements pulsionnels et du retournement sur la personne propre [58]. Il ressort de son analyse topique et dynamique que ces mécanismes–précurseurs archaïques du refoulement appelé plus tard « secondaire », antérieurs à toute organisation intrapsychique – ont pour fonction de débarrasser l'individu d'une position éprouvée à ce stade comme intenable. En ce sens, ils visent à éviter tant la douleur que l'ambivalence, en évacuant ou en incorporant massivement en alternative, toute différence, et toute esquisse de représentation qui obligeraient le Moi à reconnaître l'objet comme durablement investi mais séparé de lui. L'intérêt de la découverte de ces remarquables mécanismes de culbutement est certainement, pour nous, qu'ils correspondent à des formes massives d'identification-désidentification (engagée, on l'a relevé, dans le fonctionnement des « identifications projectives » décrites par l'école de M. Klein) qui suggèrent de quelle manière certaines traces mnésiques ou impressions perceptives, « expulsées » au-dehors ou maintenues oscillantes, sont susceptibles de demeurer longtemps bloquées sans pouvoir être représentées encore : en attente d'une élaboration possible, à venir d'un changement interne ou externe. Les mécanismes de cette sorte sont alors certainement à voir comme des moyens d'empêcher la « perte », tout en interdisant provisoirement l'élaboration de l'objet total et de l'ambivalence pulsionnelle [59].

On retrouve par ailleurs dans *Pulsions* la notion d'un stade « auto-érotique » et d'un « stade de l'objet » (trad. franç., 1940, p. 39), ainsi qu'un exposé où apparaissent des traces des hésitations de Freud sur le caractère originairement « sexuel » de l'activité auto-érotique et du Plaisir d'organe, lesquels lui semblent fort primitifs, et *cependant* libidinaux... C'est vers la même époque (1915) qu'il introduit, dans une nouvelle édition des *Trois essais*, des phrases telles que celles-ci : « Chez les enfants qui suçotent de bonne heure, la signification *érogène* de la zone labiale est *constitutionnellement* renforcée » (trad. franç., Gallimard, 1987, p. 106 ; souligné par moi). Il y a dans *Pulsions*, également, la double affirmation que « l'ambivalence » est un « *héritage* archaïque » (souligné par moi), et que néanmoins, la haine narcissique contre le désir est *antérieure* à l'amour ! Positions qui semblent supposer une *histoire des pulsions antérieures à l'archaïque même*, et un investissement ou un contre-investissement du désir d'objet dans le fonctionnement (narcissique) qui cependant le « précède » et paraît encore l'exclure...

Venons-en à *Deuil et Mélancolie*, incontestablement le plus clinique des essais de la *Métapsychologie*, et l'un des plus profonds des écrits de Freud. C'est dans ce texte, si souvent relu, que se trouve en tout cas exprimé avec le plus de force, à plusieurs reprises, le caractère « énigmatique » de la douleur, présentée ici comme recelant la réponse dernière relative à l'expérience de la perte et à son objet véritable. C'est encore dans ce texte, qu'à propos de la mélancolie, « souffrance inconnue » apparaît l'expression *unbekannt Verlust* (perte inconnue)... dont le contexte même conduit à étendre l'application, au moins à quelque degré, à toute la *Verlusterlebnis*.

Ma lecture personnelle propose de repérer, dans cet essai si attentivement clinique et par ailleurs si élégant, deux niveaux :

1 - Au plan le plus superficiel, celui de l'énoncé « scientifique », il s'agit d'un parallèle qui fait travailler les ressemblances et les différences entre le procès « normal » du deuil et le procès « pathologique » de la mélancolie (ici essentiellement « psychogène », précise Freud, trad. franç., 1968, p. 146), afin de clarifier la séméiologie.

2 - Au plan profond, ce que travaille en réalité ce parallèle est une série d'*énigmes*[60] – et ici la notion (*Rätsel*) en est directement et abondamment employée – organisant la problématique de la perte, dont elles sont dites détenir la réponse. L'énigme de la *normalité*, celle de l'*auto-agression*, et de la *dépréciation de soi-même*, celle de la *répétition et du retour du même* (ou du *contraire*), et celle, bien entendu, désignée comme *centrale* et majeure pour la clinique, de la *douleur*. A l'issue de la démarche, des réponses viendront, mais une partie seulement des figures énigmatiques s'éclairera. Il y aura un reste à comprendre dont je chercherai à repérer la valeur et le destin ultérieur, notamment dans *Vue d'ensemble*, l'essai abandonné, perdu puis retrouvé via M. Balint et S. Ferenczi.

Dans le cadre du parallèle entre deuil et mélancolie, Freud pointe en effet successivement :

1 - le sentiment de normalité, *surprenant*, dit-il, que nous éprouvons spontanément devant les manifestations pourtant frappantes du deuil, et celui d'étrangeté que nous inspire, au contraire, la mélancolie ;

2 - l'opposition, également *étrange* selon lui, qu'on observe entre la durée élaborative et la progressivité temporelle du deuil d'un côté, et la répétitivité immobile de la mélancolie, de l'autre ;

3 - l'oscillation *étonnante* mélancolie/manie ;

4 - la douleur enfin et toujours, énigme privilégiée, plusieurs fois citée, commune aux deux tableaux du deuil normal comme du deuil pathologique, que nous *ne comprenons pas vraiment*, dit Freud, et dont nous ne saisirons la signification profonde que *lorsque sa valeur économique nous apparaîtra mieux*. Cette vue prend explicitement acte de l'échec des tentatives d'analyse antérieures.

Autour de ces quatre questions – quadrilogie prétexte, peut-être, chez Freud, qui ne fait qu'encadrer le problème essentiel de l'objet de la perte, pour ramener plus directement à la dernière et principale « énigme » – se développe une discussion qui apporte de la lumière, aux yeux de l'auteur, sur plusieurs des étrangetés soulevées, grâce d'abord à la mise en tension d'une différence essentielle. L'endeuillé banal *sait* qui, quelle personne, il a réellement perdu dans le monde extérieur, ou quel objet d'investissement il a cessé de pouvoir aimer. De là que, s'il peut regretter ses négligences ou infidélités passées, il ne se hait pas *lui-même* : il se distingue de son objet. Le « mélancolique », au contraire, *ne sait pas vraiment* ce qu'il a perdu, et, apparent paradoxe, il se condamne lui-même tout en affichant sans nulle gêne ce jugement négatif : il ne protège pas le moins du monde son autodépréciation du regard d'autrui (p. 155-158). La solution s'impose de cette curieuse contradiction. Le mélancolique éprouve, selon Freud, « une perte concernant son Moi » (*Verlust an seinem Ich*)[61], mais ses accusations sans vergogne contre lui-même signent une violence du type de celle qu'on dirige *contre un autre*, pour se rendre soi-même innocent aux yeux de quelque témoin : donc, le mélancolique s'identifie lui-même à l'objet détruit par sa haine[62], sur le mode « narcissique », dit Freud (c'est-à-dire sans plus pouvoir (se) représenter l'objet autrement que par sa propre représentation de lui-même), tout en le haïssant et en le condamnant *en lui*, en tant qu'il est lui-même le haïssable destructeur. Ambivalemment, dénégatoirement, inextricablement, Je est bien ici un Autre[63]. Ambivalence plus orale cannibalique, comme l'a bien noté plus tard K. Abraham (1924), qu'anale élaborative, « l'angoisse d'appauvrissement » correspondant sans doute, selon Freud (p. 163), à une défaillance des investissements anaux, arrachés de leurs « supports » représentatifs inconscients et régressés au registre de l'angoisse d'identité ou « de mort ».

Dans ces conditions, comme l'a souligné, depuis quelques années, Benno Rosenberg (1978 ; 1988 ; 1991), le « travail de mélancolie » (*Deuil et Mélancolie*, trad. franç., éd. Gallimard, 1981, p. 171, 172, 173) auquel Freud fait référence dans une formule-choc elle aussi assez mystérieuse – encore une énigme, et qui peut-être ne se développe qu'aujourd'hui ? – consiste à *tenter* de différencier cet inextricable complexus nucléaire du Moi et de l'autre, passionnément dénégateur de la réalité de la différence. Mais, contrairement à ce qui se passe dans le deuil, la « voie normale », passant par le Préconscient, qui relie l'Inconscient au Conscient, est « barrée », en raison surtout de « l'ambivalence » (p. 171). Et le « travail » ne peut aboutir le plus souvent que par des clivages et des renversements par tout ou rien, non sans analogie avec ceux étudiés dans *Pulsions*, qui sauvent ensemble, magiquement, le sujet et l'objet dans une toute-puissance exaltée, où l'on conserve et maintient en vie à la périphérie, mais en un état impuissant et morcelé, l'autre, avalé ou dévoré dans l'omnipotence (cf. en ce sens, S. Nacht, et P. C. Racamier sur la signification de l'agression du déprimé profond agrippé à l'objet, 1968 ; M. Klein sur la défense maniaque, 1941 ; cf. aussi ma communication de 1976, sur l'« énergie et les structures dans l'économie dépressive »). De là, l'échec de cette « victoire sur l'objet » (Freud) et l'immobilisation impressionnante du temps, par la répétition de l'alternative mélancolie/manie.

Les conclusions qu'apporte ici Freud, et qui résolvent l'étrangeté des trois premières énigmes que j'ai relevées plus haut, ne sont atteintes qu'à l'aide d'une combinaison des instruments que lui a donnés son approche du narcissisme et d'une reprise des anciennes analyses de 1895 (p. 170). Le mélancolique ramène entièrement en lui, pour quelque prétexte futile parfois, jusqu'à confusion du dehors et du dedans, du complexe de l'objet et du complexe du Moi, l'investissement qu'il a naguère délégué à l'objet et qui régresse ainsi à l'état d'investissement massivement narcissique de soi-même [64]. Le Moi devient alors incapable de rejeter comme d'intérioriser vraiment un double qui se confond avec lui et qu'il accable pourtant de reproches pour ne pas l'avoir assez aimé, et n'être pas assez aimable.

Il est condamné à la tâche de Sisyphe de répéter indéfiniment son effort pour décoller de lui ce qu'il tient passionnellement – et narcissiquement – appliqué à (et confondu avec) lui. Le problème du contraste noté entre notre saisissement par le tableau de la pathologie et notre sentiment de banale évidence et d'intelligibilité devant le deuil normal [65] (p. 148) se dessine mieux, Freud n'a pas même besoin de le souligner, tandis que s'esquisse le futur lien entre les pulsions de mort et le Principe de répétition. La pathologie répète, le temps patine, le « travail » ne paie pas, il est sans avenir. Et nous qui, à notre insu souvent, travaillons sans fin pour autant que nous soyons « normaux », à élaborer les incessantes pertes du devenir, nous nous sentons *syntones* avec l'endeuillé, mais – contre-transférentiellement en quelque sorte – *sidérés*, détruits même, Freud le fait bien entendre, par le mélancolique, dans l'intraitable haine qu'il exerce sur lui-même contre un « autre », et qui nous atteint en bloquant le temps, en nous plaquant à lui sans recul, ou nous forçant à le rejeter. Voilà, pour le principal, semble-t-il, le sens des réponses trouvées. Quant à l'alternance mélancolie/manie, elle correspond à un infinissable « travail de mélancolie » circulaire qui, par tout ou rien, « triomphe » de l'objet persécuteur et le réduit à rien, ou succombe à nouveau sous son poids, en attendant une issue qui ne pourrait se concevoir que d'un état intermédiaire manquant.

Si bien que, des quatre énigmes évoquées, *une au moins, ou même une seule, demande encore, et toujours, réponse : et c'est celle de la douleur !* La douleur contient bien l'irrésolu, *le reste à travailler* que laisse *Deuil et Mélancolie* en 1915. Rappelons les dernières lignes de l'essai. Freud vient de parler de la manie et de l'humeur maniaque. Nous sommes dans le registre de l'affect. Là recommence le mystère, puisque la *Stimmung* ou le *Gefühl* maniaques renversent en leur contraire l'affect de désespoir et de douleur (*Schmerzgefühl, schmerzliche Verstimmung*, GW, X., p. 429) mélancolique. Et Freud d'écrire : « Mais ici, à *nouveau*, il importe

de faire halte et de repousser la suite de l'explication (de la manie), jusqu'à ce que nous ayons acquis des lumières sur la *nature économique* d'abord de la *douleur* corporelle, puis de la *douleur psychique* qui lui est analogue. » Encore une phrase, en guise d'excuse, puis une ultime note, rajoutée tardivement, renvoie à la reprise de la question dans *Psychologie collective et analyse du Moi* (1921) (les soulignés sont de moi sauf pour le premier : *douleur*).
Tout ce qui a été énoncé par ailleurs est *balayé par cette conclusion*. Ni l'appel au narcissisme, ni l'invocation de la quantité ou de la massivité des charges, ni la reconnaissance du rôle de l'élaboration dans la différence séméiologique des processus comparés ne valent. La douleur, comme affect, ne s'explique pas des explications tour à tour essayées...

Et elle demeure décidément, *vingt ans après 1895*, la clé de voûte du problème de la perte et de l'objet, tel que Freud le perçoit ; et tel, sans doute, que j'ai cru pouvoir le poser, en mettant mes pas dans les siens.

Nous en sommes, en effet, au même point... qu'au début de l'article, où Freud déclarait que « ce qui nous fait nommer « douloureux » (*schmerzliche Stimmung*) l'état d'âme du deuil (...) *sautera vraisemblablement aux yeux* lorsque nous serons en mesure de caractériser la douleur du point de vue économique » (trad. franç., p. 149 ; soulignés de moi). Les deux énoncés, l'un pour ainsi dire initial, et l'autre final, encadrent et déterminent le sujet central de l'article tout entier : la question même de la douleur et du sens de son statut économique. La réponse, si riche que soit la récolte théorique et clinique faite depuis 1905 sur d'autres points, reste au terme un *non possumus ultra*.

Sommes-nous donc, avec *Deuil et Mélancolie*, renvoyés à un avenir alors encore imprévisible : à l'au-delà de 1920 ?
Oui et non.
Deux remarques s'imposent :

1 - Il y a une absence dans l'essai. Alors que tous les grands concepts de travail élaborés dans les années antérieures ont, au moins en passant, droit ici à une allusion, quand ce n'est même à

beaucoup plus, il manque le modèle... phylogénétique, qui est cependant cité – fût-ce marginalement – dans plusieurs des autres essais métapsychologiques (publiés) de 1915 (*Pulsions*, p. 16-17 ; *L'Inconscient*, p. 109). Or, ce même modèle occupe une place centrale dans le douzième et dernier essai (écrit en 1915, mais non publié), *Vue d'ensemble des névroses de transfert*, dont *Deuil et Mélancolie* a pris en quelque sorte la place, en fermant la marche dans le recueil des pièces éditées du vivant de Freud de la *Métapsychologie* ;

2 - On est frappé du fait que Freud ne tire *ici* aucun profit de l'analyse qu'il a faite, dans *L'Inconscient*, de l'affect et, en particulier, des formulations dans lesquelles il a distingué les affects qualifiés par la conscience des « germes d'affect » en quête de représentation (*Repräsentanz* sans *Vorstellung* ?). A quelle catégorie appartient la douleur, *entre le sens et le non-sens*[66] ?

On peut donc se demander, dans l'éclairage que proposent, sur le problème de l'objet perdu, nos réflexions précédentes, si Freud ne retarde ou n'esquive pas quelque chose : s'il ne recule pas *encore* devant une solution qui serait déjà plus qu'entrevue. N'est-il pas significatif, à cet égard, qu'il ait retranché de la publication, mais néanmoins conservé – volontairement ou peut-être par un acte manqué, en le laissant aux mains de Ferenczi – le *seul* des essais inédits, d'intention syncrétique et *écrit le dernier*, qui envisage *de front* la phylogenèse, notamment... dans son rapport à la mélancolie, au deuil et à la perte ?

A *Vue d'ensemble* donc, il est temps maintenant que nous venions. La traduction publiée en français (Gallimard, 1986) est accompagnée d'indications historiques et de commentaires fort intéressants et documentés par I. Grubris-Simitis et par P. Lacoste, qui me dispensent de m'occuper, dans ces pages, d'autre chose que du fond, pour autant qu'il concerne notre problème.

Vue d'ensemble, on le sait, se compose dynamiquement, sinon formellement, de deux parties :

1 - La première (trad. franç., p. 19-27) est consacrée à une sorte de revue assez sommaire des cinq premiers « facteurs » et mécanismes psychiques majeurs repérés par Freud dans son analyse des névroses « de transfert », opposées aux névroses « narcissiques » pour lui, en gros les psychoses, dans lesquelles l'investissement est retiré dans le Moi.

2 - La seconde est réservée au seul sixième facteur, nommé la « disposition à la névrose » (trad. franç., p. 27) et déclaré « le facteur le plus déterminant » de tous (p. 27). Ici, va s'opérer la jonction entre la plutôt vague terminologie de la « disposition » (*Disposition*), voire de la « constitution » (*Konstitution*, p. 28), utilisée par deux fois sans autre référence, et l'hypothèse phylogénétique. Dans *Deuil et Mélancolie* (voir plus haut), Freud précise à propos de l'hérédité mélancolique que la constitution n'exclut pas l'acquisition. Il a souvent invoqué dans le passé, et dès le début (1894, 1895…) de telles notions et les a fait travailler dans un article récent : *La disposition à la névrose obsessionnelle*. Mais c'est ici que pour la première fois, sauf erreur, s'expose *sans ambiguïté* le lien opéré par l'auteur de la « fantaisie », comme dit assez inexactement I. Grubris-Simitis, de *Totem* entre le *contenu du mythe* de la horde primitive et les *données innées de l'organisation psychique*. Freud admet qu'il y a problème, et difficile. Freud est très ferme sur ce point : « la disposition phylogénétique » est « à l'arrière-plan », en tant qu'*acquise et transmise*, de la « disposition individuelle ou ontogénétique » (p. 28-29).

Et soudain, dans ce problème de transmission, ou d'héritage d'un passé « de l'espèce », lui-même déjà acquis par d'autres, apparaît l'*objet*. Un objet libidinal et sexuel, à la fois perdu et conservé étrangement. Y aurait-il, dans la génération, une « transmission » (en allemand : *Ubertragung* je le rappelle, c'est le même mot que pour transfert… et contagion) de la perte d'objets *déjà perdus par d'autres* ? On pourrait traduire librement *Ubersicht der übertragungneurosen* par « Vue d'ensemble des névroses de transmission »[67] : de transmission ou de *transport du « transfert »*. Comme *transgression contagieuse du manque, déplacé sur autrui* ?

L'« objet » dessaisi, délocalisé, dont il est ici question serait-il alors, selon la formule en clin d'œil du philosophe lacanien P. Legendre à propos du « principe généalogique en Occident », l'*inestimable objet de la transmission* (1985) ? » En tout cas, c'est de la *transmission entre générations d'une expérience d'objet* que débat Freud sous le chef du facteur « dispositionnel ». Non pas, à vrai dire, d'un comportement « appris » à l'égard des représentants perceptifs du monde matériel externe, mais d'un mode d'investissement amoureux, libidinal, spécifique. Le problème est de savoir si quelque chose des *pulsions objectales, et donc incontestablement sexuelles, de nos prédécesseurs peut organiser plus ou moins immédiatement, après eux, quelque chose de notre inconscient*. Si oui, il est clair, dans le questionnement que je me suis donné, et qui me semble par tant de preuves venir des textes mêmes de Freud, que nous sommes équipés *dès le départ de l'ontogenèse d'une vie pulsionnelle sexuelle* – cachée peut-être, et à redéployer par effet d'après-coup dans le « développement » –, vie qui est alors plus qu'une simple « compétence précoce » : *une sorte de comprimé ou de condensé fantasmatique* qui serait déjà là, à la « disposition » du Moi, contenant l'Œdipe avant qu'il ait lieu, présent dès les toutes premières modalités de relation avec autrui, avec l'environnement humain.

Freud prend les choses de façon très serrée, précise. Et je ne vois rien dans son raisonnement qui relève de la « fantaisie » ou de la spéculation hasardeuse qu'y trouvent ses commentateurs I. Grubris-Simitis et P. Lacoste, et qui expliquerait, pour eux, le rejet du manuscrit par son auteur (mais l'*Esquisse* aussi a été rejetée, qui a nourri ensuite tant de travaux publiés...). Ces mêmes commentateurs condamnent sans plus, à peu près comme le produit d'un acharnement absurde, les énoncés récurrents de Freud sur la phylogenèse qu'on trouve jusque dans l'*Homme Moïse* et dans l'*Abrégé*. Faut-il lier leur jugement aux réticences qu'a aussi J. Laplanche à l'égard des vues phylogénétiques de Freud, en dépit de sa pénétrante hypothèse, que j'ai rappelée, sur la « séduction généralisée » originelle ?

L'argument de Freud pivote autour d'un *affect*, auquel il reviendra plus tard, en 1925-1926, à la fois pour le distinguer subtilement et le rapprocher de la douleur, ce qui est bien intéressant du point de vue de l'« énigme » si vivement pointée par *Deuil et Mélancolie*. Il s'agit, j'en ai dit un mot au chapitre précédent, de l'angoisse (*die Angst*). Dix ans avant la rédaction d'*Inhibition*, Freud oppose déjà la *Realangst*, qui correspond à une crainte justifiée par un danger effectif, « réel », et l'« angoisse de désir » (p. 35) ou *Triebangst*, qui est à l'évidence la future *neurotische Angst* de 1926.

Pour le présent, cette opposition lui permet de s'interroger très précisément, *et pour la première fois*, sur ce que j'ai appelé, au début de ce travail, l'*excès* d'affect par rapport à la situation, excès si remarquable dans la souffrance de perte d'objet [68]. Sans doute lui permet-elle aussi, en référant à la peur, de distinguer davantage la part « dangereuse » de l'objet de sa part secourable, mêlée à elle dans la douleur du manque. Pour lui, les « pulsions du Moi » visent bien l'objet « dès le début » (p. 30), mais il s'agit, dit-il ici, de l'objet extérieur en tant que fonctionnel, et la *Realangst* joue, à ce niveau, le rôle d'un signal salutaire et ajusté à l'égard du danger que la réalité peut faire courir. La libido ou le désir d'objet, qui se sont développés, en passant par l'auto-érotisme, à partir ou en parallèle des pulsions du Moi, *ajoute* à l'angoisse une note fantasmatique qui grandit la crainte, et la décolle du seul réel objectif. Or, à y bien regarder, dit Freud, « on a l'impression que l'histoire du développement de la libido répète une séquence beaucoup plus ancienne » (p. 32), donc, en un sens, déjà donnée au départ pour l'enfant. Car, l'anxiété infantile devant toute nouveauté, impliquant manque ou dessaisissement, est un fait si caractérisé « chez un certain nombre d'enfants » qu'on ne peut en rendre compte qu'en supposant une disposition spéciale, innée, bien apparente dans les cas d'hystérie d'angoisse précoce (p. 35). De là, des formules très réservées : Freud déclare qu'il a « *beaucoup* hésité » à conclure que logiquement, du moins dans l'histoire de l'*espèce*, la peur du réel a sans doute précédé l'angoisse pulsionnelle. [69] La séquence temporelle « peur du réel, *puis* peur des pulsions », en tout cas, n'est pas cliniquement nette dans l'ontogenèse. Étrange…

Freud en vient, rendu à ce point, à former l'hypothèse d'un

repli, d'une sorte de *fuite vers l'intérieur* – mais dans la seule préhistoire de l'espèce – de l'angoisse de réalité *vers* l'angoisse devant les pulsions *sous l'influence d'un accroissement des dangers réels dans le monde extérieur*. Cela donc, par intériorisation fantasmatique de la représentation perceptive d'un univers de plus en plus excitant et dangereux. Jusque-là, tout est rigoureux, rationnel dans la déduction. Dès lors, il peut avancer la partie proprement spéculative (mais non « fantaisiste », ni finalement secondaire) de sa construction : il *a dû* exister jadis des événements préhistoriques réels traumatisants (événements climatiques, ou drames tribaux évoqués par *Totem*) qui ont produit, réellement, ce mouvement de fuite au-dedans, et la tendance qu'ils ont déterminée *a dû* devenir héréditaire. Si bien qu'aujourd'hui, ce *doit* être de ces événements que parle, en quelque sorte sans le savoir, l'angoisse *excessive* et précoce du jeune enfant, ou plutôt l'excès empiétant sur la réalité que manifeste l'angoisse.

Ce qui retient le plus l'attention dans ce document remarquable, c'est la *méthode* elle-même de Freud. L'observation fine des « petites différences » le mène à reconnaître clairement une singularité inexplicable, centrée sur un affect, dans le fonctionnement psychique. Énigme donc toujours, mais ici l'économique devient dynamique et sémantique, sans conteste. De là, en effet, il scrute la structure de cette singularité, prise comme un symptôme, et il cherche à y déchiffrer *analogiquement* une signification qui demeurerait directement inaccessible. Dans le cas d'espèce, la singularité en question est l'excès *précoce* de l'angoisse *chez l'enfant*. Or, l'angoisse en général est une intériorisation de la peur, à distance de l'objet qui fonde cette dernière. On est donc *nécessairement* conduit à supposer que la peur fantasmatique actuelle résulte de la représentation inconsciente obscure d'une réalité absente oubliée, *perdue* : signifié, ou plutôt référent situé dans l'au-delà ou dans l'en-deçà du renversement générationnel, mais *présent dans une irreprésentabilité actuelle*, et préformé dans cette expérience par ce que Freud appelle la « disposition » phylogénétique (spécifique). On peut comprendre alors que l'« ontogenèse » doive reprendre et développer, par « récapitulation » (*sic*) inversée *dans l'autre sens*, ces éléments dont l'excès même d'affect fait des messagers d'un objet de désir perdu avant que d'être connu. *État traumatique inné*[70] qui contiendrait les éléments virtuels d'une resignification par les après-coup de la vie individuelle. La solution freudienne de l'« énigme » de la *douleur*, jusque là inanalysable, reconnue désormais cousine de l'angoisse enfantine, est peut-être, dans cette discussion serrée, bien près d'être atteinte, par analogie avec l'analyse de cette même angoisse... Freud, d'ailleurs, indique la voie : la mélancolie et la manie *ajoutent* simplement, dit-il, une problématique de deuil à celle de la peur, l'objet, là aussi, *se situant en amont de l'histoire personnelle*. Au lieu des traces d'affect relatives à un objet effrayant inconnu, il s'agit en somme de celles *relatives à un objet perdu immémorial*. Et ce serait bien ce dont parlent l'émoi dépressif et la douleur.

Pourquoi, dans ces conditions, l'auteur rejette-t-il son texte, déjà fort élaboré, ou renonce-t-il à le réclamer à Ferenczi pour le publier ? Les motifs qu'on en a donnés, et que j'ai rappelés plus haut, ne paraissent pas bien tenir, demeure la remarque par laquelle se termine *Vue d'ensemble*. Freud observe qu'il est bien *sur la voie* de la compréhension du facteur disposition phylogénétique, mais qu'il reste encore *beaucoup à faire*. Qu'entend-il exactement par là ? S'il s'agit d'un écart assez sérieux pour justifier le retrait du texte des écrits *métapsychologiques* publiables à cette époque, ne peut-on penser que c'est, sans doute, d'un défaut précisément... métapsychologique qu'il souffre ? La dissonance entre *Vue d'ensemble* et les cinq essais publiés est en effet sensible sous le rapport de ce qui définit justement la démarche « métapsychologique » comme telle : c'est-à-dire, essentiellement, l'usage convergent d'une triple lecture dynamique, topique et économique, avec l'appoint éventuel d'une dimension psycho-génétique... Si l'économique et la dynamique pulsionnelles, quant à elles, sont largement représentées dans *Vue d'ensemble*, ce n'est pas le cas, on l'aura noté, pour la topique. *Il manque à ce texte une représentabilité topique, et du coup, un lien possible entre topique et dynamique*. Ici, les *lieux* psychiques sont remplacés en quelque sorte par des moments historiques ou préhistoriques. Et s'il est beaucoup question d'objet, et même de retrait devant les objets, et de perte, ce n'est d'aucune façon en termes précis d'une installation dans le Moi de quelque équivalent adapté du « complexe de l'objet » de 1895, par contre, on le remarquera, partout évoqué, – sous divers formes et noms – dans les cinq essais publiés, notamment dans *Deuil et Mélancolie*.

Ce qui manque encore à Freud pour mettre au point la solution cherchée de l'étrange problème d'une *perte immémoriale au sein d'une sexualisation d'emblée véhiculée par les affects précoces*, c'est peut-être avant tout, dans ces conditions, une cheville ouvrière, un *concept* capable de donner une valeur à la fois topique et dynamique aux relations du dehors et du dedans. Capable de nous faire comprendre en *termes d'appareil psychique et de travail du rapport de réalité* la possibilité même d'un lien de sens *entre* la part excessive ou insensée de l'affect de perte et la trace irreprésentée des objets perdus dans l'engendrement du Moi, en tant qu'ils continuent de réclamer une symbolisation dans le déploiement de l'histoire personnelle du sujet.

4. - L'évolution de la théorie de la perte, des écrits de 1915 à *Inhibition, symptôme et angoisse* (1925-1926)

1°/ Le bilan proposé par *Inhibition, symptôme et angoisse* en 1925 :

Inhibition, publié en 1926, est écrit en juillet 1925 (selon E. Jones, cité par J. Strachey, cf. SE, 20, p. 77-78). Or il se trouve que ce petit ouvrage très dense, produit dix ans après les textes de la *Métapsychologie* reprend d'une façon très directe dans ses 7e, 8e, 9e et 10e chapitres les thèmes et les concepts auxquels nous avons vu Freud parvenir dans *Vue d'ensemble des névroses de transfert* et dans *Deuil et Mélancolie*, concernant la relation de l'affect et de l'objet de la perte. L'essai ose proposer *avec assurance* au public certaines des spéculations « imaginatives » que l'auteur avait renoncé à faire connaître en éliminant *Vue d'ensemble* de la

Métapsychologie. La situation a donc changé, et nous avons à nous demander pourquoi. Freud se sent probablement *davantage à même de rendre compte en termes de fonctionnement et d'organisation psychiques* des hypothèses « phylogénétiques » par lesquelles il croit devoir expliquer une sexualisation originaire dont l'idée s'impose peu à peu à lui, à travers la prise en compte de l'excès d'affect comme porteur de sens. En tout cas, le problème de la douleur, et de l'objet de la perte apparaît aussitôt. Bien que ce soit *l'angoisse* qui fournisse ici le sujet principal et officiel de l'ouvrage, à la fin du chapitre 7, c'est bien l'énigme de la douleur qui est une fois encore rappelée, non sans que soit évoqué *Deuil et Mélancolie* : « lors de la discussion du deuil, nous n'avons pas pu comprendre ce qui le rendait si douloureux »... « bien que les affects par lesquels nous réagissons à une séparation nous paraissent familiers » (p. 54).

Le chapitre 8 commence au ras de ces conclusions revenues de 1915, mais en utilisant, en privilégiant même aussitôt, l'habile déplacement de la douleur à l'angoisse, qu'inaugurait *Vue d'ensemble*. Freud propose ici de chercher à comprendre, « l'*essence de l'angoisse* » (p. 55 ; souligné par moi), ce qui éclairera en regard la différence entre « les divers affects de déplaisir » (p. 55), qui, *comme les autres affects* sont une « reproduction » probable « d'événements anciens d'importance vitale, éventuellement préindividuels » (p. 57). Mais voici une interprétation nouvelle, avec cet énoncé important : « nous voyons, dans ces affects, *des traces d'accès hystériques* généraux, typiques, *congénitaux*, à comparer aux attaques de la névrose hystérique, qui sont, elles, tardives, acquises individuellement » (ibid., souligné par moi). *La douleur, comme l'angoisse, est donc une attaque hystérique précocissime*. Et, l'une, sous cet angle, parle de l'autre. Freud, quelques pages plus loin, indique d'ailleurs que les deux affects se trouvent ensemble *chez le nouveau-né*. Il ajoute même (p. 63) que « *la perte de l'objet est aussi la condition déterminante de l'angoisse* » (souligné par moi) !

Ces insistantes remarques ramènent le problème de la douleur et de la perte à celui de toutes les hystéries, « dont l'analyse nous révèle » chez l'adulte « la genèse et la signification de symboles mnésiques » (p. 57). L'hystérie met en scène un fantasme à l'aide des traces mnésiques d'une expérience ancienne et traumatique chargée de violence et de libido. Et depuis 1895, nous savons qu'il s'agit, avec elle, de deuils impossibles, liés à ce que Freud a nommé ultérieurement à cette date la « coexcitation » du deuil et de la sexualité. De quels contenus fantasmatiques, transformés en désespoir, peut-il donc s'agir si tôt ? Freud, ici, examine longuement les vues d'O. Rank (cf. 1924, *Le traumatisme de la naissance*, trad. franç., Payot, 1968, postface de Cl. Girard), et il rejette par deux fois l'explication de l'angoisse comme une répétition (néonatale, ou plus tardive) d'une soi-disant « angoisse de la naissance ». Puisque dans l'angoisse – comme d'ailleurs dans la douleur – « la perte de l'objet est la condition déterminante » et qu'« il n'y a pas d'objet dans la vie intra-utérine » (p. 63), les affects précoces qui parlent d'un objet manquant ne sauraient répéter le vécu d'un temps... sans objet. D'ailleurs, il y a un devenir de l'angoisse qui montre qu'elle s'attache par déplacement à des avatars de l'objet intériorisé, toujours ressenti comme menaçant : l'angoisse devant le Surmoi, et, après re-projection « dans les puissances du destin », l'angoisse de mort sont dans cette ligne.

Quant aux chapitres 9 et 10 d'*Inhibition*, ils rapprochent et éloignent tour à tour l'angoisse de la douleur (p. 72 notamment), et en reviennent (chap. 10) au « facteur phylogénétique » (p. 82-83), déclaré indispensable. Car il y a quelque chose de *spécifique* chez l'homme dans « le besoin d'être aimé », attesté tant par l'angoisse que par la douleur, et qui est corrélatif de cette extrême impuissance du nouveau-né, soulignée par Freud dès l'*Esquisse*, et rappelée tant dans les *Trois Essais* que dans la *Métapsychologie*. Une telle spécificité ne peut, elle aussi, que témoigner d'une préhistoire de l'espèce...

C'est ici que l'on perçoit le mieux que l'assurance de Freud s'est accrue. S'il parle encore (p. 83) du facteur phylogénétique comme d'une « simple inférence », il donne désormais, fermement, ses raisons :

1 - La première [71] est dans le biphasisme même, qui montre une « énergique interruption » du développement de la vie sexuelle, laquelle en impose pour la « reproduction dans l'ontogenèse » d'un « événement capital » survenu dans la phylogenèse : l'observation clinique montre que le contact précoce du Moi avec le monde psychique *interne*, pulsionnel, *a le même effet* sur lui qu'un contact prématuré qui l'amènerait à se protéger d'urgence. C'est ici le schéma (alors encore secret) de *Vue d'ensemble* qui s'officialise. L'analogie, qui ne va pas sans un certain renversement (issu lui aussi de *Vue d'ensemble*) en symétrie inverse, autour du point de rupture de la naissance a clairement, aux yeux de Freud, la valeur d'une présomption majeure.

2 - Les *Addenda* (Add. B [72], p. 94-99 et C, p. 98) nomment l'autre preuve avancée : or c'est exactement celle que nous avons aperçue, implicite, depuis longtemps aux origines de l'étonnement ancien de Freud devant la douleur. Il s'agit d'un « excès », d'une réaction « disproportionnée » à la réalité, à laquelle a déjà fait une allusion *Vue d'ensemble*. Ce point est remarquable, dit Freud, pour l'angoisse névrotique (B, p. 95). Il est en rapport avec « l'indétermination et l'absence de l'objet externe » (p. 94), en tant que cet objet est protecteur contre les situations de détresse. Mais la douleur ? Elle ne s'identifie pas à l'angoisse, car l'enfant en fait l'expérience, dans le cas de la douleur psychique, indépendamment des expériences de besoin (p. 100). Il s'agit de l'investissement d'un « objet absent » en « nostalgie » (*Sehnsucht*), sur un mode intense qui, incontrôlable, ne cesse d'augmenter. Dans ces conditions, on pourrait supposer que la douleur ne peut que *faire suite* à l'angoisse, après que les pulsions d'objet ne soient développées, en décollant des pulsions du Moi. *Mais la réalité est autre*, tranche Freud. « Il n'y a pas le moindre doute quant à l'existence de l'angoisse du nourrisson ; mais l'expression du visage et la réaction par les pleurs font supposer qu'*en plus de cela, il ressent de la douleur. Chez lui, semble-t-il, on trouve confondu ce qui, ultérieurement, sera séparé*. Il ne peut encore distinguer l'absence temporaire de la perte durable. Et il lui faut la répétition d'expériences rassurantes pour [...] ressentir quelque chose comme de la nostalgie sans que celle-ci s'accom-

pagne de désespoir » (p. 99, souligné par moi. J'ai partout cité la traduction française de 1951, éditée en 1986).

Concluons qu'*Inhibition, symptôme et angoisse donne un statut de vérité psychanalytique reconnue à la « nécessaire inférence » du « facteur phylogénétique »*, attesté dès le début de la vie (avant même toute élaboration de représentations et de sentiments de tristesse) par deux affects en quelque sorte primaires qui parlent d'un objet perdu : la douleur, et l'angoisse, dont l'analyse dédouble finement celle de la douleur tout en confluant sans véritable confusion avec elle. L'observation directe des émois du nouveau-né, et celle de l'impressionnant diphasisme humain viennent de plus joindre leur poids à celui d'un raisonnement général, et d'une clinique du deuil et de la mélancolie. Enfin, on peut considérer comme décisive aux yeux de Freud la convergence qu'il établit, en faveur d'un *au-delà phylogénétique du sens* primairement donné dans les affects du manque et de la perte, entre ces affects mêmes et les crises hystériques adultes, lesquelles condensent, dans la violence émotionnelle, des fantasmes à haute charge symbolique que l'hystérique répète faute de pouvoir les mettre autrement en représentation.

2°/ Les changements qui ont conduit aux solutions de 1925 :

Ainsi *Inhibition* rend le son d'une sorte de *bilan*, qui ne sera guère renforcé, et jamais réinterrogé à l'avenir. Et où, je l'ai indiqué, on ne peut éviter de percevoir le *profit de certitude que la pensée de Freud tire de nouveaux apports intermédiaires*, postérieurs à 1915, et antérieurs à 1925.

Cependant les preuves mêmes dont il a usé, cette fois encore, ne lui sont pas devenues accessibles sans de larges détours conceptuels. La validation interne, dans la pensée freudienne, d'un modèle phylogénétique comme *réponse définitivement signifiante à l'énigme de « l'excès » quantitatif absurde de la douleur individuelle* (et bientôt à celle de tous les émois associés ou voisins) s'est *cherchée* depuis... la « préhistoire de la psychanalyse » (n'est-ce pas ainsi qu'on a pu traduire *Die Vorgeschichte der analytischen Tecknik*, GW, 12, p. 309-312 ?). Mis en ordre avec *Totem et Tabou* en 1913, et dans la préface de l'édition de 1915 des *Trois essais*, le modèle n'a vraiment pris en charge le traitement du message énigmatique de la souffrance qu'en 1915, avec *Vue d'ensemble*. Mais on peut penser que chemin faisant, Freud a dû découvrir avant d'en prendre *publiquement* acte, *les moyens notionnels d'une métapsychologie nouvelle*, ses hypothèses manquant encore trop de représentabilité dans le fonctionnement psychique.

Quels moyens ? Les nécessaires rencontres conceptuelles me semblent s'être opérées ici sur quatre points essentiels, tous articulés d'une façon ou d'une autre, à une certaine réorganisation topique [73], ainsi qu'on pouvait l'attendre.

a - La grande secousse théorique de 1920

Elle a beaucoup de causes et a suscité bien des polémiques sur lesquelles je ne reviendrai pas dans ces pages. Néanmoins, on ne peut contourner l'évidence que ses effets (sinon ses causes) sont d'introduire *l'idée, à la fois ontologique et clinique, d'un état originel où coexistent, dans l'en-deçà biologique et à l'intérieur même de la vie psychique, des forces de sens contraire*. Ambivalence primordiale affectant le processus de la vie, et dont le maintien sous tension, indispensable aux différenciations ultérieures du développement et à l'historiation du désir, n'est pensable que d'un noyau demeuré caché au fond du Soi, et produisant tant que la vie demeure un incessant travail de liaison/déliaison [74]. Dans cette conception qui abouche ou adosse immédiatement les moments les plus négatifs de la vie à ses forces les plus créatives [75], il y a de quoi (et quelles qu'en soient les « preuves » cliniques proprement dites – forcément indirectes et dont la faiblesse « logique » est certaine, cf. J. Guillaumin, 1987, chap. 7) autoriser l'idée d'une *compatibilité originelle ou actuelle entre des contra-*

dictions identitaires (Moi/autre, ontogenèse/phylogenèse) sous la seule réserve que la suite puisse en tirer du sens. Cela par le moyen du déploiement d'une dialectique d'investissement d'objet (celle de l'identification « secondaire » de 1923) qui, reprise dans le Moi, l'organise au moyen de ce que celui-ci a prêté projectivement et emprunté introjectivement au monde extérieur.

L'idée centrale de la thèse de 1920, au demeurant, tire assez probablement ses sources prochaines :

I - Du besoin (que nous avons senti poindre dès 1914 chez Freud) de résoudre l'antinomie interne à la notion d'une « libido *narcissique* », qui désormais confluera dans l'Éros avec la libido *objectale,* suggérant que les transformations de l'une dans l'autre ne sont pas exclusives l'une de l'autre, et qu'elles peuvent contenir, et véhiculer dans les deux sens (progrédient et régrédient), des combinaisons d'investissement différentes *au sein d'une économie d'un type déterminé.*

II - De la confrontation clinique avec des expériences du registre (atténué) de la dépersonnalisation : mots à double sens, et « inquiétante étrangeté ». L'article de ce titre, écrit en 1913, l'année même de *Totem,* est publié en 1919 : à une époque où, semble-t-il, Freud s'interroge beaucoup – à propos de l'*Homme aux loups* sans doute, ou même de ses disciples ou amis Ferenczi, Tausk, ou von Freund – sans bien les théoriser toutefois, sur les rapports du patient et de son double, le psychanalyste.

III - De l'émergence historique, chez Freud, d'une prise en compte plus urgente, à l'occasion de l'isolement et des souffrances qu'il a connus pendant la guerre de 1914-1918, et sans doute de la lecture de certains travaux de ses disciples (S. Spielrein, 1914) de la problématique de la violence et des désirs de mort que ses recherches ont d'abord évitée.

b - L'approfondissement de la problématique de l'analité

La seconde (mais peut-être la première en importance et la plus fondamentale) des rencontres conceptuelles préparatoires, de notre point de vue, aux positions de 1925-1926, concerne ce qu'on pourrait appeler l'idée, topiquement décisive, d'un *conteneur pulsionnel*. Elle seule rend psychiquement tout à fait explicables les vues de 1920. Probablement sur les suggestions de K. Abraham, avec lequel il a échangé des lettres autour de *Deuil et Mélancolie*, comme il l'a fait pour *Vue d'ensemble* avec Ferenczi, Freud, qui d'ailleurs s'est déjà intéressé à la fonction des pulsions anales (les *Trois essais*, 1905 ; *Schreber*, 1910 ; *l'Homme aux rats*, 1909 ; *Prédisposition à la névrose obsessionnelle*, 1913 ; *l'Homme aux loups*, 1918 ; *Quelques types de caractère*, 1916), a vu dès 1915 dans l'analité *l'organisateur défaillant de la pathologie mélancolique* (trad. franç., *Deuil et Mélancolie*, p. 163) et vraisemblablement le garant, dans les cas normaux, de l'issue positive du « travail » du deuil. *Sur la transformation des pulsions, particulièrement dans l'érotisme anal* (1916), et sans doute *On bat un enfant* (1919) le confirment dans l'idée d'une fonction mutative et médiatrice de l'érotisme – et de l'auto-érotisme – anal, associé dans le fantasme « on bat un enfant » au sadomasochisme. Le conteneur, *le lieu du corps à valeur d'étayage pour une topique*, qui permet la rétention érogène et l'élaboration auto-érotique, entre dehors et dedans, de la charge pulsionnelle ambivalentielle, condensant les scénarii fantasmatiques des rêveries de désir, est bien probablement alors l'*ampoule rectale*. Le pénis-fèces-enfant qui est supposé y pénétrer, y séjourner, y être enfermé, ou en sortir, par expulsion ou par abandon, est le représentant le plus près du corps, et le premier condensateur sensoriel et moteur, repris sur l'étayage, des conflits excitants dont est faite, en son principe, la vie pulsionnelle. L'analité fournit bien l'analogue d'une topique à l'*alliage* du plaisir et de la souffrance, et un moyen à son traitement, d'ailleurs clairement entrevu en 1915 à travers la « jouissance » du mélancolique (*Deuil et mélancolie*, p. 161-162) et le « travail », fut-il impuissant, de la mélancolie.

C'est le message qui revient dans *Le problème économique du masochisme* en 1924, mais avec plus de force encore. Car, il y a maintenant *conjonction entre la théorie de 1920, qui introduit l'idée quasi philosophique d'une union existentielle entre amour et haine et entre liaison et déliaison, et la localisation anale*, même si celle-ci peut se déplacer sur d'autres conteneurs, vers d'autres sphincters ou systèmes locaux substitutifs de traitement de l'excitation. C'est sur le modèle devenu indispensable d'un *masochisme primordial à vocation de… fondement identitaire* que Freud se représente en effet désormais la pulsion de mort retournée contre le Moi, ou plutôt l'embrassement originaire de la pulsion de mort serrant au corps, voire même habitant, les pulsions de vie. Et ce sont les diverses formes de masochisme ordonnées à une relation avec des objets (masochismes « érogène », « féminin », et « moral ») qui vont, entre masochisme primaire d'autodestruction, voué à vaincre la Vie, et amour objectal génital, voué à la continuation et à la reproduction de cette même vie, assurer le relais nécessaire à la *survie* : dans un sens que des études contemporaines comme celle de Benno Rosenberg (1978, 1982, 1988, 1991), celles de P. Denis (1987), celles de C. David (1971, 1972), de C. Parat (1986, 1987 et aussi de Jacqueline Cosnier (dans son beau livre de 1987), ont parfaitement entendu [76].

En résumé, ce que je nomme ici le conteneur [77] masochique d'origine anale *fournit le prototype concret et corporel, l'étayage aussi, d'une expérience de coopération entre plaisir et douleur*, qui montre *comment*, avec l'aide ou l'écran des objets du monde extérieur, la douleur peut inclure en quelque sorte en négatif des signifiants qui parlent de son énigmatique signifié premier, de l'objet de son manque, réclamant sans fin des supports représentatifs pour l'irreprésentable qui soient aptes à remplir ou à essayer de remplir son vide. En elle, et en son lieu de contention, l'*excès* d'affect est à la recherche en direction du dehors de ce qui lui manque au-dedans pour arrêter l'hémorragie interne du sens perdu. C'est pourquoi dans la dépression clinique, le *comprendre* comme énonçant un sens dans le rapport transfert-contre-transfert *peut* arrêter, dans l'étrange érotique, à certains égards sadomasochique, du couple analytique, le temps de l'élaborer, la souffrance charriée par l'impossible réclamation du patient. Cela par le moyen de la mise en représentation fantasmatique et en travail, au compte ou en direction de l'analyste, de l'objet perdu-imperdable, trouvé-introuvable dont elle témoigne.

Marquons bien, en effet, que Freud émet ces idées nouvelles, nécessaires à une problématique générale de la mise en représentation d'un irreprésenté situé en deçà du Moi et l'organisant cependant, en prenant un appui certain sur la clinique de la cure. C'est le temps où différents textes de lui abordent la « réaction thérapeutique négative » (*Au-delà ; Problème économique du masochisme ; Le Moi et le Ça ; Psychologie collective*), à laquelle il reviendra plus tard, notamment en 1937. Il me paraît ici important de se rappeler qu'après les premières hypothèses, simples, sur l'origine de cette inversion perverse des effets obtenus ou escomptés de l'analyse (1920), qui évoquent la mélancolie ou les dépressions mélancoliques, et mettent en cause le rôle d'un Surmoi qui imposerait au Moi une punition satisfaisant la culpabilité inconsciente du patient, il suggère prudemment (pour...un certain nombre de cas, 1923), une problématique *contre-transférentielle* mettant en cause l'Idéal du Moi de l'analyste. Ces vues remarquables (dont j'ai pu envisager quelques aspects extensifs ou extrêmes dans un article de 1986)[78] ont la portée d'une découverte qui fait écho à la lointaine *Esquisse*. En les développant on comprend que, dans la réaction thérapeutique négative, *tendent à converger les effets d'un Surmoi sadique chez l'analysé et ceux d'une projection, inconsciemment acceptée par l'analyste, qui fait de ce dernier le porteur d'une idéalisation phallique grandiose.* Cette convergence installe probablement une situation où l'analysé se punit, par un échec et une demande insatiables, de la violence de son désir frustré ambivalent et destructeur de s'identifier narcissiquement à l'analyste idéalisé. La punition par identification masochiste massive à l'objet abîmé a alors pour but de mettre l'analyste, rendu secrètement complice du patient (ce qui accomplit aussi une forme archaïque cachée du désir d'inceste « œdipien ») dans la position inconsciente de réconcilier ce dernier, à leurs frais à tous deux, avec un Surmoi grandiose, qui fait incessamment resurgir l'interdit qui le frappe en le châtrant, du coup, du phallus espéré, ou même en le détruisant lui-même tout entier en tant que phallus merveilleux (patient « guéri ») de l'analyste.

Freud entrevoit ainsi en 1923 que l'analysé, qui ne veut pas, en terminant l'analyse *intérieurement* (car il peut y avoir à l'extérieur rupture défensive par le patient, ou/et rejet par l'analyste) *se séparer* vraiment de l'analyste, devenu le substitut de l'Objet originaire de la perte, et qui cherche à le garder ainsi dans une place inassumable, tend à séduire ce qu'on appellera plus tard la *résistance de l'analyste* à analyser son omnipotence, et sans doute à laisser jouer avec assez de liberté ses propres fantasmes contre-transférentiels dans le miroir de son écoute. La jouissance masochique de la culpabilité entretenue constitue bien dans ces conditions une position « perverse » appuyée sur un aspect de « déni en commun » (au sens retenu par M. Fain), avec mise en abyme transféro-contre-transférentielle du roman perdu de l'analysé et du roman familial (et souvent formatif, dans les analyses à visée didactique) réel ou supposé de l'analyste. Déni qui tend à souder suffisamment les deux partenaires l'un à l'autre pour les contraindre parfois à remplacer la vraie *fin* (avec deuil) d'une analyse par nature à quelque égard interminable, par le *terme* menteur (sans deuil) d'une analyse infinissable. En toute hypothèse, c'est d'une problématique d'« au-delà », de transcendance et de renversement représentatif, avec le risque d'une fascination plus ou moins durable des histoires inconscientes l'une par l'autre, qu'il s'agit. Il est vrai que les textes que nous avons font juste allusion à cet effet complexe. Mais l'allusion y est sans équivoque[79] (*Le Moi et le Ça*, trad. franç., 1981, p. 264, n. 2). On peut considérer sous cet angle la réaction thérapeutique négative comme un *destin de fécalisation*, (dans une infinie masturbation anale, qui cultive et répète la souffrance-plaisir) imposé par le patient à un objet incorporé grandiose et inconnu dont il ne peut ni se séparer ni se distinguer, faute de parvenir à l'historier suffisamment à l'aide du transfert. Le deuil est ineffectuable et la douleur se referme alors sur son apparent non-sens définitif…

c - La nouvelle topique

Presque aussi importante me paraît l'accession de Freud à une *nouvelle conception générale de la topique*. Sans cependant y insister beaucoup, je me contenterai de relever que, dans le point de vue nouveau, *il y a de l'inconscient dans toutes les instances*. Si bien que c'est l'appareil psychique lui-même dans son ensemble qui témoigne d'une organisation qui échappe au sujet, qui ne tombera jamais intégralement sous le regard d'un Moi improprement égalé à la conscience et supposé parfaitement désexué. On peut mieux comprendre désormais que le Moi-sujet soit constitutivement veuf ou endeuillé de sa propre histoire préhistorique, représentable seulement par vicariance métaphorique.

d - L'identification « primaire »

Enfin, dans ces années-là, Freud formule une théorie plus poussée de l'identification qui tente, sans d'ailleurs le satisfaire – il le dit –, de compléter ses vues anciennes disparates (de l'*Esquisse* à *On bat un enfant*, en passant par le *Léonard de Vinci*, *Totem*, *Deuil et Mélancolie* et bien d'autres textes). Il énonce deux points capitaux, dont le premier est plus connu que le second, et qui demeureront ensuite fermes sur le fond, dans l'à-peu-près des formulations. Ces deux points sont strictement *contradictoires* si on ne les rapporte pas à son cheminement relatif à l'originaire et à la théorie phylogénétique. Ils deviennent, au contraire, clairement *complémentaires* si on les entend comme ouvrant une compréhension métapsychologique possible des difficultés qui ont fait naguère réserver *Vue d'ensemble* par son auteur, et qui trouvent leur solution en 1925-1926 :

I - L'identification est un *produit du deuil*, et plus généralement de l'élaboration de la perte de l'objet. Elle consiste, de façon générale, à rétablir en soi l'objet perdu au-dehors, *en le devenant au-dedans* (1921, 1923). Il s'agit là de la première généralisation d'un mouvement décrit dans la seule pathologie mélancolique en 1915 ;

II - Il existe cependant une identification « primaire » dans laquelle le sujet *est en quelque sorte immédiatement et originairement l'objet*, se confond avec lui. Elle correspond sans doute au narcissisme dit aussi primaire, en un sens dont nous savons l'ambiguïté notionnelle, et que la discussion des vues de Rank dans *Inhibition* rend encore plus équivoque. Mais Freud rapproche également l'identification primaire d'une identification *directe*, et ce point est capital, au « père de la préhistoire personnelle » : ce qui inscrit, en quelque sorte sans médiation représentative repérable, un « objet », nommé dans le code œdipien, dans le lieu même de l'indistinction objet = sujet.

Cette proposition a beaucoup fait penser. C'est notamment le cas pour H. Vermorel, qui note bien qu'il y a là une étrangeté signalant notre insuffisante intelligence du processus identificatoire (1982). En ce qui me concerne, je serais disposé à considérer que ce « père de la préhistoire personnelle », qu'on a voulu *opposer* au père primitif de la horde phylogénétique, est le premier représentant représentatif inconscient, pour Freud, de celui-ci : mais *condensé* fantasmatiquement avec le père ontogénétique émergeant, comme tiers en voie de différenciation, de la mère. Il fait lien entre deux personnages « paternels » – celui présent, offert à la perception, et l'impensable – d'un seul coup, et il introduit la scène primitive *dans toute sa profondeur*, dans l'émergence d'une identification spéculaire d'emblée avec une imago chargée d'investissements multiples, qui vont se mettre à travailler par après-coup dans l'inconscient puis dans la conscience. Le « père de la préhistoire personnelle » est pour moi le *premier organisateur surmoïque de la relation non encore développée avec la mère, par l'intermédiaire de qui il est probablement incorporé, au milieu de ses « objets » à elle, dans l'incorporation orale archaïque globale qui la vise*[80] (cf. *Le Moi et le Ça*, trad. franç., p. 168, 174 et 243).

Il y a tout lieu, sous cet angle, de penser que le mystérieux « père de la préhistoire personnelle » apparaît ainsi comme le prototype narcissique et la tête de pont, ou le cheval de Troie, d'une *sociabilité œdipienne* véhiculée *immédiatement,* dans l'interaction, par les insuffisances et les absences de la mère frustrante, dont le paradigme est la « censure de l'amante » comme disent D. Braunschweig et M. Fain (1972). Cela dans une érotisation et une culpabilité d'emblée couvertes par une sorte d'idéalisation spéculaire.

Son investissement résulte sans doute du fait qu'il se dresse dans le Moi *au lieu topique précis où la mère vient à manquer*, et que l'appropriation identifiante massive dont il est l'objet, est celle, phallique, d'un objet *déjà* absent aux origines de l'ontogenèse psychique, et barré par l'interdit dans le message maternel : ce qui le constitue *fétiche tout-puissant contre la haine et la blessure causées par la frustration*. Le « totem » du père, « mortifié » par les pensées hostiles de l'enfant, est réinventé ensuite magiquement en appui sur les indices perceptifs disponibles pour faire pièce à la découverte instante d'ultérieures carences maternelles plus clairement liées au corps, à la castration.

Ce que Freud n'a fait, ici encore, qu'évoquer est sans doute, au total, assez clair. Il est question de l'entrée insidieuse et inévitable dans le Moi d'une identification grandiose et semi-hallucinatoire à l'*inconnu du Moi*, véhiculé par la part de la mère incontrôlable à l'enfant [81,] et mise en relation avec ses expériences intimes de besoin et de souffrance physiques par des voies empathiques sans doute interactives (*Le Moi et le Ça*, p. 174. ch. 5).

L'« hystérie » de la douleur, et celle de l'angoisse précoce (Freud, 1926) correspondent dans cette perspective à la persécution orale-anale, résurgente sous l'identification narcissique, par ce personnage toujours réincorporé, mais inintrojectable à titre définitif, qui ne peut devenir traitable que par un travail progressif de différenciation et de représentation des liens qu'il a eus avec la mère « là-bas » et « en ce temps-là » : dans un ailleurs du temps et de l'espace, constitutivement dérobé à l'enfant dès la naissance.

De là, l'hypothèse que j'avancerai, proche peut-être, là aussi, de certaines des vues de M. Fain. Le père de la préhistoire « personnelle » se dessine en négatif dans la perte inélaborée ou le renoncement dénié de la mère à l'*égard de son propre père*, dont la place est occupée plus ou moins incomplètement dans son psychisme par le père de l'enfant, quand ce n'est par l'enfant lui-même, (à qui elle intime ainsi narcissiquement un rôle mensonger de bouche-trou). Le retour de la préhistoire (d'emblée refoulée avant que d'avoir à être vécue, du fait de la fonction de coupure, de castration narcissique imposée par l'investissement de ce personnage) se fait par la construction intrapsychique des théories infantiles de la castration corporelle et de la scène originaire. Mais ce tiers innommable, peu à peu revêtu d'un visage et saisi dans une réalité interpersonnelle sensoriellement contrôlable, dont l'idéalisation n'épuise jamais le pouvoir d'excitation dans la cure, reste toujours à travailler en fonction des modèles d'arrière-plan qui viennent l'animer.

Ainsi, la certitude de Freud en 1925-1926 au sujet de l'inférence phylogénétique est au total acquise ! Et elle repose probablement, à travers son analyse de l'hystérie précocissime de l'enfant et d'autres recherches qu'il n'a fait qu'évoquer, sur des vues cliniques précises qui vont dans le sens de nos hypothèses ci-dessus.

Si, en effet, au terme de sa vie, il maintient très vigoureusement la thèse phylogénétique dans le *Moïse* même (1936-1940) [82], il indique *clairement* que ses inductions reposent sur des *matériels de cure concrets*, qu'il ne nous livrera pas, mais sur l'existence desquels nous n'avons aucune raison d'avoir des doutes. Il écrit de nouveau : « ce qui agit dans la vie psychique de l'individu, ce ne sont probablement pas seulement des contenus vécus par l'individu lui-même, mais aussi des contenus innés, des éléments de provenance phylogénétique, un *héritage archaïque* » (p. 195, édit. 1986). Et il ajoute ceci : pour « les réactions aux traumatismes précoces, nous avons très souvent la surprise de découvrir qu'elles ne s'en tiennent pas strictement à ce que nous avons vécu nous-même mais qu'elles s'en éloignent d'une manière qui convient bien mieux à un événement phylogénétique, et, d'une façon générale, ne peuvent être expliquées que par l'influence de celui-ci ». Puis : « Il vaudrait certes la peine de soumettre au public *le matériel auquel je peux me référer ici*. Sa force probante me paraît suffisante pour... *affirmer* que l'héritage archaïque de l'homme n'englobe pas seulement des dispositions, mais aussi des *contenus*, des traces mnésiques relatives au vécu des générations antérieures » (p. 195, souligné par moi). Quelles que soient, en l'affaire, les raisons de la discrétion, regrettable, de Freud, on se rappellera qu'il n'a jamais rien avancé à la légère en matière d'observation...

*

Cette étude du développement de la pensée de Freud sur la perte et sur son étrange objet arrive à son terme. Dans les pages qui la concluront, je voudrai montrer que c'est un certain modèle de la clinique de la cure, annoncé dans mon chapitre premier, que ce cheminement à la fois évoque, exige et prépare. Ces remarques annonceront les exemples et les propositions métapsychologiques qui occuperont le chapitre suivant. Puis les exposés de technique et de clinique de ma seconde Partie en développeront la discussion.

Marquons bien d'abord les points acquis, qui détermineront le schéma de la cure que je proposerai au début de cette seconde partie.

Nous sommes partis de ce qu'on peut considérer comme un sentiment clinique, une impression praticienne : celle de cet excès d'affect qui se perçoit directement par surcroît de charge, ou indirectement par l'effet de poids de la répression ou du contre-investissement, dans toute demande analytique – et, oserai-je dire, dans toute demande d'aide. Excès en trop ou en pas assez, ou figure bizarre d'une combinaison du trop et du pas assez, qui nous interroge en tant que praticien sur le sens de la douleur psychique, ouverte ou cachée, et sur la nature et le lieu de son « objet » (en tous les sens du terme). Il nous a semblé qu'il y avait là une expérience cliniquement précoce qui a joué un rôle important dans le devenir de la pensée de Freud, et dont la prise en compte attentive, et sans doute quotidienne, l'a mené fort loin dans la théorie.

L'intérêt de Freud pour les questions qu'elle lui posait nous a paru prendre sa forme proprement heuristique aux abords de

1895, et même très précisément cette année-là, sous les espèces d'une sorte d'« énigme » (bientôt dénommée ainsi par lui) : « énigme de la douleur », au début appréhendée, dans la perspective de l'*Esquisse*, comme énigme de la « quantité », ou du sens caché de la quantité brute. Cette énigme a été liée par lui au premier chef à une clinique de la dépression, embrassant dès l'origine le deuil (« normal »), la séméiologie dépressive des névroses dites bientôt « de transfert », et la pathologie mélancolique ou mélancoliforme, auxquelles il est périodiquement revenu au moyen d'une constellation limitée de notions, co-déterminées les unes par les autres, définies en 1895 et jamais plus abandonnées par la suite : essentiellement *perte, objet, douleur* (*Verlust, Objekt, Schmerz*). Nous avons cru pouvoir retenir des dates significatives dans l'élaboration de la question ainsi repérée par Freud : 1905, 1915, 1925-1926. Aux deux dernières dates en particulier, la recentration de la problématique sur la douleur est très claire, vigoureuse, et aux trois paliers, on voit Freud introduire dans ses réflexions et essayer, pour percer « l'énigme de la douleur », des instruments conceptuels nouveaux, développés entre-temps. Au-delà de 1926 (encore qu'on puisse supposer un dernier retour de la question vers le milieu de la décade 1930-1940), la réponse lui semble enfin trouvée. Elle est alors maintenue jusqu'à sa mort, et jamais plus nettement que dans le *Moïse*.

Cette réponse, prise en sa substance, installe la psychanalyse dans tout autre chose que le confort, jadis rêvé sans doute par Freud lui-même, d'un savoir plus ou moins biologique, ou même simplement d'un savoir-faire artisanal « technique » dont le but serait de procurer au patient la satisfaction de *saisir* enfin, au moins symboliquement, l'objet perdu, supposé infantile et objectivable, du dépassement de l'affect dans la demande véhiculée par sa souffrance ou/et les défenses qu'elle induit.

Freud, au bout du compte – qui est aussi le compte à rebours de sa vie –, grâce à la théorie, et dans la hardiesse imaginative et créative quelque peu « sorcière » qui est sienne, mais aussi dans la stricte allégeance à la réalité praticienne, à la double et réciproque contrainte rationnelle des faits de pensée et des faits d'observation, a « trouvé », et retrouvé en fonction de ses plus anciennes intuitions, ceci :

1 - il y a bien, irrémissiblement, constitutivement et originellement, de l'au-delà ou de l'en-deçà dans la *démesure* qui semble inhérente à toute souffrance humaine, singulièrement sensible à l'analyste quand elle atteint le seuil d'appel à autrui et de désaisissement que nous percevons comme pathologique ;

2 - cet au-delà ou cet en-deçà correspondrait à la présence dans l'appareil psychique de traces identificatoires archaïques qui, pour condensées, fusionnelles ou « narcissiques » qu'on puisse les dire, sont néanmoins d'*emblée, dès l'origine de l'individu* (de l'« ontogenèse »), *chargées de sens*. D'un sens *animé par un scénario de désir*, d'organisation « œdipienne » marqué par la culpabilité, où violence et sexualité se lient, et dont les aspects universels en imposent pour une *disposition* héritée de l'espèce. Du point de vue de l'individu, on peut parler alors comme j'ai fait d'une sexualisation d'*emblée* de la psyché. C'est à la présence irreprésentée d'un tel référent « pré-génital » (mais au sens du génital œdipien *par anticipation* et *par vocation*) que se rapportent les traces précocissimes de « crise hystérique » que sont les premiers affects, selon Freud, de l'enfant : angoisse, douleur, désespoir ;

3 - le concept de fantasme « originaire », pour autant qu'il correspond à cet état du fonctionnement psychique, atteste cette origine trans-originelle ou trans-liminale, et générique, de ce qui, en nous, articule le *fond* de l'histoire individuelle, en interaction structurante avec les après-coup inévitables de la vie, agissant sur l'originaire comme sur une matière à signifier rétroactivement, après une sorte de renversement épistémologique du regard, pour lui *rendre*, en le liant à une métaphore nouvelle, son sens caché, primordialement donné et refusé dans le passé, et dans le passé du passé : la « préhistoire » ;

4 - la question de la transmission générique et transgénérationnelle de *ce sens et de cette sexualisation donnés d'emblée, mais*

condensés et cachés, et à re-faire, à ré-inventer, sur l'existence desquels je crois rejoindre les vues d'un J. Laplanche à propos de la « séduction généralisée », et aussi, me semble-t-il, celles de Cl. Le Guen sur « l'œdipe originaire », est la difficulté théorique majeure sur laquelle Freud a le plus longtemps buté. Il m'a semblé qu'il n'a cru pouvoir légitimer enfin le modèle phylogénétique qu'il a développé très tôt intuitivement, et structuré entre 1913 et 1915, qu'à partir du moment où il a découvert l'existence de *sortes de condensations ou de coalescences identificatoires*, réunissant dans une provisoirement et actuellement inextricable *synthèse affective des traces représentatives* d'investissement d'objet : véritable problématique objectale, ramenée *dans* et *par l'affect*. Il s'agit principalement, chez Freud, des modalités archaïques que l'on doit garder à l'esprit :

I - de l'identification dite primaire, qui, pour reliée qu'elle ait été par lui, plus tard surtout, aux relations « dyadiques » mère-enfant n'en est pas moins désignée comme porteuse d'un rapport identifiant au « père de la préhistoire personnelle », mais bien sûr aussi au père génésique au sens complexe qu'on a vu (incluant un effet de représentation indirecte et de condensation idéalisée par la présence mal maîtrisée du père concret, objet d'amour de la mère) [83].

II - d'organisations ou d'économies tels que le masochisme « primaire », et ses dérivés secondaires, élaborés par les nécessaires relations d'objet historiques et liées à des affects archaïques, seuls capables de « contenir » des condensations de sens inélaborées.

Ces ultimes découvertes apportaient à Freud *la pièce manquante de son dispositif théorique*, en fournissant *le lieu pivot et le point topique au niveau duquel l'originaire du dedans* (de l'arrière, du fondement) *peut se retourner, en quelque sorte, en originaire « du dehors »* (de l'avant, du devenir, du futur, côté but), et réciproquement, où *la phylogenèse prépsychique bascule dans l'on-*

togenèse individuelle psychique. L'apparent non-sens qui frappe de tels vécus, au niveau d'une sorte de *point zéro* où le temps se renverse, venant seulement de notre *difficulté à penser un rapport infinissable et plus ou moins réciproque de réalimentation du déjà donné par l'événement à vivre, et du développement de l'histoire personnelle par la métaphorisation d'un passé ou d'un ailleurs oublié*, transcendant l'individu *in statu nascendi*. Ce point zéro fonctionne alors non seulement comme une *césure* mais comme une *censure* d'emblée. Point *obscur*, trou noir, par nature, parce que lieu de commutation d'univers, dont toute la phylogenèse s'applique à remettre en scène la fonction organisatrice à l'aide du déploiement historique du diphasisme, de la latence et du refoulement « secondaire » infantile, objet ensuite de restructurations de diverses sortes dont le contenu historique fantasmatique prend la valeur d'analogue et de métaphore du nécessaire, et cependant narcissiquement inacceptable « primaire » de la « préhistoire ». Sur cette interprétation de la pensée de Freud en ce qu'elle a d'essentiel, il me semble que je suis en accord avec certaines des vues de M. Fain qui, plus que J. Laplanche, a été sensible à la valeur psychanalytique de la théorie de la phylogenèse, et qui a souligné, après Freud (1905, 1926) la valeur de la latence en tant qu'elle administre la preuve, *par la répétition en après-coup* d'une sorte de censure primaire, de la présence d'un refoulement d'emblée, de contenu mystérieux, au début de la vie.

Voici pourtant le moment où je crois me séparer quelque peu, non de l'intuition centrale de Freud dans sa recherche de l'objet de la perte, mais du choix qu'il a fait de s'intéresser au générique et au spécifique plutôt qu'à *l'acte de génération* pris *au niveau même de la nécessaire transmission intergénérationnelle proximale* qui, seule cliniquement, *autorise* ensuite l'inférence à une lignée générique tout entière, porteuse en profondeur d'une problématique fantasmatique analogiquement partagée. Peut-être sur ce point, suis-je aussi, sans en être bien sûr, en accord avec M. Fain (qui, en tout cas, a fort bien vu les faits cliniques sur lesquels je m'appuie) comme également, me semble-t-il, avec les options de Cl. Le Guen (1984).

Selon mon sentiment, Freud a poussé la problématique de la

transmission, pour des raisons en partie personnelles [84], vers le « spécifique », en accentuant le poids des schémas généraux ou universaux que peuvent constituer les fantasmes originaires, *au détriment de la prise en compte d'une transmission identifiante de premier degré* conditionnant tout le reste et s'exerçant précisément à l'aide des véhicules identificatoires *repérés par lui*, au sein des premières communications de l'enfant avec ses partenaires adultes actuels, essentiellement la mère, chargée dans *son fonctionnement psychique* et son *comportement* des traces de sa propre filiation, qui articule ses désirs œdipiens.

Ce sont, sans doute, de telles « histoires » préhistoriques, figures des relations de ses parents avec leurs propres parents (et inséparables d'ailleurs des schèmes représentatifs et affectifs relevant des contraintes au long cours de l'espèce, et en premier de ses dispositions neurophysiologiques innées, issues lointainement de l'évolution) que les condensations identificatoires primaires de l'enfant, exprimées par l'affect, *contiennent* à la fois par « héritage » et par avance, et qui en rendent le déploiement ontogénétique nécessaire à l'élaboration représentative d'une histoire personnelle ainsi surchargée.

Je ne m'arrêterai pas sur les modalités très variées de ce qui a été nommé par différents auteurs : identification « narcissique », ou identification « adhésive », ou identification « symbiotique », ou identification « cryptique » plus ou moins persécutrice, ou fantasme d'identification « inconsciente ». Ni même sur les concepts d'identification projective et de projection identifiante, travaillées par les kleiniens. Des auteurs comme P. C. Racamier, ou dans la psychanalyse familiale, A. Eiguer. A. Ruffiot ou d'autres ont cherché à classer toutes ces « identifications » en référence à des travaux tels que ceux de J. Bleger, de M. Balint, de Meltzer, de W. R. Bion, voire de D. W. Winnicott, ou en fonction de leurs propres travaux notamment sur les psychoses (Racamier). Freud a certainement *décrit l'instrument de base de ces formes d'identification précoces* – maintenues ensuite en fonction à certains niveaux de la vie inconsciente et jouant un rôle de cadre ou d'étayage à l'égard des éléments mentalisés – en repérant en 1915 les renversements et les retournements précurseurs, à ses yeux, du refoulement. Et c'est au plus près de ses propositions qu'il faudrait examiner les particularités de ces processus très archaïques, à la fois conservateurs et dénégateurs. Après M. Bouvet, P. Luquet l'avait vu en 1962 dans son rapport sur les identifications précoces. Même intuition sur ce point dans une série de travaux récents sur l'identification projective (F. Bégoin-Guignard, J. Bégoin, M. Fain et d'autres).

Quoi qu'il en soit, là se trouvent, métapsychologiquement parlant, les véhicules qui autorisent de façon suffisamment adéquate l'idée d'un *transfert identificatoire de sens par le non-sens*, au moyen du méconnu ou de l'inconnu du Moi *de la « génération » précédente*. Freud a peut-être négligé ici la voie (à laquelle je reviens spécialement dans un autre lieu) qui ouvrait à une compréhension de la spécificité de la transmission héréditaire psychologique comme telle. Et sur ce point précis, je comprendrais un peu, il me semble, la méfiance de J. Laplanche à l'égard du « modèle » phylogénétique, pris comme un tout, et considéré sans ce pivot central.

Soulignons avant tout que l'opérateur du pouvoir de transmission de ces modes identificatoires archaïques est à voir, essentiellement, comme ce que j'ai appelé (1987, chap. 1) un « opérateur négatif ». C'est par la présence et la disposition de *défaillances*, de *manques* dans le pare-excitation constitué par la différenciation identificatoire de l'autre-semblable-bienveillant (au sens de l'*Esquisse*) et par les *contre-investissements*[85] divers, notamment comportementaux, dont ces manques sont générateurs tant chez le parent que chez l'enfant, que se trouve inscrite *comme en creux*, à l'aide des traces correspondantes, l'histoire pulsionnelle, les conflits et jusqu'aux représentations précises, données là presque en hallucination négative, de la « génération d'avant ». La « censure de l'amante » de M. Fain et de D. Braunschweig *n'est sans doute, je l'ai dit, que la forme paradigmatique la plus simple de ce tout qui, ici, produit effet par les attitudes et les comportements, et qui est aussitôt saisi par l'angoisse ou la douleur de l'enfant*, cette « censure de l'amante » portant elle-même la trace du rapport de la mère à son objet d'amour paternel et donc à celui de sa propre mère, puis de là, à tout le monde complexe et emboîté de ses objets. C'est tout cela qui est *forcément* présent dans les premières identifications et difficultés ou souffrances à s'identifier de l'enfant, et maintenu longtemps répétitivement (« absurdement ») *en un état intensément et massivement condensé dans l'hystérie précocissime des affects primordiaux.* Il y a là sans doute, une transmission « pragmatique », interactive au sens des éthologues (Jacques Cosnier, 1981), dont on trouve d'ailleurs une pénétrante prise en compte dans certains des travaux de Racamier, déjà cités, sur l'« exportation » du deuil (1985).

Le développement de l'appareil à penser de l'enfant, et sa reprise chez l'adulte dans l'analyse, requiert alors la mise en représentation des relations, tant horizontales que verticales, des parents, tant entre eux qu'avec les géniteurs de leur double lignée. Cette mise en représentation ne peut advenir sans que des supports perceptifs à valeur de symboles communs, – essentiellement, mais non uniquement, sonores et verbaux –, soient désignés comme dépositaires métaphoriques de cette histoire déjà-là du Moi-avant-le-Moi et que ces symboles deviennent eux-mêmes objets d'un intérêt pour ce qui en eux, parle d'un ailleurs et d'un avant de la représentation. Point qu'a bien montré M. Pinol-Douriez (1985), et dont les travaux comme ceux d'H. Faimberg (1976 ; 1985), examinent cliniquement la mise en œuvre dans la cure à travers le travail sur les « emboîtements » d'identifications, ou le « télescopage des générations » (Faimberg).

C'est de là que peut se constituer, ou se reconstituer, le lien vivant d'un désir et d'un amour enfin personnels, mais par nature toujours menacés d'aliénation par les ombres profondes qui entourent son berceau.

La Phylogenèse ? La *Philogenèse*[86] plutôt ; le difficile engendrement de l'amour, de l'objet d'amour, tiré, extrait par une lente élaboration – à la fin conservatrice pour un temps de la vie – du manque originel d'amour venu de l'abandon *inné* par l'Objet constitutif, dans l'individuation et l'existence sexuée, toujours en instance d'être déniées.

Notes :

1 - Je retrouve une première esquisse de cette position dans le début de ma communication de 1976 (*Revue française de Psychanalyse*, 1976. n° 6), sur les rapports de A. Haynal et de J. Bergeret à propos de la dépression, présentés à Genève.
2 - Une série de travaux contemporains attirent à nouveau, à juste titre, l'attention sur le poids de la réalité dans la vie psychique et dans la cure (*Revue française de Psychanalyse*, 1987 : Colloque des Arcs, 1988). Il va de soi que l'analyse ne peut appréhender le réel-en-soi qu'au prix d'une reconstruction qui n'en nie pas l'existence objective, mais qui reste marquée d'une dimension hypothétique sur laquelle un livre de S. Viderman (1971) a bien mis, naguère, l'accent. On trouvera à la suite des textes (dont un article personnel) qui ont discuté cet ouvrage d'amples bibliographies (*Revue française de Psychanalyse*, 1974, 38, n° 2-3), qui peuvent facilement être complétées par les publications des dix ou douze années suivantes.
3 - Je le montrerai plus loin.
4 - Que j'entends, il me semble, dans un sens voisin de celui que lui ont donné des écrits tels que ceux de J. Cournut à propos du deuil, de E. P. Toubiana à propos de l'« héritage » (1987) ou de J. Kristeva (*Soleil noir*, 1987) : c'est-à-dire à la manière d'un saisissement en masse du Moi par le défaut de liaison représentative. Il s'agit d'un saisissement *vertigineux* par le manque, où le Moi s'engouffre lui-même dans les traces qui défaillent en lui. Voir aussi G. et N. Nicolaïdis, 1977.
5 - Tout ce qui suit fait de l'« objet », en tant que réalité psychique, le terme ressenti comme exigible et nécessaire du travail de mise en représentation et d'instauration dans la croyance réalitaire d'un support ayant valeur de réassurance et d'étayage pour les énergies psychiques errantes, désemparées ou « sans objet ». Le destin de cette mise en représentation aura dans l'analyse à se chercher entre *le trop et le pas assez de croyance*
6 - Entendu dans un sens voisin de celui que j'ai pu envisager ailleurs, dans mon ouvrage *Entre blessure et cicatrice, le destin du négatif dans la psychanalyse*, 1987, chap. 3 ; et aussi dans des travaux sur la séparation à la fin de l'adolescence (1985, 1986).
7 - Je remercie ici quelques collègues amicaux qui ont bien voulu me signaler les erreurs de langue allemande, ici rectifiées, que j'ai laissées passer dans une première écriture de ce texte. Je pense notamment à M. Gusberti.
8 - Je crois être assez proche sur ce point d'histoire des notations d'A. de Mijolla dans le tome 2 de son *Histoire de la psychanalyse*, (Hachette, 1982), plus pertinent sur le sujet que le gros ouvrage de petite histoire, très documenté mais trop peu sensible aux questions d'idées et de techniques, et peu « psychanalytique » d'E. Roudinesco. Peut-on faire d'un point de vue dit purement « historique » une histoire *de la psychanalyse* ?

9 - Dont la portée a été très bien vue par A. Jeanneau, en 1980, dans son livre sur *La cyclothymie*, où il parle du « paradoxe fondamental de la douleur » (p. 17). Même sensibilité, me semble-t-il, chez A. Barbier dont on lira une communication de 1988 (*Revue française de Psychanalyse,* 1989, 1). Voir également les positions de C. David et celles de J. Cain dans *Souffrance, plaisir, pensée,* collectif auquel j'ai aussi participé, ainsi que Sophie de Mijolla et M. Olender (1983). De remarquables travaux sur la douleur se trouvent chez M. De M'Uzan, chez J. B. Pontalis, chez J. Guyotat, chez G. Burloux, cités en bibliographie.

10 - Au sens des formulations connues dont j'ai examiné l'évolution dans mon livre *Entre blessure et cicatrice, le destin du négatif dans la psychanalyse,* cité. chap. 6. Je pense actuellement que l'intérêt de Freud pour les fantasmes pervers, dont il n'a reconnu que tardivement toute l'importance *générale* dans l'hystérie (en 1923), a valeur avant tout, dans son économie personnelle, remuée par la « crise du milieu de la vie » (Besdine ; Anzieu, 1975), d'une tentative de représentation de l'objet perdu, tentative défensive par ailleurs créatrice, utilisant ce que A. Green nomme la « réserve de l'incréable » et qui est peut-être aussi celle de l'irreprésentable (M. Gagnebin, J. Guillaumin, et d'autres) et de l'Inconnu (selon G. Rosolato, 1978). Voir J. Guillaumin avec M. Gagnebin et coll., *Pouvoirs du négatif dans la psychanalyse et la culture,* 1988).

11 - Pour reprendre le terme de J. Laplanche, appliqué cependant par lui au seul transfert (*Problématiques V*).

12 - Même, et jusqu'à un certain point, de J. Laplanche (voir plus loin), pourtant pénétrant par ailleurs sur le sujet que j'examine. Je me réfère notamment ici aux positions prises dans l'ouvrage *Problématiques* et le plus récent *Nouveaux fondements pour la psychanalyse,* 1987, ainsi qu'à la contribution de cet auteur figurant dans le collectif *La pulsion de mort pour quoi faire ?* (1986).

13 - Débordant l'acception générale (même telle que perlaborée par J. Laplanche et J.B. Pontalis, 1956) des « fantasmes originaires » (sur lesquels je renvoie aussi à Cl. Leguen (1984) et A. Barbier qui a fourni il y a quelques années une bonne recension d'ensemble du sujet et examiné à nouveau avec profondeur par la monographie collective *Scènes originaires,* P.U.F., 1996 de la *Revue française de Psychanalyse*). Je pense surtout à la valeur de limite de la représentation de l'originaire dans une notion du phylogénétique qui implique, de façon biface, le renversement d'un dehors dans un dedans de la psyché : problématique topique et épistémologique qui correspondrait à certaines vues de D. Anzieu (1985, 1987) sur le « *Moi-Peau* ».

14 - En me référant à de bonnes sources, dont je ne donnerai pas la liste, encombrante ici.

15 - Cf. entre autres travaux récents, ceux de Françoise Brette, de Michèle

Perron, de Monique Cournut, de Cl. Janin, de R. Roussillon (Bulletin de la SPP, 1987) et, plus anciens, ceux du collectif *Quinze études psychanalytiques sur le temps* (1982) dont j'ai dirigé lapublication, et auquel j'ai participé avec R. Diatkine, S. Lebovici, J. Cosnier, F. Lévy, S. Becache, F. Brette, M. Netter, M. Utrilla et d'autres.

16 - A. Bergaigne, *Manuel pour étudier la langue sanskrite*, avant-propos de L. Renou, avec un lexique, Paris, Champion, 1984, p. 195.

17 - Comme on dit « le sujet à traiter » : les Anglais emploient ici le terme de *topic*. Cf. mon Avant-propos.

18 - Dans l'allemand de Freud, le terme de Moi, *das Ich*, dès le commencement, remplace le plus souvent *das Subjekt* auquel il est cependant une fois ou l'autre accolé, même quand le mot *Objekt* est symétriquement utilisé dans la même phrase. Le double sens du *Ich* (sujet du verbe, et « moi » objectivable comme instance psychique dans la topique) a dû favoriser ce choix (cf. l'article « Moi » du *Vocabulaire* de J. Laplanche et J. B. Pontalis).

19 - Là encore, il y a, comme pour les relations avec J. Breuer, et bientôt pour celles avec W. Fliess, puis celles avec C. G. Jung (cf. l'affaire Emma Eckstein, et l'affaire Sabina Spielrein) les germes d'une rivalité pour saisir le secret objet perdu des « hystériques », représentant probablement la partie féminine « passive », fort ambivalente, des identifications inconscientes de Freud, en débat avec son homosexualité psychique.

20 - On ne peut éviter de penser aux « périodes » sexuelles féminines et masculines de Fliess. L'expression a été préférée à *Wechseldepression*, qui aurait peut-être souligné de manière plus neutre et automatique, plus « désexualisée », le retour des symptômes.

21 - C'est de « dépression » également qu'il est question dans une lettre du 19 avril 1894, mais cette fois-ci, c'est de lui-même que s'inquiète Sigmund, en raison d'une succession, chez lui, de moments d'abattement avec « idées de mort » et « états hypomaniaques », ainsi que de symptômes tachycardiques supposés d'origine tabagique.

22 - Cette position est intéressante par le lien qu'elle établit déjà entre dépression et hystérie, annonçant, de loin, les comparaisons précises entre angoisse et douleur (au sein d'un groupe d'affects qualifiés d'« hystériques ») auxquelles se livrera Freud en 1925-1926.

23 - Le *Manuscrit H* sur la Paranoïa mériterait lui aussi, et pour la forme et pour les idées, la plus grande attention, non seulement pour la compréhension de l'œuvre, mais aussi pour celle de l'histoire de Freud. Il y apparaît la notion de défense paranoïaque contre... l'hystérie, et la névrose obsessionnelle y est rapprochée... de la paranoïa, qualifiée de « psychose d'obstination et de suspicion » ; mais la fonction de défense de la paranoïa contre l'homosexualité – cf. le cas Schreber – n'est pas mentionnée. En toute hypothèse, toute la relation entre la dépression et la défense maniaque, travaillée plus tard par M. Klein, est ici d'avance contenue.

24 - J.M. Masson, 1984, traduit *longing for something lost* (pour l'allemand *Sehnsucht*). Le mot *Objekt*, en effet, n'est pas ici dans le texte d'origine. Le mot *Trauer* (deuil) est bien, lui, dans l'original de Freud.
25 - Notons le « d'où », qui fait procéder *directement* le vécu de l'affect de l'état de chose économique.
26 - J'utilise dans ce paragraphe, pour tous les passages cités, la traduction française de 1956, p. 97. Les soulignés sont de moi, sauf indication contraire. On notera que le mot *Trauma*, que l'allemand a repris directement du grec, veut dire exactement dans cette langue « blessure ». La lettre de janvier 1895 lie étroitement dépression et traumatisme. *Trauma*, *Trauer* (voire même *Traum*, car le rêve a sans doute la valeur d'un petit travail de deuil traumatique des objets diurnes, dont la trace est ravivée par les excitations onirogènes, cf. J. Guillaumin, 1981, 1983) mériteraient d'avoir, si même elles ne les ont pas, des origines philologiques communes, ainsi que dans les paragraphes que je consacre plus haut au vocabulaire de la perte chez Freud.
27 - Évidemment liée à la passion transféro-contre-transférentielle qui a amené Freud – placé entre Fliess et Emma – à abîmer par agir le cadre de la cure d'Emma. J'ai souligné « entre », car, je le dirai davantage plus loin, c'est de ce travail entre deux positions, en différents sens plus ou moins emboîtées dans l'axe des générations et dans le désir sexuel, l'une en quelque sorte en appui arrière et l'autre projetée devant et représentable par un « objet » à atteindre, que s'organisent – ou dans ce cas se désorganisent – le travail d'élaboration de Soi et les sublimations qu'il appelle.
28 - Le mot *Drang* apparaît à peu près seul dans l'*Esquisse*. Le terme de *Trieb* n'y figure qu'une fois, ainsi que l'a noté J. Laplanche. Il revient par contre avec insistance dix ans plus tard dans les *Trois essais*..
29 - L'allemand ne parle que de « compréhension » (*Verständigung*), et ce sont les traductions qui ajoutent l'idée de « mutualité ». Celles-ci a peut-être été retrouvée plus tard par S. Ferenczi, si bien interrogé par les recherches de Th. Bokanowski (notamment 1995).
30 - Je dirai plus loin à quel point de telles intuitions, qui véhiculent ce qu'il y a de plus profond dans la pensée de Freud, demeurent ensuite longtemps comme en retrait, et cryptées dans ses formulations métapsychologiques tardives, avant de retrouver, plus tardivement, leur force et de s'élaborer entre 1915 et 1926. Je note que *Urquelle* dit plus que *erste Quelle*.
31 - Très certainement passé dans l'allemand littéraire à partir de la traduction luthérienne de la Bible. La traduction française de *Nebenmensch* par « Autre » ou « autrui » (cf. *La naissance de la psychanalyse*, 1950. trad. franç., 1956) me paraît certes très près de l'usage courant de l'allemand littéraire, mais faible. Elle laisse échapper cet élément *affectif*, et cette idée de *proximité spatiale*, ayant valeur de lien psychique, que *Nebenmensch* (aime ton « prochain ! »), en effet, conserve. L'idée de semblable ne

nécessite pas, à elle seule, l'idée de proximité. Cette proximité qui, selon les éthologistes, est la « dimension cachée » de l'homme (cf. E. T. Hall, 1966).

32 - Et non *das Objekt*, choix de mot important, qui souligne et l'indifférenciation et la matérialité résistante et inerte du réel externe comme tel, indépendamment de la ressemblance humaine qui, elle, correspond à un élément mobile, inquiétant mais plus ou moins largement réductible à la représentation de lui-même qu'a le sujet.

33 - Le modèle de l'analyse faite ici par Freud lui donne peut-être un rôle précurseur par rapport aux approches de J. Piaget, chez qui le jeu un peu mécanique de l'« assimilation » et de l'« accommodation » rend compte de toute conduite sans que la problématique de la dépendance et du désir exprimés par l'affect soit envisagée. Mais Freud. lui, attache d'entrée une valeur essentielle à l'affect. De *l'affect*, Piaget a toujours cherché à escamoter la différence et, du coup, le sens, par rapport à la représentation, réduite à une forme perfectionnée par « intériorisation » de la « sensori-motricité » (cf. sur ce sujet, une déjà assez ancienne étude de moi, dans mon livre *La genèse du souvenir*, de 1967, Paris, P.U.F, chap. 1).

34 - Cela, bien que le texte de Freud suggère peut-être un moment, l'hypothèse – quelque peu obscure – de récepteurs ou de neurones (ψ ?) spécifiques à la douleur, qui pourraient représenter une extension psychique de ce qui vaut pour la sensibilité algique corporelle (φ).

35 - La douleur se donne à nous comme une expérience vécue. Si bien que l'équation implicite qu'établit Freud évoque le postulat si discuté de la fameuse « équation psychophysiologique » de Th. Fechner, entre l'accroissement du stimulus et celui de la sensation. Mais la douleur, surtout morale, ne se mesure pas... Ici achoppe un certain rêve fechnérien ambigu de Freud.

36 - Dans le sens du problème de la représentation de, ou par, l'affect, bien posé par A. Green en 1971. Voir aussi l'analyse de M. Tort sur la fonction de représentation (*Repräsentanz* et/ou *Vorstellung*), en 1966, et quelques remarques que j'avais énoncées sur ce sujet, naguère (1972).

37 - Avec peut-être... un peu de Katharina (*Étude sur l'hystérie*), personnage sur lequel J. Bergeret a pu faire quelques intéressantes suggestions nouvelles (1987) à propos du Petit Hans.

38 - Une partie des remarques que j'ai faites ici sur la perte et l'objet vient des discussions menées à Lyon, en 1986-1988, dans un séminaire sur l'Objet, animé par A. Becache, J. J. Lustin et moi-même.

39 - Je parle ici du « lieu » de la perte au sens d'une interrogation sur la topique supposée ou assignée à l'« objet » dans le *Verlusterlebnis*. Cf. mon chapitre 3, où cependant je n'interroge peut-être pas autant que je le fais ici la part d'*incertitude* inhérente à ce « lieu ».

40 - Dans son rapport de 1976, présenté à Genève, sur la dépression, et

développé en 1987 en forme de livre, A. Haynal parlait, d'un juste mot, du « sens du désespoir ». Sa formulation, fort intuitive et profonde n'a manqué, à mes yeux, que de l'appui d'une étude plus précise de la notion de douleur, et des problèmes que celle-ci a si longtemps posés à Freud dans la relation à l'économique.

41 - J. Guillaumin, *Entre blessure et cicatrice*, 1987, chap. 6, cité.

42 - Cf. A. de Mijolla. *Les visiteurs du Moi*, 1982.

43 - J. Guillaumin. in *Revue française de Psychanalyse*, 1981, voir aussi mon livre *Psyché*, 1983 ; cf. plus haut, n. 26.

44 - Dans un travail dont la première version orale a été présentée à Lyon en 1984/1985 à un séminaire animé par J. Cosnier. M. Vermorel, F. Brette, H. Martel, et d'autres collègues, sur la « Première topique » ; voir quelques remarques sur ce rêve dans mon livre *Entre blessure et cicatrice*, 1987, chap. 6, p. 154-155.

45 - On peut rappeler la parenté de ce rêve (répétitif) avec le « premier rêve de Dora » (lui aussi d'incendie, destruction et convoitise sexuelle mêlés. cf. J. Guillaumin, Rêve, fétichisme, espace et temps, *Revue française de Psychanalyse*, 1974, n° 6. et aussi chap. 4 de *Le rêve et le moi*, 1979, p. 128 et 199). De Dora qui, au sens figuré, endort Freud avant de quitter soudain l'analyse, en l'enchantant de rêves qu'il lui interprète avec maestria, tout en omettant d'analyser le désir de séduction que ce matériel véhicule. On pourrait presque se demander, au demeurant, nouveau nœud au complexe représentatif du Moi et de l'autrui-proche-semblable transféro-contre-transférentiel, si le rôle de la patiente du début du chapitre VII ne conviendrait pas aussi... à Dora, dans la position d'auditrice d'un Freud parlant en public, ou en tout cas, de lectrice de Freud. J'ai suggéré ailleurs (1974) que les dates fournies par Freud camouflent le fait que le tirage de la *Traumdeutung* était déjà terminé en décembre 1899 quand Dora est partie si brusquement. A-t-elle pu la parcourir et s'y retrouver quelque part : avant, après le premier rêve ? Qui s'est identifié à qui ? Bel imbroglio, mais plus banal qu'on ne le croirait, des inconscients en miroir onirique dans la cure : cf. le beau et subtil rapport de R. Diatkine au Congrès de Madrid, 1974. Cf. L'ombilic du rêve, ch. 1 de mon ouvrage sur *Le rêve et moi*, et mon étude sur la « demoiselle de 1920 » comme « double » de Dora faisant retour 20 ans après (J. Guillaumin, *Psyché*, P.U.F., 1983).

46 - Cette « oscillation », qui m'a intéressé au niveau de l'onirisme (1973) est à juste titre vue par Michel Gressot (cf. 1979) comme une caractéristique essentielle et organisatrice de la vie psychique, et du travail analytique. Je la crois engagée profondément dans les conceptions de D. W. Winnicott (1965, 1971 et ailleurs) sur l'aire, l'objet et l'expérience transitionnels qui suspendent en les faisant flotter dans un espace protégé – par exemple dans la cure – les contraintes réalistes d'urgence pesant sur le fantasme. L'intérêt des conceptions winnicottiennes a été, en France, très bien senti, diverse-

ment, par J. B. Pontalis (1975), R. Diatkine, J. L. Donnet (1985), R. Cahn, R. Kaës, R. Roussillon, A. Clancier entre d'autres, sans parler d'A. Green. Et j'ai moi-même parfois utilisé le modèle (1975, 1977). Ces conceptions rendent bien compte de la régulation de l'affect par le *jeu* de l'introjection et de la projection dans le cadre d'une illusion « créatrice » (M. Gressot), à valeur de « conteneur » maternel (au sens de W. R. Bion).

47 - La même année paraît *Le mot d'esprit*, qui étudie les *techniques psychiques* (et conscientes) de la *perte temporaire du contrôle du Moi sur ses objets de pensée*, engloutis dans l'Inconscient, puis récupérés dans les retrouvailles maniaques du rire. On peut sans doute dire que l'esprit, et plus encore l'humour (dont Freud précisera la nature et les mécanismes en 1927 dans le cadre de sa nouvelle métapsychologie) sont *essentiellement* jeux de maîtrise psychique de l'expérience de la perte, du temps et de la mort (cf. J. Guillaumin, 1973, *Rev. française de Psychanalyse*, n° 4, et 1988 dans le coll. R. Kaës et collègues sur *Le trompe-l'œil*, Paris, Dunod, 1988).

48 - Mon hésitation tient aux risques que l'on prend lorsqu'on condense plusieurs notions freudiennes pour mieux rendre compte de leurs liens. On est alors tenté de négliger de pousser plus avant *l'analyse* du rapport qu'exprime la condensation notionnelle synthétique opérée. La distinction des concepts de But et de Source, faite et maintenue par Freud, me semble essentielle à l'approfondissement de notre intelligence du travail élaborateur de l'interaction dedans/dehors. La réalité psychique intermédiaire « objet » en est une production spécifique, organisatrice première des frontières de l'identité, et formation bi-face de compromis, comme sans doute tout ce qui relève de la représentation, voire (au sens large) de ce que J. Lacan a englobé dans ce qu'il appelle l'« ordre symbolique », sorte d'état de système de stabilisation de la démesure de l'« imaginaire ».

49 - Le concept intéressant d'hallucination négative a été travaillé par A. Green (1977 notamment, et 1993). Il n'y a pour moi « hallucination » que dans le décrochage et la suspension de l'activité (de liaison) de mise en représentation... L'hallucination négative est ce qui revient « en creux » par la déliaison, sur un mode saisissant (ombre de l'objet en dépassement, dans la sensorialité) de ce qui manque à être engagé et employable dans la liaison : elle n'a pas, me semble-t-il, comme telle et par elle-même de « fonction encadrante » dans les situations où elle *reste* insoupçonnée.

50 - Sur la nature de la « réalité psychique », comme telle, j'ai fait quelques hypothèses dans mon livre *Psyché*, P.U.F, 1983. J'ai par ailleurs envisagé certains aspects cliniques et théoriques des rapports entre le partiel et le total, dans l'ordre psychique, dans la discussion qui figure à la suite de mon article « Le rêveur et son rêve », *Revue française de Psychanalyse*, 1973, n° 1. Mes vues, sur ce dernier point, sont proches, je crois, de celles de M. Klein, mais introduisent dans l'affaire la problématique de l'après-coup, qu'elle néglige.

51 - Freud, on le sait, a dit plusieurs fois, et notamment en 1925 (*La (dé)-négation*), que trouver l'objet, c'était le re-trouver.
52 - Le mot *Schmerzlust* ne sera, semble-t-il, employé *directement* par Freud qu'en 1924, et appliqué alors aussitôt à la souffrance psychique. Ce point montre bien, lui aussi, l'importance de cette sorte de secondarité ou plutôt de rétro-action ou de ré-duplication, nostalgique de son « véritable » et introuvable « objet », que comporte la douleur. Freud a certes souligné plusieurs fois que le modèle de la douleur morale était à chercher du côté de la douleur corporelle. Mais peut-être n'a-t-il pas assez insisté sur la réciproque : ce n'est, en quelque sorte, qu'en se « moralisant », qu'en se chargeant d'éléments représentatifs renvoyant à une relation psychique d'objet que la douleur physique accède pleinement à un statut mental, et obtient un droit d'accès à la conscience, ce qui, du coup, la soumet aussi virtuellement aux mécanismes de refoulement, de dénégation, de déni, de projection, et à celui des transformations sublimatoires (que Freud a tant étudié après 1923 et qui me semble avoir été remarquablement compris, précisément dans son rapport à la souffrance, par C. David dans un travail de 1982).
53 - Autour du masochisme moral, et en référence au concept d'un masochisme originaire de la vie. L'importance que prendra, à cette époque, la réaction thérapeutique négative montre combien Freud deviendra sensible à ce qui est de l'ordre de la résistance à la séparation et à la perte dans certaines formes du masochisme moral engagées dans la cure. On est frappé ici par l'abondance et l'importance des travaux de nos contemporains qui s'attaquent avec profondeur à la problématique de la fonction de liaison, ou de survie, du masochisme, cf. par exemple, chez C. David, P. Denis, C. Parat, R. Roussillon et sans doute C. et S. Botella (à propos de l'auto-érotisme), mais surtout B. Rosenberg, (1991). Le masochisme peut aussi se prêter à une sorte de fétichisation affective (E. Kestemberg, 1978) dont je suggère plus loin que le culte du « père de la préhistoire personnelle » pourrait être une forme cachée.
54 - Sur la fonction et le travail de l'auto-érotisme, cf. le rapport de Jean Gillibert (1977), et aussi C. et S. Botella (1982).
55 - La dimension « génétique » a été, en fait, traitée par Freud comme une catégorie mineure (mais par lui souvent sollicitée » de la métapsychologie : à juste titre, car si elle est seule à fournir une sorte de schéma phénoménologique de la continuité *réelle* du « développement », elle entraîne volontiers à « résoudre » par simple effet de succession des problèmes dont la compréhension fonctionnelle est en réalité beaucoup plus difficile, et à faire l'impasse, on l'a souvent observé (par exemple en divers endroits M. Fain, D. Braunschweig, et aussi S. Lebovici, 1979) sur le diphasisme et l'après-coup, et sur l'aspect historique *dramatique* et « critique » du devenir humain.

56 - Cf. ma note 13. On trouvera dans d'autres termes une discussion de la fonction des fantasmes originaires, et de la nature « limite » de l'originaire dans mes contributions au collectif « Quinze études psychanalytiques sur le temps » (1982) et dans le chapitre 2 de mon livre, cité, *Entre blessure et cicatrice*, 1987.

57 - La résistance de Freud aux sollicitations, vives, de Ferenczi à propos de *Vue d'ensemble* (voir plus loin) montre bien qu'il n'inclinait pas à confondre, malgré la fascination biologique qui le prenait parfois, transmission identificatoire et transmission génétique. Ferenczi le poussait, on le sait, à faire un travail sur « psychanalyse et lamarckisme ».

58 - Je rappelle qu'A. Green a fait l'analyse de la fonction de ces mécanismes dans une belle recherche sur le narcissisme (1967), reprise dans *Narcissisme de vie, narcissisme de mort* (1982). Je m'y suis intéressé aussi, à propos du travail de création, en 1980 dans ma contribution au collectif *Corps et création*, Lyon, P.U.L.

59 - Ils participent sans doute à un mode de maîtrise de l'objet qu'on peut se représenter à partir d'analyses comme celle que R. Spitz a faite de la « *Cavité Primitive* » (1959). Je les crois très importantes dans la problématique de l'« exportation » des deuils impossibles chez autrui, telle que P. C. Racamier l'a examinée (1985, 1987, 1993).

60 - Ces « énigmes » cliniques, dont nous avons vu la forme première, pourvoyeuse obstinée ensuite d'une longue série de résurgences, naître dans les années 1895, avec les interrogations sur la douleur dépressive, *ont une fonction méthodologique et heuristique évidentes pour Freud* de ce que j'ai appelé le *Verlusterlebnis*. J. Laplanche (dont ici je me trouve proche sur des points importants, intéressant la sexualisation *ab initio*, ou d'emblée) parle du rôle dans la séduction originelle (sur laquelle je reviendrai) des « signifiants énigmatiques ». La rencontre des mots ne saurait être fortuite : les « énigmes » désignées par Freud lui-même fonctionnent pour lui, et pour nous, comme des *signifiants théoriques* énigmatiques dans l'ordre du processus secondaire et du langage, en interaction avec la clinique. Sur ma propre conception de ce qui pourrait correspondre aux signifiants énigmatiques chez J. Laplanche, voir la deuxième partie de mon travail sur « Les enveloppes psychiques du psychanalyste » (1987) où je tente une articulation entre une problématique du négatif et les intéressants concepts de D. Anzieu sur le « *Moi-Peau* » (1974, 1980, 1985) : cela à propos de l'investissement précoce, chez l'enfant, du double sens des mots.

61 - « -an » a aussi une valeur locative : *au* Moi, *dans* le Moi, tout autant que *du* Moi, au sens partitif.

62 - Il s'agit ici, bien sûr, à nos yeux, d'une haine du réel (de ce qui représente la différence, l'individuation première, et donc la perte originaire d'exister, sans contrôler – ou sans être – l'autre).

63 - Dans l'esprit des remarques finales de Freud sur la structure logique des délires dans son essai sur Schreber, la formule pourrait être, ici : « Je hais l'Autre qui est (hait ?) aussi moi-même et qui m'a abandonné, et je me hais et me condamne de me (le) haïr à ce point en lui (Moi). » Les analyses ultérieures de Freud, dans la « seconde topique », feront apparaître au premier plan le rôle intrapsychique d'une instance mal différenciée et implacablement condamnatrice, sous le regard de laquelle se déroule ce débat déchirant et délirant, par lequel le mélancolique cherche à retenir masochiquement l'amour du Surmoi archaïque, sans doute mère et « père » en même temps, auxquels il s'identifie également et confusément, sans pouvoir (ni pouvoir renoncer à !) les séparer en lui.

64 - Sans toutefois atteindre un vécu fusionnel, puisque, ainsi que Freud (cf. aussi, récemment, B. Rosenberg) y insiste, il y a lutte et débat entre le Moi et l'Autre *emmêlés*, plutôt qu'absorbés l'un dans l'autre. C'est l'opposition que les travaux de Ferenczi, mais surtout de K. Abraham ont établi entre l'incorporation (plus ou moins persécutrice) et l'introjection (en tant qu'« assimilatrice », dirait sans doute P. Luquet, 1962, dans la ligne de M. Bouvet).

65 - Qui, rappelons-le, appartient, selon Freud, comme le rêve, aux « prototypes normaux d'affections psychopathologiques » (*Complément métapsychologique à la science des rêves*, 1915, publ. 1919).

66 - Si c'est A. Green qui semble avoir, pour la première fois, formulé clairement dans la recherche psychanalytique post-freudienne, dans son rapport de 1971 (cf. *Le discours vivant*, P.U.F), la question du sens caché véhiculé par l'*affect* comme donnée apparemment brute, cette question a été par contre, semble-t-il, remarquablement délaissée par la pensée lacanienne.

67 - On pourrait encore traduire ce titre (l'esprit, sinon la langue, y est, dans le texte de Freud) par... « Vue d'ensemble de la transmission (ou du transfert) des névroses ».

68 - « L'excès relatif de libido résulterait de la (...) *prédisposition* (*Anlage*) et permettrait une *nouvelle acquisition de l'anxiété* qui est à l'état de *disposition* (*Disposition*) » (p. 35. les mots français soulignés le sont par moi). Cette notion d'excès reviendra, on le verra, avec une forte insistance dans *Inhibition*. On sent là, le passage de l'économique objectif à une phénoménologie clinique de la qualification subjective de l'éprouvé quantitatif : la « quantité » massive est appréhendée par un Moi-sujet comme un « trop », c'est-à-dire comme *qualifiée* (par comparaison) en tant que *degré insupportable de la quantité*.

69 - Ce qui n'exclut aucunement que l'enfant, *en tant qu'individu*, vienne actuellement au monde avec des affects témoignant d'une sexualisation d'emblée. En 1915, on trouve encore dans l'édition nouvelle des *Trois essais* cette formule, maintenue de 1905 : « Il nous a semblé que l'enfant portait, en *venant au monde, des germes d'activité sexuelle*, et que lorsqu'il se

nourrissait, il éprouvait *déjà* une satisfaction d'ordre sexuel » (trad. franç., 1968, p. 147. souligné par moi).
70 - R. Roussillon (1987) a proposé de parler d'un « traumatisme perdu », dont la notion s'accorde à mes réflexions dès lors qu'elle prend aussi en compte la dimension originaire pré- ou transindividuelle à laquelle Freud est sensible.
71 - Nous avons reconnu la première intuition de cette preuve dans les *Trois essais*, plus haut.
72 - Immédiatement précédé d'une étude fondamentale (App. A) sur le *contre-investissement*, qui joue un rôle important dans la saisie identifiante inconsciente des messages non symbolisés.
73 - C'est dans une perspective analogue mais directement inspirée par la clinique que je me suis efforcé, plus loin, chapitre 4, de définir les économies psychopathologiques majeures en fonction du « lieu » qu'occupe l'objet perdu dans l'appareil psychique.
74 - Comme l'a bien vu A. Green.
75 - Qui associent les « mouvements de vie et de mort », cf. P. Marty, 1976.
76 - Il me semble trouver une continuité particulière dans les travaux de C. Parat sur la cure psychanalytique continuité qu'on retrouve dans son livre récent sur *L'affect partagé* (P.U.F., 1995), préfacé par A. Green : de l'envisagement de l'homosexualité dans l'analyse (dans une ligne proche des recherches de M. Bouvet, 1960, sur la « relation d'objet ») à ses écrits ultérieurs sur les résistances profondes, sadomasochistes, du type de la réaction thérapeutique négative. Je crois qu'il y a là un point essentiel à la compréhension du destin de la difficile élaboration et de l'infini « dépassement » de l'investissement de l'objet « perdu », que j'ai étudié ici, en suivant de près les textes de Freud.
77 - Le mot, emprunté à W. R. Bion, ici reçoit, une valeur à la fois générale et plus précisément topique, en étayage sur la zone érogène anale. Voir ma conclusion, et, plus haut, ma note 46.
78 - Voir aussi les chapitres 6 et 7 de mon livre, cité, *Entre blessure et cicatrice*, 1987.
79 - L'extrême réserve habituelle de Freud sur le développement de son contre-transfert a dû jouer ici. Pour poursuivre la réflexion dans cet axe, je renvoie à mon écrit sur les « enveloppes psychiques du psychanalyste », dans Anzieu et coll. (1987), et d'autre part, aux considérations sur le « terme » et sur la « fin » dans la cure, dans le rapport de D. Anzieu à Montréal sur la perversion (1987). La problématique de « perversion » attachée au sadomasochisme de la réaction thérapeutique négative, et en général, à toute situation analytiquement bloquée par une sorte de double message formant alliance dénégatoire, a été bien vue (diversement) par P. C. Racamier, cité, par E. Kestemberg, par C. David. Voir aussi le devenir de la notion freudienne de contre-transfert dans le travail de

L. Urtubey et dans mon article, parus dans la *Revue Française de Psychanalyse*, 1995, 1.

80 - La mère de l'« impensé maternel », fondement des pensées, comme le dit F. Gantheret, 1984.

81 - Cet ouvrage, à mon sens mutatif, met fin, comme l'a noté I. Barande (1984) aux illusions objectives, elles de type proprement biologique, que conservait par devers lui le Freud de 1920.

82 - Que je ne peux étudier ici. Il me semble toutefois qu'autour de *Constructions* et d'*Analyse finie et infinie*, puis de *Moïse*, on repère une interrogation sur l'en-deçà et l'au-delà du représentable dans l'analyse, et sur la transmission en direction de la descendance de Freud (nouvelle Phylogenèse à dimension prospective) de la Psychanalyse...

83 - A. Green a justement attiré mon attention sur l'importance de ce père *réel*, à l'égard duquel l'investissement du père « de la préhistoire » personnelle et de la phylogenèse peut avoir un aspect défensif, voire dénégatoire, au détriment de la vérité du conflit œdipien. Ses remarques vont dans le sens d'une idéalisation fétichisante de ce personnage grandiose.

84 - On se rappellera cependant que la fascination de Freud par une histoire inconnaissable surexcitante, est ancienne. Et ce sont évidemment ses interactions infantiles d'identification projective avec sa jeune mère qui ont dû véhiculer et articuler en lui les « traces » de cette « préhistoire ». Mais de la séduction maternelle, Freud s'est beaucoup défendu... et servi.

85 - *Inhibition, symptôme et angoisse* est aussi, dans son appendice A, le texte de référence par excellence pour *la notion-mère* (matrice de l'« investissement »...) *de « contre-investissement »*. Je crois être en accord ici avec les termes d'une communication personnelle récente d'H. Vermorel. On peut retrouver quelque chose d'analogue dans l'idée de M. Perron sur la « matrice originaire des fantasmes » (1986, 1988).

86 - La genèse de l'amour, ou de la capacité d'*amour* (en grec *philia*). Cet emploi est ici néologique et métaphorique.

CHAPITRE III

VARIATIONS DE LA TOPIQUE DU DEUIL : LES LIEUX DE L'OBJET PERDU

Le propos spécial de ce chapitre est d'envisager la métapsychologie du deuil et sa pathologie sous l'angle prioritaire de la topique, pour tenter d'y opérer quelques distinctions cliniquement utiles. Cet abord peut, à mon avis, apporter un supplément de compréhension à l'étude d'un ensemble de problèmes très complexes qui ont vivement et de très bonne heure, on l'a vu, stimulé la pensée théoricienne de Freud en questionnant sa pratique, et qui sont à l'origine de quelques-unes des formulations les plus profondes, mais parfois aussi les plus obscures qu'il nous ait laissées.

A l'appui de ce privilège accordé ici à la topique, plusieurs raisons peuvent être invoquées :

1 - Les représentations d'« espace » que requiert l'approche topique ont l'avantage de contraindre à une analyse *étayée sur la vision* des rapports entre les termes pris en compte, plus précise que les représentations fluides ou tensionnelles de la dynamique, ou que celles, quantitatives, de l'économie. Le langage métaphorique utilisé s'y fonde d'une manière plus directe sur la pulsion épistémophilique scopique, mieux armées que tout autre, chez

l'homme, pour le contrôle et l'organisation du réel. Si bien que, sans les questions que la *topique* peut lui poser, les réponses de la métapsychologie, tout intéressantes qu'elles soient, risqueraient de demeurer excessivement spéculatives et moins utilisables dans la pratique.

2 - Freud lui-même a utilisé, sans doute à bon escient, et pour ce même motif, la topique comme *l'organisateur majeur*, et peut-être comme le fondement de sa métapsychologie. Au temps de l'auto-analyse intensive, mais aussi au-delà, sa pensée se forme dans un constant dialogue avec des schémas visuels, que nous retrouvons nombreux dans les lettres à Fliess et dans les documents annexés. Le graphe illustrant la régression « topique » dans la *Traumdeutung*, et d'autres figurant l'appareil psychique, en 1923, en 1932 témoignent de la continuité de cette référence essentielle. Et certains des modèles de la systématisation conceptuelle métapsychologique des années 1895-1900 décrivent une sorte de géographie, ou de stratification géologique des traces ou « inscriptions » psychiques, dont le *Bloc magique* rappellera bien longtemps après (1925) la référence. Notons aussi que le mot lui-même de « métapsychologie », qui émerge dans une lettre de 1896 (à une époque où les rêves de Freud, qui va perdre ou a perdu son père, lui livrent beaucoup d'images visuelles du corps, au manifeste ou au latent) ainsi que dans la *Psychopathologie de la vie quotidienne* (1904), est défini en fonction d'une bipartition dehors/dedans : monde « endopsychique » et monde extérieur. Le but qui est désigné au discours métapsychologique est clairement celui de *tracer au dehors une image aussi fidèle que possible de l'organisation interne de la psyché*, en dépit d'un renversement projectif sur une surface de représentation à deux dimensions. Ce modèle deviendra plus complexe dans les années suivantes. Mais il reste que *la topique donne bien un conteneur primaire et comme un fond à la dynamique, dont l'économie à son tour n'est qu'une évaluation quantitative, au total encore plus abstraite* . Lorsqu'en 1915, d'ailleurs, Freud nous livre une vue d'ensemble de la métapsychologie et met en parallèle, à dignité égale, les trois dimensions topique, dynamique et économique, c'est cependant

la topique qu'il continue de nommer la première (alors que l'ordre alphabétique des initiales l'eût peut-être voulue à la dernière place...). Et dans *Pulsions et destins des pulsions* comme dans *Le refoulement*, c'est d'une analyse topique du point d'application et de la direction des pulsions qu'il fera procéder, à partir des mécanismes précurseurs du refoulement, (les deux retournements et le renversement sur la personne propre), toute la construction de l'appareil psychique. Depuis longtemps déjà, il se sert, au demeurant, de la trichotomie Conscient-Préconscient-Inconscient qui, relative, nous a-t-il dit à des « fonctionnements » ou à des systèmes fonctionnels distincts, est néanmoins *constamment assortie par lui de métaphores topologiques*, la censure ou le refoulement tenant par exemple le rôle de porte ou de barrière, ou de vestibule entre deux « régions » de l'esprit. Freud a en vérité toujours procédé comme si la question topique de l'*espace* psychique était déterminante dans la construction de l'appareil psychique et la gestion des pulsions... Il est difficile d'attribuer ce point à sa seule complexion personnelle.

3 - A ces premières raisons s'en ajoute en effet une autre – connexe –, qui, si elle intéresse la pensée psychanalytique en général, nous ramène cependant plus particulièrement à la problématique du deuil. Si la question capitale de l'élaboration des limites du dehors et du dedans, qu'on peut dire *topologique dans son essence*, domine en fait toute la mise en représentation métapsychologique et s'articule de profonde et troublante manière à celle de l'Inconscient (inconscient du dehors/versus inconscient du dedans), elle est plus directement sollicitée, et comme mise à nu par la perte de l'objet et le deuil. Dans l'expérience psychique correspondant au deuil et à ses ratés, l'oreille clinique attentive ne peut pas ne pas entendre, on l'a déjà montré, que se joue le destin d'un reste inachevable de manque à être, d'impuissance et de dépendance à l'égard d'un « premier » et irreprésentable « objet » vécu comme extérieur au Soi, inscrit dans le besoin avant que dans la pulsion et dont le *défaut* revient, ébréchant le Moi et appelant à une nouvelle quête de l'autonomie (malgré toute élaboration antérieure de la personnalité) à travers

le travail de perte ou le dérobement d'un objet d'amour plus récemment acquis et différencié. Avant toute intuition d'une dynamique et d'une économie, la perte, le deuil et la dépression parlent donc de la *remise en cause d'une sorte de topique originaire*, vécue et impensée, sans laquelle le désir même ne saurait exister. La « métapsychologie », sur ce point, est bien, (comme peut être la métaphysique d'Aristote en son ordre propre), *une science de la limite du pensable*, et qui dit limite parle encore de frontière : donc topique. La perte et le deuil, en déconstruisant plus ou moins temporairement ce qui, dans les limites internes des compartiments de la topique endopsychique, résonent à la violence primordiale du manque à être de l'individuation et de l'impuissance à tenir par soi-même le lieu de l'autre pour soi-même, ramènent sans détour la métapsychologie à s'interroger *d'abord* sur ce qui détermine tout le reste : c'est-à-dire *sur le lieu du sujet et sur celui de son objet perdu*.

Je laisserai délibérément de côté ici, pour d'ultérieures réflexions, malgré leur importance, les problèmes de base, souvent repris, de la genèse de l'objet de la pulsion sexuelle à partir de l'auto-érotisme, et de l'écart à l'étayage pris sur le besoin et sur les pulsions du Moi, maintenues en tension par l'absence de l'objet de la satisfaction. Et je prendrai autant que je le pourrai le phénomène de perte et de deuil au seul niveau de la disparition, définitive ou de longue durée, des possibilités d'investissement d'un objet d'amour *déjà constitué en objet permanent*, (je ne dis pas nécessairement en objet total), et fournissant à ce titre un support sensori-perceptif constant (ou régulièrement retrouvé ou restituable) aux pulsions. Toute autre option m'obligerait à introduire dans mon analyse des nuances et des distinctions qui me mèneraient très au-delà des bornes que j'assigne à cette réflexion. Utilisons donc ces prémisses pour faire quelque propositions.

Les expériences de perte d'objet en mal d'élaboration et de deuil malheureux que nous rencontrons dans la pratique analytique correspondent schématiquement à trois ou quatre types cardinaux. Elles concernent :

1) *soit* le deuil que le patient a à faire de l'analyste, au terme d'une cure achevée ou non,

2) *soit* le travail analytique sur des pertes « réelles » intervenues pendant l'analyse (décès, abandon d'un objet d'amour dans la vie, séparations),

3) *soit* l'élaboration de deuils anciens bloqués ou inachevés dus à des causes diverses, et demeurés traumatiques,

4) *soit* enfin, le plus souvent (et même toujours à quelque degré – de par la nature régressive elle-même du processus analytique –) une conjonction ou association transférentielle du deuil de l'analyste et de la reprise des malfaçons des deuils récents ou anciens. Ajoutons qu'on ne saurait dans aucune de ces situations négliger l'implication contre-transférentielle du travail de deuil effectué de son côté par l'analyste, travail sur lequel beaucoup de travaux ont justement attiré l'attention, en particulier ceux que l'on peut lire sur les fins de cure de certains types de patients [1], et qui joue un rôle considérable dans les échecs et les succès de la séparation.

Du point de vue adopté ici, celui du lieu psychique de l'« objet » du deuil, l'expérience clinique me conduit à suggérer de distinguer, au moins à titre exploratoire, ce que j'appellerai par commodité (qu'on ne s'effraie pas des mots) des localisations a) *utopiques,* b) *exatopiques (ou ectopiques),* c) *atopiques,* d) *paratopiques.* Ces catégories, nanties de préfixes grecs de circonstance à valeur positionnelle, indexent des déviations ou des difficultés du deuil qui recouvrent des tableaux cliniques assez distincts.

Chacune d'entre elles comprend, bien entendu, des exemples très divers, mais qui présentent tous entre eux, *au sein d'une même catégorie*, une caractéristique commune – assez clairement repérable – quant à ce que je nomme *la topique de l'objet du deuil* : ici deuil entravé dans toutes les hypothèses. On pourrait grouper dans une dernière catégorie, que dans le même esprit, on nommera alors *eutopique* les cas dans lesquels la « localisation » s'effectue ou s'est effectuée dans des conditions et lieux qui permettent le succès et le dépassement du travail de deuil, autorisant de nouveaux investissements sans mutilation massive des investissements sous le poids des contre-investissements : « dégagement » du Moi peut-être, au sens où l'entendaient un E. Bibring (1943) ou un D. Lagache (1955), ou travail de sublimation.

a) *Utopiques* sont alors sans doute les localisations de l'objet de deuil dans lesquelles l'idéalisation tient, de façon ou d'autre, la place centrale et parvient à résister durablement aux renversements ou aux retournements pulsionnels soudains (tels que ceux que j'ai pu étudier cliniquement naguère dans une communication (Honte, culpabilité, dépression, *Revue Française de Psychanalyse*, n° 6, 1973) sur le profond rapport de J. Chasseguet-Smirgel sur l'Idéal du Moi. L'émergence des pulsions agressives orales et anales destructrices est interdite. Celles-ci sont immobilisées, maîtrisées peut-être par une forme de pulsion d'emprise – on pense ici aux convergences des travaux de J. Chasseguet-Smirgel avec ceux de H. Kohut, de B. Grunberger, de J. Bergeret et d'autres – dans un appareil psychique dont le fonctionnement est investi en masse sur le mode narcissique, en relation projective serrée avec un objet en miroir lui-même protégé de toute faille. Projetée dans la cure sur l'analyste – dont l'intuition peut s'en trouver contre-transférentiellement paralysée, soit dans une douce euphorie, soit dans un sentiment d'absurde impuissance –, la fonction de cet objet miroir peut aussi durant l'analyse être plaquée défensivement sur un objet d'amour latéral fortement exalté. Le principe est que, dans tous les cas, grâce au va et vient idéalisant aveugle entre le Moi et ce « double » du Moi idéalisé, toute véritable différenciation topique, tant dans l'axe interpersonnel que dans l'organisation intrapsychique, demeure suspendue ou niée en appui sur une sorte de pseudo-topique binaire. Une telle situation, qui est celle des transferts narcissiques décrits par H. Kohut (1971), correspond aussi à ce que j'ai vu ailleurs comme une sorte d'« anaclitisme interne » (1976), à valeur d'auto-addiction ou de prédisposition addictive acquise, développé par le patient pour lutter contre un ineffectuable deuil traumatique venu d'un lointain passé. Et pour éviter du même coup le deuil de l'analyste, ressenti comme risquant de fracturer un jour le Moi par l'éclatement catastrophique du noyau ambivalentiel anal non élaboré. Notons en passant que le travail de création, notamment esthétique, a probablement une fonction importante dans l'utilisation à des fins idéalisables par autrui (le public), des pulsions ambivalentes.

Certaines fins d'analyse peuvent en tout cas, dans la catégorie ici considérée, être très difficiles, voire négatives (la réaction thérapeutique négative a ici une valeur de défense d'urgence), et déclenchent le désespoir dans la perspective d'un abandon par le double idéalisé (ou contre-idéalisé dans le sado-masochisme) qu'est l'analyste. Si, cependant, la fin se produit en l'état idéalisant sans effondrement, et que d'une façon ou d'une autre, l'analyste s'y prête, l'« utopie » ainsi construite survit à la séparation, est maintenue au niveau intrapsychique, et son élaboration peut se trouver *ajournée sans dommages immédiats*, grâce au bénéfice psychothérapique d'un clivage protecteur entre la partie du Moi où vient se ramasser maintenant l'idéalisation (accrochée alors au dehors à des doubles substitutifs individuels, collectifs ou analogiques), et la partie différenciée et adaptative que le bouclier narcissique recouvre et défend par ailleurs. L'organisation « utopique » (bien étudiée par R. Kaës, 1972, dans sa dimension groupale, particulièrement *conteneuse* et *étayante*), opposée à toute différenciation véritable évolue donc provisoirement, à l'aide d'un clivage plus ou moins stable, dans le sens d'une topique endopsychique archaïque binaire [2] dont une partie seulement demeure, à l'état clivé, largement osmosée narcissiquement avec ses représentants idéaux dans le monde externe. Peut-être alors se rapproche-t-on un peu du cas de figure suivant.

b) Seraient en effet, dans le même esprit, dites *exotopiques* ou même *ectopiques* (tant pis pour les associations anatomiques qu'on pourra avoir : elles ne sont d'ailleurs pas hors sujet, on le verra plus bas : il s'agit ici d'un *Ersatz* narcissique défensif de la castration), les localisations qui consistent à isoler et à bloquer sévèrement certaines des traces de l'objet perdu en un lieu où elles sont mises hors fonction, ou, en tout cas, hors du contrôle du Moi. De cet ordre est le traitement des objets de deuil mis en

« crypte », qui ont pu être décrits par Nicolas Abraham et M. Torok (1976) comme le produit d'une *incorporation* orale massive et profonde de l'objet perdu. Ou encore le jeu des « identifications inconscientes » productrices de conduites fantasmatiques (A. de Mijolla, 1972). Ces « exo »- ou ces « ec-topies » de l'objet perdu, qui immobilisent sans contrôle conscient suffisant du Moi des forces parfois énormes, peuvent passer longtemps inaperçues dans certaines analyses. Elles sont tenues à distance, par projection ou enfouissement, à la manière d'un noyau toxique, de certaines traces perceptives aliénées dans des identifications réalitaires inassimilables. Selon leur importance, ces noyaux, qu'on peut voir comme des altérations du « noyau d'ombre » introduit au chap. 1, autorisent ou non le développement périphérique de registres plus élaborés. Parfois elles favorisent des recherches de compensations en contre-investissement particulièrement réussies, voire des réussites sublimatoires créatives authentiques. Mais contre les noyaux altérés (le « noyaux de nuit »…) bloqués, se brisent les progrès de l'unification harmonieuse du Moi. Dans l'analyse, ils limitent de manière parfois longtemps incompréhensible, et fort sévère, le procès associatif. On peut d'ailleurs se demander si les objets de deuil impossible qui se réfugient ou sont repoussés dans de tels lieux cryptiques ne doivent pas leur prégnance à l'écrasement sur plusieurs générations d'éléments d'identification en emboîtement ou en filiation narcissique, tels que ceux, notés au ch. 2 que la psychanalyse commence à étudier sérieusement (P. C. Racamier, A. Ruffiot, Racker, J. Guyotat, H. Faimberg, R. Kaës, et d'autres). Il s'agirait alors de sortes de kystes insérés entre les couches du feuilleté des inscription identificatoires, qui immobiliseraient le jeu les unes sur les autres de ce que D. Anzieu (et coll., 1987, cf. en particulier ma contribution) appelle les « enveloppes » ou les « peaux » psychiques. Ce serait du deuil par décollage et libération des éléments ainsi écrasés ou condensés que se défendrait le sujet.

J'ai fait l'hypothèse, en effet, que de tels kystes pouvaient devenir redoutables dans l'analyse s'ils entraient en résonance contre-transférentielle avec des éléments, même très partiels et marginaux, de la vie de l'analyste, ou simplement de la réalité du cadre ou du contrat analytiques, qui demeureraient difficilement mobilisables interprétativement (1987, 1976, et aussi 1982, 1994). Un cas particulier d'« exotopie » de l'objet perdu pourrait aussi (comme l'a vu P. C. Racamier, 1992 nott.) consister dans l'investissement projectif d'un « porteur » désigné du deuil impossible, choisi dans le milieu familial. Il peut aussi s'agir d'un personnage étranger jouant un rôle dans un roman familial vicariant. Certaines relations très « familiales » et « endogamiques » entre collègues dans les milieux psychiatriques ou psychanalytiques peuvent favoriser ces effets. Il y aurait, ici aussi, des rapprochements à faire avec les phénomènes mis en évidence par l'analyse des groupes familiaux, et des groupes en général, relativement au porteur désigné de la négativité du groupe (Cf. Racamier ; Ruffiot ; Kaës). Par de telles projections substitutives, le sujet se procurerait un soulagement en faisant ainsi, en quelque sorte, gérer sa « crypte » exotopique par un autre, qui représente une partie refusée et intraitable de son Moi. Aux ectopies par rétention de l'objet du deuil, il faudrait donc ajouter, des ectopies par... évagination topiques. Ne serait-ce pas là, alors, une forme spéciale de ce que Cl. Janin a nommé « collapsus » topique (1990) ?

c) Je propose d'appeler *atopiques* les *localisations impossibles* de la représentation de l'objet perdu. Pouvant résulter aussi de la rupture d'un clivage protecteur ou d'une crypte, – sorte encore d'évagination psychique, mais d'un autre type –, les représentations et affects ambivalents du deuil se répandent alors et flottent en se déplaçant partout *sur les objets actuels du sujet*, et, plus ou moins simultanément, par une sorte d'osmose identifiante narcissique, *dans son Moi* lui-même. Ils peuvent alors, aux fins de préserver l'objet inconnu sans cesse menacé, se concentrer et tendre à s'attacher au Moi, qui, à la recherche d'une topique introuvable, utilise toutes ses énergies à s'*affecter passionnellement lui-même* (selon un schéma bien repéré par Jean Cournut, 1992), en tous ses aspects, des reproches et de la haine qu'un Surmoi extrêmement archaïque lui interdit de diriger – car trop massifs et indifférenciés – vers les objets. Par impossibilité de constituer une topique contenant le mauvais objet en lui, et d'opérer ainsi, une distinction suffisante entre le dehors et le dedans, le Moi *devient lui-même l'objet impossible à renoncer de sa propre haine*. Ce qui correspond assez bien au tableau de la mélancolie telle que l'a comprise Freud. On peut entendre, dans le même sens, le basculement cyclique mélancolie/manie comme un signe de l'*inconsistance topique* de la métapsychologie de l'objet perdu : *sorte d'atopie existentielle* tout à fait différente de ce que j'ai plus haut nommé localisation « utopique », où l'idéalisation protectrice forme avec l'objet extérieur une manière de topique dénégatoire, bloquant sans la détruire la différenciation interne du Moi.

d) Je suggère enfin de ranger dans la catégorie des *formations « paratopiques »* les déplacements projectifs, *métonymiques plus que métaphoriques*, de l'objet du deuil refusé ou inélaborable sur une *sorte d'annexe, fétiche ou parasite du sujet*, plus ou moins perceptivement repéré, avec lequel ce dernier entretient de façon plus ou moins discrète un rapport addictif-pervers, ou parfois obsessionnel voire phobique, dont le retrait ou la perte sont toujours, alors, éprouvés comme affolants. Il peut s'agir d'un animal familier, d'un bibelot, d'un souvenir, d'une lettre, d'un livre rendus dépositaires, dans un extérieur qui figure l'intérieur, au titre d'objet partiel remplaçant l'objet total inélaborable d'un deuil impossible, et colmatant sans cesse par cette espèce de phallus rassurant la brèche menaçante d'un trou narcissique insondable dans le Moi. Dans l'analyse, l'investissement intense mais caché de certains détails du cadre, ou même de certaines habitudes ou tics de l'analyste, peuvent avoir une telle fonction, et après mise en lumière, contribuer, avec la participation inconsciente ou consentie de l'analyste, à faire apparaître et à mobiliser progressivement par le travail interprétatif, sous le couvert de l'alliance de transfert, ce représentant obscur et minime des deuils manqués de jadis. Relèveraient sans doute également d'un destin « paratopique » les transformations délirantes de l'objet absent, devenu persécuteur, évadé du Moi et revenant fantomatique du dehors... Il s'agirait alors d'objets perdus étranges échappant en quelque sorte à toute expulsion et à toute forme de récupération intra-psychique, et s'organisant d'une logique incontrôlable.

e) On ne devrait pas avoir à insister beaucoup sur les localisations plus banales que j'ai dites « *eutopiques* » de l'objet du deuil. Je tiens cependant à marquer qu'on peut comprendre cette topique globalement « assez » heureuse comme résultant d'un processus bien combiné de retournements pulsionnels dans le contraire, et de renversements sur la propre personne. Ce qui était en quelque sorte « en relief » dans la réalité perceptive externe, et répondait à l'épreuve de réalité sensori-motrice, fait bien défaut, ou ne peut retenir le même investissement de la part du sujet, en raison de changements importants dans l'économie de ce sujet, ou dans les messages qu'il reçoit de l'objet externe réel. *Mais,* dans le Moi du sujet, demeure l'empreinte « en creux », *intéro-* et *proprio-ceptive*, des traces d'excitation par l'ancien objet investi. *C'est le destin de ce « creux », doublure et forme sensible de la présence d'une absence, qui fait toute l'affaire.* S'il peut être maintenu à l'abri d'une réinvasion compulsive par les traces sensori-motrices *extéro-ceptives*, ou qu'il en est suffisamment nettoyé peu à peu, *au prix de la mise en représentation dans la figurabilité du souvenir* de ce qu'il reste de l'extéroception, alors il se trouve disponible pour accueillir dans sa matrice de nouveaux messages objectaux qui viendront, au moyen de certaines condensations narcissiques, rançon inévitable du *besoin d'objet*, se lier à la doublure endopsychique intéroceptive disponible, donnant au nouvel objet la plénitude d'une réalité investie et au dehors et au dedans.

On peut conjecturer, de façon générale, que l'échec des deuils résulte en ce sens d'une différenciation *insuffisante* entre la représentation représentative de l'objet affectant et la trace de l'affectation subjective. Celle-ci peut en effet, dans l'absence, prendre la place de l'objet à l'intérieur du Moi [3], où l'objet est comme halluciné négativement *dans* le masochisme sous les espèces de la souffrance produite par son absence, qui le remplace quasi fétichiquement. C. David et d'autres ont pu décrire une « perversion affective » dont il a déjà été question et qui ressemble fort à cela. Cette addiction ou cette érotisation secrète compulsive de la plaie de l'absence peut alors prêter le flanc aux divers traitements défensifs étudiés plus haut : invasion du Moi tout entier par l'objet abîmé, projection fétichiste sur un objet partiel externe, blocage narcissique de la topique, différenciation par l'idéalisation et l'auto-idéalisation massive, inclusion kystique ou cryptique du « cercueil » vide de l'objet (Paul Denis, 1987, a fait sur cette solution d'intéressantes remarques).

Mais toutes ces issues, qu'on peut qualifier de mutilantes ou de négatives eu l'égard au processus de vie, sont en principe épargnées au Moi si le travail psychique spontané, ou sa reprise dans l'analyse parviennent à faire pénétrer dans la psyché *la première et fondamentale topique que constitue la distinction suffisante*, comprise et ressentie (dans le transfert) *entre l'investissement auto-érotique, et l'investissement de l'objet réel – comme extérieur – par la libido* (dite alors justement objectale). On pourrait aussi dire, en empruntant le langage développé depuis les années soixante-dix par D. Anzieu que le bon décours (ici « eutopique ») d'un processus de deuil exige que soit mobilisée à la fois la conjonction et la disjonction *entre les fonctions « internes » et les fonctions « externes » de la peau psychique,* sans que les unes soient mises à la place ou au lieu des autres, *et sans pourtant que soit désinvestie la limite bi-face qui les unit et les sépare*, assurant la sécurité et l'étanchéité du Moi en même temps que sa capacité d'échapper à la solitude par une compénétration contrôlée, sans fusion ni confusion excessives, de ce Moi et du monde extérieur. Winnicott parlait ici *à la fois d'une capacité d'être seul en présence d'autrui, et d'une capacité de ne pas se sentir seul en l'absence de l'autre.* Sortir de soi tout en demeurant dans sa propre peau, et rester en soi-même tout en investissant le monde extérieur. Le développement et la stabilisation d'un Préconscient dynamique, contrôlant l'ambiguïté du noyau identitaire du Moi, sont, à cette double fin, évidemment nécessaires. Ce qui requiert l'aide d'une logique du sens flexible, métaphorisante, anamorphosantes. Logique que seule peut pleinement assurer une symbolisation langagière. l'aménagement du registre transitif du Préconscient est la condition *sine qua non* d'une topique suffisamment heureuse. Pas d'équilibre topique vivant du Moi sans le concours d'un lieu intermédiaire, le Préconscient, où, entre perte et retrouvailles, l'objet puisse à la fois hésiter, se déployer et reposer, c'est-à-dire exister.

Ces remarques m'ont parfois conduit ici à m'éloigner un peu du projet sans doute provoquant que j'avais de m'en tenir à une *topique* de l'objet perdu. Mais, qu'on se rassure. C'est bien la topique – une « topique » conçue comme le lien certain ou incertain du changement d'assignation de l'objet par et pour le Moi-sujet, qui, maintenue par le travail de sens, est, à travers de nécessaires oscillations, l'organisateur ou plutôt l'enjeu déterminant de l'aventure psychique, et donc de la métapsychologie qui veut en rendre compte et tenter d'en faire système. Individuation et différenciation sont notre destin. Et c'est des contradictions des exigences de ce destin, à la fois orienté et improbable (mouvant), avec les réquisitions illimitées et omnipotentes du narcissisme que témoigne le sort réservé à l'objet du deuil dans la psyché. Il est difficile de renoncer à la magie d'habiter passionnellement l'hallucination de notre propre image massive ou disloquée dans la place vide de l'objet absent. Et au désir de transgresser sans mesure les limites qui sans cesse nous appellent au-delà de notre propre frontière, à la poursuite épuisante de nos colonies perdues, de l'image du Moi dans le non-Moi. Mais il est aussi difficile – encore que possible – d'user, sans excès d'arbitraire, des stratégies de la représentation pour identifier, réduire, classer et contrôler un peu les espèces et les hybrides du désir. Toutes les classifications « métapsychologiques » pâtissent de cette entrave, que j'ai voulu mettre, à ma façon, à l'épreuve de mes réflexions précédentes sur la pensée de la perte.

Notes

1 - Je renvoie notamment ici à des recherches de Jacqueline Godfrind-Haber d'une part, de Maurice Haber d'autre part, sur les suites d'analyses chez des femmes en analyse avec une femme, et sur les fins de cure chez des patients narcissiques. Ces travaux ont donné lieu à des publications dans la *Revue Belge de Psychanalyse*, où la première écriture de ce chapitre a paru, et ailleurs. Cf. aussi, plus récent et excellent, *Le double courant du transfert* (P.U.F., 1993) de J. Godfrind.

2 - Où l'on peut voir un « adossement » disjonctif entre un registre anal protégé de toute pénétration par l'idéalisation « réussie », et un registre oral-phallique-hypomane qui vole de succès en succès, au prix de cette dépendance interne/externe cachée. L'ensemble de l'organisation et son économie évoque alors certains aspects du déni pervers.

3 - Cf. de nouveau « l'ombre de l'objet » s'étendant sur le Moi (1915), et l'identification à l'objet absent (1923), chez Freud. Voir mon chapitre 2.

DEUXIÈME PARTIE
LE TRAVAIL D'OBJET EN PSYCHANALYSE

AVANT-PROPOS

Cette seconde partie, que je limite à cinq études, invoque et développe une lecture clinique de la pratique psychanalytique et de certaines de ses difficultés technique, à la lumière des hypothèses métapsychologiques que les chapitres précédents ont exposées et argumentées.

Au commencement d'une psychanalyse, je l'ai dit, *quelque chose se passe*, dans le cadre même de rencontres préliminaires du type de celles que j'ai évoquées dans le début de ce travail, qui d'*emblée* (et ce mot a, pour moi, la résonance que lui donnent nos réflexions précédentes sur la « sexualisation d'emblée », vue comme opérée par les identifications « primaires » de transmission) met l'analyste en charge *métapsychologiquement*, en quelque sorte, de la réclamation du patient. Si je laisse de côté le nécessaire préalable, du côté de l'analyste, d'une disposition à recevoir un transfert de la part de ses patients (point qu'on peut rattacher à une éventuelle précession du contre-transfert sur le transfert selon M. Neyraut, 1976) [1], on peut dire sans erreur que l'analyste est investi, dès la demande du patient, d'un « pouvoir » de détenir, ou de constituer par lui-même, un objet adéquat à son manque. S'agit-il, au sens où l'a entendu B. Grunberger (1971) d'un « pré-transfert » ? Peut-être d'un précurseur de la névrose de transfert, mais sûrement, en tout cas, d'un « transfert » (ou d'une combinaison ample et complexe, même si elle est peu structurée et peu stable, de transferts), auquel la réponse contre-transférentielle est aussitôt attachée *in actu*, par *jeu d'investissement* et de *contre-investissement*. Il s'agit sans doute d'une identification primaire immédiate, organisatrice, par un jeu d'identifications projectives réciproques entre le patient et la partie accueillante de l'inconscient de l'analyste, d'un partage combinant recouvrements et entrecroisements des manques à représenter du patient et de ceux de l'analyste. Le refoulement originaire, ou primaire, se redistribue, se réarticule entre le dehors et le dedans du patient, grâce au *Nebenmensch* retrouvé. Ce n'est d'ailleurs pas hasard si *Übertragung* veut aussi dire en allemand « transmission » de pensée, « délégation » (de signature) et même « contagion » autant que « transfert ». Sans compter « métaphore ». On peut supposer que Freud y a, là aussi, songé, intéressé comme il était tant par les polysémies que par les effets de communication mystérieuse (par exemple du côté de l'occultisme) [2]. Ce que j'appelle ici *le manque à se représenter de l'analyste* va bien au-delà, à mon sens, de ce que le praticien ne « comprend » pas encore du patient, ou de ses réactions verbales ou motrices conscientes face au patient, et englobe aussi tous les inachèvements et les ambiguïtés de son inconscient personnel. Cela, répétons-le, d'emblée. Il y a, du coup, là encore, une sorte de *sexualisation primaire issue* de la relation de demande, *qui passe par les deux histoires, intimes et généalogiques, de l'analysé et de l'analyste,* celui-ci étant simplement (mais ce point est techniquement capital) doté d'une expérience des moyens de sortir de ce nécessaire collage-identification de transfert-transmission (*Übertragung*).

Si l'analyse commence alors, d'un commun accord conscient, officialisé par un cadre social qui le garantit (et sans lequel le travail d'identification-désidentification, séduction-déséduction interprétatives ne saurait trouver de référence pare-excitation), son développement aura, selon mon hypothèse, l'allure générale d'une mise en abyme d'une histoire, celle du patient véhiculant sa préhistoire, dans une autre, plus au fait d'elle-même mais nullement protégée pour autant de se trouver signifiée dans l'environnement, comme matérialisée dans les lieux et comportements habituels, ou les actings imprévus du praticien à l'égard de son cadre de vie (qui s'étend aux relations personnelles et professionnelles) et, bien sûr, d'abord du cadre convenu de la cure.

M. de M'Uzan a eu raison, sous cet angle, de représenter le couple psychanalyste-psychanalysé comme une sorte de « chimère » ou d'hybride, que favorise encore la régression – cousine de la régression topique du sommeil – due à la proximité régulière des corps, à la situation de l'analyste derrière le patient et à la « règle » de libre association, privilégiant le processus primaire.

Dans ces pages d'introduction à mon propos, je n'illustrerai pas le « progrès » et le déroulement de la cure par la présentation d'observations, que je ne livrerai que plus loin. Mais j'indiquerai sommairement comment, à mon avis, dans le double dépassement (ou la « transcendance ») du transfert et du contre-transfert, le dispositif psychique analytique :

1 - fait *une place, adéquatement inadéquate, à la douleur,* ouverte ou latente, du patient comme symptôme d'une perte d'objet insupportable parce que non objectivable ;

2 - offre *une voie de représentation à l'irreprésentabilité,* et à la transcendance de cet objet, tout en la menant aux limites du représentable ;

3 - peut conduire à *une contention affective non dépressive de l'effet de mise en abyme même de l'inachevable de l'analyste et de celui du patient,* dans le rapport accepté du patient à un renoncement à la maîtrise omnipotente des objets perdus passionnels des parents de sa « préhistoire », qui ont nourri sa douleur et organisé sa quête analytique, maîtrise remise régressivement (avant d'être élaborée dans la désidéalisation) entre les mains, et sur le compte du fonctionnement de l'analyste, dans son propre rapport à ses identifications ;

4 - repose sur *une topique de la cure* qui met en tension de travail deux organisations érogènes du patient, l'une anale et l'autre orale-phallique, dont la régulation l'une par l'autre et la coordination est le premier et le plus important conteneur de l'identité, et de sa continuité. La cure s'achève enfin sur un mode

nécessairement très particulier ³ qui implique l'intégration d'une position *traversée passivement par un sens venu d'ailleurs, et créatrice en même temps qu'activatrice de nouveaux destins*, voués à échapper aussi en partie au Moi conscient, dans le travail des pulsions par le sens, et dans les investissements sublimatoires et les investissements d'objet qui en résultent.

Sur tous ces points, j'indique maintenant ce que ma lecture de la cure doit aux analyses théoriques de Freud, étudiées plus haut, ou ce qui les en rapproche.

1 - On peut considérer le dispositif psychique que j'ai dit, appuyé sur le « cadre » de la cure, comme directement *ordonné à*, et *capable de* répondre à cette sorte d'excentration d'un objet de désir inconnu et inaccessible, dont parle la douleur du patient, cela par *mise d'un vide psychique, d'une vacance de l'analyste à la disposition du projet idéal, transcendant aux traces historiques dont il dispose consciemment, et en quête d'une migration topique, de l'analysé*. C'est bien ici le retrait même de l'accueil « en négatif » ⁴, dans la position dépressive consentie du thérapeute, qui *loge* « étrangement » l'objet inconnu de la perte, et qui désormais détermine l'adressement continu à ce thérapeute des plaintes du patient, en le faisant détenteur comme « malgré lui » de cet objet insatiable. La réciproque est dissymétrique, dans la mesure où ce qu'on peut considérer comme les sublimations de l'analyste trouve une satisfaction suffisante, dès le départ, à loger et à faire ainsi travailler délibérément, chez le patient, une part résiduelle de son propre inconnu. On reconnaît dans cet aspect pratique des choses, avant tout le rôle de la capacité d'écoute, et de la patience que reflète *aussi*, chez Freud, le travail de la théorie : « l'énigme de la douleur » demeure pendant trente ans « logée » dans la pensée de Freud avant qu'il lui trouve un sens : dans l'infinissable de la reprise des objets de la préhistoire ⁵...

2 - *La mise en représentation de l'irreprésentable objet de la douleur* du patient se cherche dans ce contexte, ou plutôt ce *cadre* (car c'est là véritablement l'âme du « cadre », dont l'environne-

ment matériel et les règles ne font que témoigner) sur un mode à la fois progressif et cahotant que nous connaissons bien. La névrose de transfert ne se stabilise pas par le *seul* maintien, dans un « pacte » ou une « alliance » – en partie dénégatoires, je l'ai indiqué dans ma définition même du début de la cure – de la confiance du patient à l'endroit de l'analyste, au moyen de la « violence d'interprétation »[6] due au décollement identificatoire qu'opère le dédoublement de la pensée du thérapeute, et à la distance que prend ainsi une partie de cette pensée par rapport au « pool » commun de l'identification « primaire » de cure. La névrose de transfert s'établit *aussi*, et tout aussi *constamment*, dans mon expérience, par les pseudopodes qu'elle pousse *en direction de l'environnement de l'analyste*. Un investissement latéral et extérieur à la personne même de l'analyste lui est nécessaire, et nécessaire aussi la prise en compte verbalisée, à un moment donné, par l'analyste de cet investissement qui seul verrouille la concordance entre les éléments irreprésentés de l'histoire et de la préhistoire du patient, et les représentants perceptibles de l'insertion de l'analyste dans sa propre histoire. Difficile problème d'ailleurs que celui de cette mise en mots de l'innommé du cadre. Mais problème clé, probablement, du travail analytique, auquel je me suis spécialement intéressé ailleurs.

C'est alors, selon moi, une sorte d'implantation transférentielle de l'analysé dans ce qu'on peut considérer comme la matérialisation, pour lui, de l'appareil psychique de l'analyste (*métaphorisé* tout à fait manifestement dans certains rêves) qui va permettre, bribe par bribe, d'opérer le *retournement de la préhistoire*, et, sur cet étayage, de l'*histoire* obscure du patient en un projet fantasmatique d'histoire par effraction dans l'histoire (et la préhistoire) d'un autre[7]. La « chimère » ou le mixte transféro-contre-transférentiel est bien alors le point zéro, l'origine, le lieu et le temps *pivots* autour desquels la mutation s'opère de la « phylogenèse » dans l'« ontogenèse » dans une sorte de « roman familial », par un retournement de Soi à l'Autre, et de l'arrière en avant.

3 - Que ce travail d'engendrement renversé puisse *aboutir dans l'infinissable* (s'il ne bute sur un aboutissement bloqué par

une perversion du rapport transfert-contre-transfert) et qu'il y ait une fin, une vraie, à l'analyse dans cet infinissable lui-même, devient alors intelligible. C'est par la mise en représentation de l'effet même de miroir et de traversée de miroir par retournement dont l'analyse est faite, qu'après qu'un nombre non fini de positions psychiques de projection et d'introjection auront été vécues et expérimentées, et que cette *communication abyssale aura été appréhendée comme la matrice même de l'objet perdu et du désir de vivre*, que la cure, comme d'elle-même, redeviendra pour l'essentiel un morceau de la vie. Mais non sans qu'il faille au patient – et dans une certaine mesure, une nouvelle fois encore, à l'analyste – renoncer difficilement à localiser *là* le lieu de l'objet perdu, et faire ainsi le deuil d'une ultime illusion délocalisante, durant tout un temps à demi-partagée, et désormais remise à la disposition du Moi de chacun, et de celui du patient en particulier.

De là, cette part plus ou moins sensible, selon les cas, d'arrachement et de nostalgie, suivie d'un travail de réintériorisation des rêves inassouvis de transfert, que comporte toute fin d'analyse. Avec, parfois, l'acharnement d'une lutte après coup, dans la rancune, voire le masochisme vengeur, contre la part de l'analyste qui a consenti au terme, et l'a ainsi déclarée à jamais non-détentrice de l'objet perdu, et non-responsable de la douleur originelle. De cette rancune, résistance à finir, ou résistance post-terminale, à valeur d'agrippement au conteneur psychique des objets perdus-volés, insatiables et abusifs, qu'est devenu l'analyste, celui-ci *peut* être, *est* toujours à quelque degré lui aussi gestionnaire. Il a fallu « pour en finir » de l'énergie gratuite, libre, au patient, il en faut aussi à l'analyste. Vivre et être soi-même demande toujours un minimum d'arbitraire, et, bien sûr, de regret [8]. Le maintien, dans la dépression, d'une condensation hystérique (déniant l'œdipe, la castration, le temps de la séparation, la réalité) et de la « nostalgie » (cf. Andreoli, 1988) d'un roman perdu, dépend du déploiement et de l'élaboration qui peuvent être faits des projections transférentielles, voire contre-transférentielles, demeurant encore englobées dans la synthèse affective sado-masochiste sous-jacente aux mouvements dépressifs de deuil. Il s'agit alors du travail du reste des identifications primaires (narcissiques homosexuelles) demeurées attachées aux traces du processus analytique. Selon mon sentiment, ce travail requiert une reprise, si possible dans l'analyse même, en temps voulu, de l'*analyse des débuts de l'analyse.* Cela, en tant que ces débuts, capitaux à tous égards, recèlent, *sous la forme la plus condensée,* des fantasmes, inconscients chez l'analysé et chez l'analyste, inhérents au *pacte original* de la cure. Celle-ci n'est suffisamment achevée que s'ils viennent en conscience chez le patient et peuvent par lui être travaillés.

4 - Je finis par un point lui aussi capital, lié d'ailleurs à tout ce que je viens de dire. *Ce retour du commencement dans la fin accomplit un cycle,* ou manifeste du moins, sans en épuiser pourtant les infinies possibilités de parcours, qu'*une expérience de vie se clôt,* comme une « bonne forme » *suffisamment* cohérente pour prendre sens de son propre bouclage sur elle-même. Du coup, ce qui s'accomplit là, dans l'analyse, parle du rapport de l'*avant et de l'après,* ces deux moments du temps que le présent, pour exister, doit pouvoir apercevoir ensemble, traversé par le devenir qui, en lui, à l'instant même, se transforme, le transforme et est par lui transformé, dans une synthèse intuitive dynamique du passage organisateur de l'actif au passif. *Ce renversement, ou ce retour, ou cet éternel retour, est celui de la génération et de l'héritage.* Il se prolonge en perspective profonde par un regard sur les emboîtements générationnels identitaires dont parlent les origines, et qui ont dû, dans la cure, être rendus représentables, rêvables au moins, et sur ceux dont parlent, en amont, les futurs qui commencent aujourd'hui, et qui réclament un projet de création et de descendance.

Au *fond,* ou *dans l'étayage* de ce travail de sens sur les origines, les en-deçà et les au-delà des limites, il y a l'essentiel *fondement topique organisateur qu'est l'obscur appui, par derrière,* du corps de l'enfant sur le corps de la mère contenant le pénis paternel [9] qui le sépare de, et l'oppose à cette mère (elle-même appuyée dans l'œdipe à ses propres objets homosexuels maternels) tout en l'y ramenant toujours. Ce corps maternel réfère aux conflits refoulés et aux interdits de son enfance propre, emboîtée à celle de sa mère à elle, troublée et organisée par l'œdipe. « En avant », il y a ce que le Moi peut faire de l'« analyste », de cet obscur *objet arrière* du manque et du désir, insaisissable à moins qu'investi en projets. Et la projection retournée de la quête sur l'écran du futur continue, de ce qui se trouvait refusé ou manquant dès l'origine. Mais elle peut aussi trouver un moyen de dénier son propre fondement dans le manque par d'infinies idéalisations [10] projectives auxquelles s'agrippera l'anaclitisme primordial, répétitivement. Agrippement dont des travaux comme ceux de J. Mc Dougall sur les « anti-analysants », ou ceux de M. Enriquez sur « l'analysant parasite »ont bien rendu compte, et que j'ai interrogés dans un article encore récent « *Quelqu'un veut guérir* » (1992).

Notes :

1 - Et que je rapprocherai de la problématique qu'il a étudiée en 1964 sur la nostalgie, notion à propos de laquelle j'ai apprécié les brillantes analyses d'A. Andreoli (1988, *Revue Française de Psychanalyse*, 1989, 1). – Ces paragraphes doivent beaucoup aux réflexions menées avec Denise Colin-Rothberg dans notre Séminaire commun sur le contre-transfert (Lyon).

2 - Bien notés par W. Granoff et J. M. Rey, comme, d'une autre façon, par G. Rosolato, et à mettre en regard des intérêts plus « scientifiques » de Freud. J. Gillibert a fait, par ailleurs, sur la « transmission de pensée » des remarques justes et profondes. Jean Bégoin me paraît avoir, dans un texte de 1989, bien vu le rôle de la « position dépressive » dans la transgression fantasmatique sur laquelle repose pour moi la cure.

3 - Que me semble avoir bien repéré Jacqueline Godfrind (1987, 1988, 1992). Voir aussi O. Flournoy (1985).

4 - Je trouve intéressantes, sur ce point, les vues d'A. Alsteens (1985, 1987), que je rejoins, me semble-t-il, dans mes propres travaux sur la négativité (1976, 1979, 1983, 1987). Voir aussi Jacqueline Miller.

5 - Ce qui ne va pas sans un « plaisir d'analyste » (plus ou moins auto-érotique) lié à l'éprouvé de l'ambiguïté, du recouvrement, du double sens, même si c'est « pour » les clarifier. Un tel plaisir exige sans doute une part de sado-masochisme (« sublimé »...), une compromission puis un « sacrifice », au sens profond, peut-être, que G. Rosolato donne à ce mot (1987), d'une partie du Moi autonome du praticien engagé dans l'alliance de création de sens consentie au patient. Cf. mon dernier chapitre.

6 - Au sens donné à cette expression par P. Aulagnier (1974). La « violence » est ici dans l'instauration déchirante d'une distance, véritable refente de la représentation passant entre l'objet-image (le « pictogramme ») et ce qui le désigne, ou le nomme : refente qui ne va pas sans le consentement à une sorte de deuil de la chose *dans* le mot.
7 - Dans un rapport complexe entre « mise en acte, acting out, contre-transfert », et pensée analysante, cf. M. Haber, 1987.
8 - Dont la corruption masochiste, ou la perversion morale peuvent faire une tâche impossible, et ordonnée seulement à se perpétuer comme impossible et toujours remise en question (cf. sur ce point, les deux articles de C. Parat, 1986 et 1987, l'un sur la capacité d'aimer, et l'autre, sur la réalité dans l'analyse). Cf. aussi les travaux récents de P. C. Racamier sur le « Deuil fondamental » et les formes de la perversion issues du déni. S. A. Shentoub a bien montré comment les « moments mutatifs » de l'analyse peuvent se manquer, dans une défense contre la régression vers la passivité « homosexuelle », terrifiante en profondeur tant chez l'homme que chez la femme (1982), et plus encore sans doute chez l'homme que chez la femme (Cf. C. Parat, 1987).
9 - Le rapport de J. Bergeret (1976) sur l'économie dépressive contient d'intéressantes analyses des désétayages et des étayages arrière (anaux) sur les objets parentaux dans l'élaboration du lien œdipien.
10 - La maladie « d'idéalité » analysée par J. Chasseguet-Smirgel (1973) est dans ce refus maintenu d'un deuil impliquant le passage – au risque de vivre – d'un désétayage accepté à l'investissement actif de nouveaux supports pour le désir à venir. La conception du fétichisme, comme étant d'origine anale, selon B. Grunberger, va aussi en ce sens, de même que le résultat des recherches d'E. Kestemberg sur la fétichisation des affects et de l'objet d'amour.

Chapitre IV

ENTRE DEHORS ET DEDANS

*une clinique pour fonder,
éclairer, rejouer la théorie*

Se séparer : mais de qui ? Mais de quoi ?[1]
Telle pourrait être l'interrogation qui soustend nécessairement toute tentative de mise en ordre métapsychologique des vues issues de la pensée freudienne sur la perte. La réponse ne peut venir que de la clinique... avec de nouvelles questions.
D'abord deux brèves observations :

La première concerne un patient d'une quarantaine d'années. C'est un homme dont l'organisation psychique est assez fragile sur le plan narcissique. Ce patient a traversé en cours d'analyse deux sévères séparations réelles enchaînées l'une à l'autre. Une leucémie incurable a atteint l'aînée de ses trois enfants qui a succombé à 14 ans, après une lutte désespérée de près d'un an contre le mal. La mère de l'enfant a, bien entendu, été elle aussi bouleversée par cette perte. Le patient, à qui l'analyste a été amené à accorder certaines facilités aux dépens du cadre matériel de l'analyse (horaires, etc.), durant la maladie de sa fille, a modifié alors profondément ses liens avec sa compagne et l'a quittée après des épisodes de tension très violents. Double séparation donc, dont la première est subie, la seconde voulue. Séparations, dans les deux cas, matérialisées, « réelles », qui pèsent de l'extérieur sur la psyché et qui, sans doute, en même temps, opèrent au-dehors quelque chose qui est refusé au dedans. Dans le cas d'espèce, le couple rompu, peu après la mort de l'enfant, était du côté du père au moins, d'un type très narcissique avec de fortes idéalisations réciproques, et un vécu presque fusionnel y avait longtemps servi à dénier toute problématique de conflit, ou même dans une certaine mesure toute vraie problématique de différence, dans le cadre d'une union réalisée très peu après le décès du père du patient (troisième séparation « réelle » dont la référence est sous-jacente au vécu des deux autres, qui en rejouent certaines dimensions bloquées). Le père du patient était lui-même très idéalisé en opposition à une image maternelle vécue comme terne et narcissiquement châtrée.

Or, le patient, sur lequel je ne donnerai pas plus de détails, fait un rêve. Il rêve que sa fille morte lui apparaît, vivante, mais frappée d'un mal qui n'est pas exactement celui qu'elle a eu. Et il se demande dans le rêve comment il va réussir à la faire vivre désormais. Cette fille apparaît par ailleurs sous les traits d'un des deux autres enfants du patient, qui sont vivants. Bref, dans le rêve viennent se confondre le souci des enfants qui peuvent et doivent grandir, et qui restent vivants, et le souvenir de l'enfant qui est mort, et dont le développement est pour toujours interrompu. Quelque chose s'inverse. Il est question de savoir comment celui qui est mort va pouvoir continuer de vivre. Très ému par ce rêve qui, contre-transférentiellement, émeut également l'analyste, le patient le présente dans un mouvement de résistance, en disant qu'il est avec son analyste dans la même situation, et qu'il se demande s'il va pouvoir continuer sa cure : si tout ce qui s'est passé n'est pas la condamnation de tout ce qui pourrait et devrait se passer, et ainsi de suite. On lui fait observer de façon banale, ne trouvant rien d'autre à dire que cette remarque toute formelle sur son discours, que logiquement, dans ce qu'il a raconté, il y a *quelque chose de contradictoire* : qu'il soit question de l'avenir d'un enfant qui est inscrit dans son passé, et qu'il y ait ainsi une confusion entre ce qui est *derrière* lui, et ce qui est *devant* lui. L'analyste relève simplement le renversement. le patient s'en va, la séance se terminant, sur un mode plus calme mais en silence.

A une séance suivante, il déclare que cette intervention lui a fait éprouver une sorte de vertige, presque de dépersonnalisation, et qu'il s'est mis à « songer » à des quantités de choses. Notamment, il a pensé que dans la cure, l'analyste est derrière lui et qu'il ne veut peut-être pas savoir le sens qu'a eu pour lui toute la période initiale de l'analyse (dans les faits, en face à face pendant quelques semaines, il a beaucoup idéalisé le praticien, tout en paralysant en lui ses interventions par cet investissement). Puis il commence à évoquer un matériel qui rattache toute une partie de son vécu de la mort de l'enfant à quelque chose de sa propre histoire infantile. Il n'est plus question d'arrêter la cure à ce moment. On note qu'ici, à un instant donné, *quelque chose tend à se rétablir,* à se réorganiser, de *l'irréversibilité, subvertie un moment par les fantasmes, du* sens *du temps.* De ce que les épistémologistes modernes appellent la « flèche du temps » : le temps ne remonte pas à sa source.

Il me semble qu'il y a là quelque chose qui doit attirer notre attention : *cet organisateur temporel est lié à la gestion interne du devenir des fantasmes,* et en étayage, à la gestion des tractus physiologiques, en particulier de l'oralité, de la digestion et de l'analité. Cette appréhension d'une distinction vitale, et corporelle, entre ce qui est en amont, et ce qui est en aval, ce qui s'en va derrière et ce qui vient devant, est évidemment fondamentale dans la défusion de l'objet investi « comme passé » et irrécupérable pour la satisfaction des désirs de vie mais auquel le narcissisme voudrait s'agripper, et des objets investis comme susceptibles de répondre encore à l'investissement et d'appeler la vie.

Un tel exemple clinique montre bien, je crois, que les séparations matérielles sont (dans un étrange et souvent… vertigineux rapport) fantasmatiquement substituables et confusibles, par déplacement et contre-investissement, avec le travail de séparation et d'individuation internes. Je rappelle que ce point a été bien vu, avec ses aspects corollaires, par Freud en 1915 dans *Deuil et Mélancolie,* et travaillé par M. Klein à propos aussi du deuil et de la mélancolie (1934) : les séparations et pertes objectives peuvent être refusées et déniées par le moyen *d'une sorte de confusion narcissique* (interne donc) des traces non seulement de l'objet manquant et de la représentation de soi, mais aussi de son propre devenir passé et de celui de cet objet, avec les « traces » de différentes expériences successives de perte vécues par le sujet.

Autre « exemple », il s'agit d'une patiente qui a épousé, il y a nombre d'années un homme nettement plus âgé, divorcé, dont elle avait eu une fille avant son divorce. Elle l'a épousé dans des conditions où le contexte surmoïque et le désir de se mettre en règle, pas seulement avec la société, mais avec un certain nombre de phobies et de dépendances gênantes, a joué pour elle un rôle important. Lorsqu'elle entre en analyse, elle se demande avec angoisse si son couple va se dissoudre ou non, mettant dans cette question obsédante toute sa peur de transgresser sa vassalité masochique à un Surmoi archaïque, qui tient associé confusément les images paternelle et maternelle. Depuis déjà quelque temps, elle et son conjoint ont pourtant développé chacun une liaison extra-conjugale suivie, dans un processus complexe de lutte narcissique, et ils s'avèrent des partenaires peu satisfaisants à divers autres égards l'un pour l'autre. L'analyste est au fond paradoxalement chargé au départ de protéger – en demeurant le spectateur impuissant et la caution complice de la stratégie de défense – la patiente contre le double danger d'assumer au-dedans un désir personnel dangereux de transgresser les ordres du Surmoi, et par ailleurs, de se soumettre à une pression trop directe (sans « tiers » interposé) de ce Surmoi sur le Moi.

En fait, au cours du travail analytique, une séparation conjugale *réelle* va intervenir : mais après que la patiente aura pu déplacer sur la cure sa défense de clivage en la coupant en petites tranches, manipulées à son gré. Elle vient aux séances, mais elle arrive en retard d'une demi-heure. Elle fait l'inverse d'autres fois, et s'en va avant la fin. Ou bien elle disparaît plusieurs semaines tout en n'envisageant nullement de rompre la cure. Aussitôt sortie des séances, elle annule d'ailleurs totalement ce qu'elle y a fait et ne se rappelle rien d'une séance sur l'autre. Cela, pendant longtemps, jusqu'au moment où elle peut comprendre dans le transfert et dans les séances mêmes, qu'elle passe son temps à courir semblablement de son amant à son mari, et réciproquement. Cela, pour *ne pas penser* un conflit impensable en assumant une culpabilité persécutrice à l'égard d'un Surmoi anal-phallique destructeur qui… lui court après. Elle est terrifiée quand elle ne réussit pas *par comportement* à faire face à temps de toute part : c'est-à-dire à se retourner rapidement, plus vite que son ombre… de façon à pouvoir s'apparaître à elle-même et aux autres comme n'étant en défaut d'aucun des deux côtés, et ayant honoré, si l'on peut dire, ses deux objets. Il y a là tout un jeu qui met activement en représentation vécue, mais en évitant toute prise de conscience par représentation/pensée intériorisée, l'évitement de la conflictualisation et de la *culpabilité génitale œdipienne inversée* de trahison à l'égard de l'objet d'amour homosexuel surmoïque. Comme peu à peu, les liens avec l'amant finalement se renforcent, cette situation la fait *déprimer dans l'analyse*. Dépression de ne plus pouvoir du tout contrôler à la fois les deux pôles – sans compter celui de l'analyse, où elle devient trop consciente de ses manipulations –, dans des conditions telles qu'elle puisse se nier à elle-même sa duplicité inconsciente en agissant le clivage. L'effondrement de cette défense de fond entraîne, après sortie d'une phase aiguë et longue de dépression, des modifications dans le travail associatif. Ce qui fait revenir dans son esprit d'anciennes pensées relatives aux stratégies perverses de son enfance, destinées à refuser les séparations de l'individuation et les différences de génération et de sexe.

*

Mon propos sera maintenant d'essayer de clarifier davantage dans le registre *métapsychologique* cette problématique générale à toutes les difficultés relatives aux modifications des rapports avec l'objet et aux *« séparations » déplacées du « dedans » au-« dehors » ou réciproquement*. Il nous faut faire des hypothèses suffisamment compréhensives sur l'organisation psychique, pour rendre compte de l'immense variabilité des cas de figure qui se présentent dans ce domaine [2]. La première règle sera pour moi de suivre rigoureusement la logique métapsychologique générale que Freud nous a proposée, et singulièrement celle à laquelle il aboutit après 1920. Je n'en connais pas de plus claire, et je ne propose pas d'en inventer une autre. C'est peut-être d'ailleurs par défaut de bien l'exploiter que parfois on se perd dans la représentation de certains phénomènes psychiques chez les patients, voire chez soi-même. Freud pose, dès le début de ses recherches analytiques, un postulat fondamental sur l'existence d'*une double source de l'expérience et de la représentation de l'objet*. L'une se rapporte à *l'extérieur*, et l'autre à *l'intérieur*.

Le schéma, qu'il donne , en 1895, dans le *Manuscrit G* et évoque à nouveau dans le *Projet de psychologie scientifique*, est tout entier organisé, comme je l'ai rappelé au chapitre deuxième, autour de cette opposition entre un dehors et un dedans, et d'une réflexion aussitôt très engagée sur les rapports qu'ils peuvent entretenir. Mais le dehors – que nous avons d'abord tendance à envisager naïvement comme situé dans une extériorité spatiale absolue, comme quelque chose qui se définirait entièrement *sans le concours du « sujet »* –, ce dehors, pour la psychanalyse, a une dimension... interne, ou intrapsychique.

Nous devons alors constamment nous demander de quelle façon *se représente* le « dehors » *dans* le « dedans » du Moi, *comment il existe psychiquement*. De quelle manière *s'inscrit au-dedans de moi le fait que quelque chose soit au-dehors de moi*. Si nous oscillons dans nos discours entre une explication par l'interaction comportementale, et une explication par le dedans de la psyché, nous commettons finalement une erreur méthodologique qui consiste à ne pas savoir de quel point de vue envisager les choses.

Bien entendu, sous l'angle matériel, d'une certaine manière, tout ce dont nous parlons ici correspond à des traces et à des lieux qui sont objectivement distincts les uns des autres, y compris pour les circuits nerveux avec lesquels nous fonctionnons. Mais, bien entendu aussi, tout ce qui est perçu comme distinct et extérieur dans l'expérience chez celui qui le perçoit, a une représentation « interne » qui *ne se confond pas avec l'extérieur pris en lui-même*. Alors, la question à se poser est de savoir comment se représente à l'intérieur de la psyché ou même à l'intérieur du soi si l'on veut, l'altérité d'un objet qui n'est pas le soi, et qui est susceptible d'être reconnu, par un jugement d'extériorité, étranger au soi, *dans lequel* cependant il s'impose d'une certaine façon. Nous avons alors plusieurs solutions.

La plus simple consiste à imaginer qu'il y a (ou qu'il manque à y avoir) une sorte d'image qui « figure » l'objet à l'intérieur du moi, une sorte de trace mnésique, en plein ou en creux si l'on peut dire, qui sera considérée comme le représentant explicite d'un objet que le moi renonce à détenir comme étant lui et désigne au-dedans de lui-même comme le messager de l'altérité.

On peut aussi reconnaître, ou ressentir l'« extériorité » du référent des traces et des vécus que l'on éprouve en soi du fait de la rencontre avec un objet, sans toutefois parvenir à situer clairement et durablement *traces et objet* dans le non-Moi. Ce qui revient d'une certaine façon à ne pas réussir à séparer *tout à fait* la représentation de soi de la *représentation de l'objet*. Et quand je dis représentation de soi, je veux dire non seulement la représentation « représentative » ou figurative, (représentation *Vorstellung*) mais aussi tout ce qui peut s'en donner (par *Repräsentanz*) à travers l'affect.

Cela correspond à la part de nous-mêmes qui précisément circule dans nos capacités d'empathie avec les autres. Lorsque je ressens autrui et que je peux appréhender ce qu'il éprouve ou éventuellement ce qu'il est, le saisir au-dedans de moi, le « comprendre », c'est parce que dans une certaine mesure j'utilise une part de moi qui ne se distingue pas très clairement de lui, quitte, *après*, à prendre du recul et à assigner, par un certain travail psychique, à cette part du moi qui porte l'empreinte de l'objet, une place intérieure plus claire, non confusible avec ce qui de moi représente le Moi. Le jeu avec l'empathie, ou si l'on veut avec notre part d'« hystérie primaire » (selon le concept de M. Fain) et de confusion relative des traces qui représentent l'autrui dans le moi, et de celles qui se rapportent à nous-même comme opposables à autrui, ce jeu n'est jamais *totalement* maîtrisé. Il y a toujours une large zone recouvrante, et s'il n'y en avait pas, nous ne communiquerions pas avec les objets, nous serions psychotiquement totalement confondus avec eux ou eux avec nous, ou bien, totalement « extérieurs » et absurdes, ils n'existeraient pas

« pour nous ». Et c'est parce que nous ne sommes qu'*en partie* et *relativement* confondus avec nos objets que nous communiquons avec eux, et *en même temps* que nous nous en distinguons plus ou moins. Cela correspond aux hypothèses de mon chapitre premier.

Si l'on tente une figuration graphique de la situation, on peut dire qu'il y a, entre la représentation interne de l'objet au-dedans du moi et dans ce qui concerne ma propre représentation, une intersection analogue à ce que j'obtiens si je dessine par exemple deux ellipses se recoupant en secteur. C'est parce qu'il y a cette zone en double appartenance, qu'on peut admettre qu'il y a toujours *a minima, une sorte d'ombre de l'objet sur le moi*. Cette ombre de l'objet sur la représentation du Moi et/ou cette ombre portée du Moi sur la représentation de l'objet, font à la fois que je ne suis pas entièrement aliéné à l'objet, et qu'en même temps je le suis assez pour communiquer avec lui et par là sortir de moi.

Si on ne se donne pas d'abord un tel schéma topique, on ne peut pas clarifier les problèmes auxquels nous nous sommes trouvés confrontés plus haut. Problèmes évidemment cliniques, car ils concernent le destin casuel de cette zone intermédiaire, de cette zone confusible dans laquelle une partie de ce qui représente le moi pour le moi reste trop (ou pas assez) mêlée à ce qui représente l'autrui pour et dans le moi.

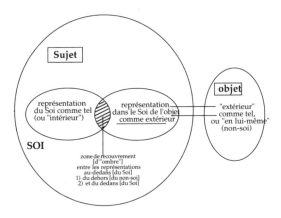

Des différents cas de figure qu'on peut envisager, mes vignettes donnaient deux exemples. Mais il faut questionner davantage cette zone d'ombre figurée ci-dessus en hachures. Je lui ai assigné, c'était essentiel, une sorte de topique et j'y reviendrai aux chapitres suivants. Mais, dans l'analyse métapsychologique, au-delà de la topique (cf. chap. 3), à quoi correspond ce lieu de grisaille, de recouvrement ? Peut-on en parler en termes énergétiques ou économiques d'une part, et d'autre part en termes dynamiques, sans compter la dimension temporelle de la métapsychologie ?

Envisageons ici ces points de vue. Je crois, la clinique nous y conduit et nous avons de nombreux éléments pour l'affirmer, qu'il est possible de dire, comme je l'ai déjà suggéré dans mon premier chapitre et plus haut dans celui-ci, que notre zone en grisaille est le *noyau* même de ce qui devient dans la pathologie dépressive l'écrasante « ombre de l'objet » étendue sur le moi, ou réciproquement, l'ombre narcissique écrasante du moi sur l'objet. S'il y a indécidabilité entre ces deux expressions. c'est qu'*économiquement*, cette zone correspond justement à un *état de non-affectation, de non qualification* (au sens de Freud, 1895) *de l'énergie*, restée « quantité pure ». De là, la paralysie psychique du mélancolique ou du déprimé, qui est envahi par l'excès de charges inaffectées et vidé de toute structure qualifiante. D'un point de vue maintenant *dynamique*, cela suppose des représentations équivoques, qui ne savent pas si elles dépendent d'une excitation endogène ou exogène, si elles reposent sur une sensibilité intéroceptive et proprioceptive, ou au contraire extéroceptive. Il y a donc régression pulsionnelle par relâchement des liens qualifiant, déliaison, et de là angoisse. Freud a parfaitement vu dans sa première théorie de l'angoisse, que la déliaison *produit* directement de l'angoisse, et il a vu plus tard que cette angoisse *parlait de quelque chose de précis qui restait refoulé ou méconnu*, et était *encore à relier*, ou réclamait de l'être à nouveau. Lorsque la déliaison (*Entbindung*) intervient, l'appareil psychique travaille en réponse à retrouver des liaisons, c'est-à-dire à se fabriquer des représentations. Mais, dans la dépression, la zone recouvrante étant large, l'empâtement de l'ombre du moi sur l'objet, ou de l'ombre de l'objet sur le moi étant trop vaste, *la part d'énergie flottante est trop grande pour qu'on puisse la relier commodément et suffisamment aux traces mnésiques disponibles, ou aux messages actuels des objets observables.*

Le moi est donc bien en demeure d'avoir à s'inventer des objets introuvables ! Soit qu'il aille rechercher dans des circuits mnésiques plus anciens, à mesure que les plus récents échouent à rendre le service de lier l'énergie devenue sauvage ; soit qu'il se lance au-dehors dans une poursuite insatiable de partenaires d'étayages (ou de thérapeutes !) capables de focaliser l'investissement et d'arrêter l'énergie narcissique grâce à la pseudo-représentation substitutive que procure leur présence sensori-perceptive. Dans les thérapies psychanalytiques, l'énergie et l'angoisse seront canalisées et requalifiées par le moyen du transfert et du contre-transfert. Dans la thérapie de soutien, par l'effet de l'étayage, l'« objet perdu » ou ce que j'ai pu appeler l'« objet de la perte », reste susceptible sans trop décompenser, des deux destins.

Énergétiquement ou « économiquement » envisagé, c'est, on l'a vu, ce qui correspond à la quête d'une contention de l'« hémorragie » psychique que Freud nous décrivait dans la lettre du 7 janvier 1895 (*Manuscrit G.*), qu'il reprend dans l'*Esquisse* et qu'il évoquera ensuite constamment : dans *Deuil et Mélancolie,* comme plus tard dans une série de nouvelles considérations ponctuelles sur la Mélancolie, et même dans l'analyse des difficultés liées à la réaction thérapeutique négative. L'idée fondamentale de Freud, c'est qu'il y a dans tous les troubles dépressifs et mélancoliques *une énergie qui se perd et qui cherche à s'accrocher désespérément à un support stable*, en tentant d'engendrer, de générer de nouvelles représentations internes tenant lieu de ce support, mais en ce cas jamais satisfaisantes. A cet égard, l'objet toujours perdu, l'introuvable de l'objet, avec son inconnu, bien mis en évidence par Rosolato, trouve ici une expression extrême, qui correspond à une sorte de paradigme de ce que d'autres (A. Green, J. Gillibert notamment), dont j'ai pu reprendre dans mon point de vue, avec quelques nuances, les mots sinon les déduits, tentent de décrire en termes d'une problématique du « négatif ». Le négatif, c'est ce qui n'arrive pas à se positiver, qui ne sait pas à quel pôle s'appliquer, et qui bascule de l'un à l'autre dans des renversements à la fois d'affects et de représentations. C'est ce qui manque à être qualifiable, ou même, selon moi (1995), a être reconnu comme réclamant qualification représentative.

Mais revenons maintenant au registre pulsionnel, ou dynamique :

On peut comprendre que dans des expériences comme celles décrites, la recherche de l'objet perdu ou de l'objet introuvable comme je le rappelais tout à l'heure, aille vers des formes de plus en plus régressives d'investissement pulsionnel. Le moi submergé, le moi confus, est à la recherche pour assurer toute cette partie indécise de lui-même (qui est trop vaste pour qu'il puisse le mettre simplement en réserve et s'en servir pour communiquer fonctionnellement avec autrui), d'un double étayant, d'un double qui puisse à tout le moins le recevoir et peut-être le figurer en bloc. Ce double, il va le chercher dans une sorte de miroir narcissique idéalisé, réceptacle des pulsions narcissiques, issues de l'échec de l'organisation auto-érotique, impuissante à fournir aux charges pulsionnelles un conteneur érogène stable, et à régler la fantasmatisation associée à la frustration des désirs objectaux. S'il se trouve, ce sera le thérapeute.

A défaut d'une telle régulation narcissique de l'auto-érotisme, la régression conduit à une désintrication des pulsions au sens de la deuxième théorie (1920 et plus tard) de Freud. L'objet n'est pas distinct du moi, pas assez en tout cas pour qu'on puisse choisir à qui adresser l'agressivité (les « pulsions de mort »). Si je la dirige vers le dehors, elle m'atteint, si je la dirige vers moi, c'est un autre qui la reçoit. Il s'agit d'identifications projectives basculantes qui rendent urgent, et cherchent d'ailleurs à réaliser, un agrippement anaclitique à l'objet dans l'espoir que d'étroites interactions entre le dehors et le dedans pallieront, en en réduisant la marge d'incertitude, l'angoissant recouvrement de la représentation de soi et de celle de l'autre. Les « besoins » viennent remplacer les pulsions. Ici, j'évoquerai la ligne de Bion, ou celle de Bleger, qui font de la mère (la « préoccupation maternelle », Bion), ou du cadre et de l'environnement (J. Bleger), les porteurs des symbioses plus ou moins inextricables et durables autant du Moi avec lui-même, que du Moi avec l'autre : je dirais avec les parties de lui qui en lui adhérent à l'autre. Car ces interactions intro-projectives sont *internes* au Soi, tout en demeurant tendues à coller le sujet à quelque double *postulé comme externe* qui puisse l'organiser en dedans à partir d'un apport venu de dehors...

Il semble que dans cette perspective métapsychologique d'ensemble, on est davantage en état de comprendre *certaines des résistances et des difficultés qui interviennent dans les séparations, et dans les fins d'analyse* (réactions thérapeutiques négatives). On peut entendre en effet qu'il n'est jamais possible d'élaborer vraiment une disjonction entre le moi, et ce qui dans le soi représente l'autre *par une simple séparation matérielle* d'objet. On a pu (Ophélia Avron, 1989) rappeler les vertus d'une certaine mise à distance matérielle de l'objet lorsque la séparation ne peut pas être consommée psychiquement, mais ce schéma implique naturellement que la distance soit alors, à l'aide de l'absence bien utilisée, corrigée, contenue, traitée. La pure et simple séparation matérielle, mécanique, sans autre, et sans précaution, conduirait à l'annulation du monde extérieur, garant de l'objet, et non pas à l'élaboration d'une intériorisation de sa perte.

Réciproquement, *une élaboration interne ne saurait se faire toute seule, sans le concours du monde extérieur*, et c'est précisément ce que démontre celle des deuils inachevés faite *en présence* de l'analyste, dans la cure. Nous n'intériorisons pas spontanément par le seul effet du temps ce qui demeure dans l'ombre de l'objet perdu. Il y faut *d'autres objets*. Personnellement, je ne crois pas que le processus d'intériorisation des objets puisse se dérouler dans certains cas, plus ou moins transitoires ou durables, sans le recours à des objets réels substitutifs. Nous rejoignons ici les formulations comme celles de Winnicott concernant l'absence dans la présence ou la présence dans l'absence (*The capacity to be alone*). On ne peut pas élaborer la juste distance de l'objet interne sans se servir d'un objet externe pour le traiter. Mais on ne peut pas non plus traiter la séparation avec l'objet externe réel sans la travailler dans le rapport avec l'objet interne.

Il est probable que la psychanalyse (et sans doute toute les psychothérapies qui s'en inspirent *vraiment*) offrent des situations particulières de réalité, dans lesquelles le processus *transférentiel et contre-transférentiel rend possible une sorte de transgression ou d'émigration de la zone d'ombre indécise du patient, dans la zone d'ombre d'un partenaire réel*, cela moyennant les conditions de contrainte de la cure et les règles qui limitent le contact et les relations avec l'objet. Il y a alors migration des objets internes de l'analysé en direction de l'analyste et, par retour, dans une certaine mesure, migration des fantasmes de l'analyste dans la représentation de Soi de l'analysé. C'est dans cette situation, bien entendu, et seulement dans cette situation, que peut être traité dans l'approximation d'un accord à trouver entre le dehors et le dedans (s'offrant l'un à l'autre des prestations de travail, des délais, un travail de contenance, une latence dans la déposition chez l'autre de certains des éléments du Moi), et que peut advenir une plus grande intériorisation vraie, qui limite et réduit la zone de recouvrement et à la fin, la rend, sinon nulle (car, heureusement, elle persistera *a minima*), mais en tout cas assez réduite pour que l'on n'ait pas besoin, vitalement, de s'agripper anaclitiquement aux objets perdus et grandioses de la *nostalgie dépressive*. Un tel travail passant par l'analyse paraît dans certains cas absolument nécessaire pour éviter l'enkystement des blessures de l'individuation dans des conduites et des attitudes défensives compulsives, qui ne protègent le Moi qu'en l'asservissant et en le privant du libre usage d'une part excessive de ses énergies.

Je voudrais pour terminer sur ces quelques considérations, compléter d'un autre angle mes illustrations initiales, et prendre l'exemple assez général de ce qui se passe dans cette situation dite objective de séparation que tous les êtres humains ont à affronter : *la séparation d'adolescence*. Je crois pour ma part, pour l'avoir observé, (j'ai eu assez souvent à m'occuper individuellement d'adolescents sur le mode de la psychothérapie analytique) qu'on peut dire que dans le « *travail d'adolescence* » et dans le travail corrélatif de la séparation, il est évident qu'il y a un aller-retour entre des propositions faites par le monde extérieur et l'élaboration interne. L'adolescence, moment de basculement, moment fragile, *dépend nous le savons, à un très haut degré, des rencontres qui vont y être faites*. Et il serait vain de considérer que le « processus » adolescent est *par lui-même*, sous la seule condition d'une certaine passivité ou neutralité de l'environnement, un « *processus autonome* » d'intériorisation. Je pense que les adolescents ont besoin de se servir de la réintériorisation ou de l'intériorisation modificatrice de leurs objets d'enfance en appui sur leur relation actuelle avec l'environnement (la psychothérapie, à cet égard ne fait que se couler dans ce besoin, ce que les thérapeutes de l'adolescence, comme d'ailleurs ceux de l'enfance, ont souvent souligné). Et que tout autant, ils ont besoin de « travailler au corps » et d'interpeller les objets réels de leur environnement actuel à l'aide de la projection, sur eux et en eux, de leurs objets internes mal élaborés, de façon à contraindre les autres à les aider, consciemment ou non, à « se séparer » d'eux.

Dans ce rapport dialectique, le dehors, et l'agir souvent vont servir à l'adolescent, grâce aux contre-attitudes (comparables au contre-transfert) induites, à s'extraire d'une situation encore non complètement traitée en dedans. Le traitement interne est alors renvoyé à une période *ultérieure*. Nous connaissons ces allées et venues des adolescents entre leur milieu d'origine et les milieux vers lesquels ils fuient. Nous connaissons ces anticipations, ces ruées en avant, ces évasions dans l'agir ou dans la « guérison », ces procédés de rupture qui ont pour but de se donner le temps de mâturer, dans une sorte de post-adolescence, souvent qui a des caractéristiques très particulières, quelque chose qui visiblement, s'est déroulé d'abord seulement en interactions comportementales, en « pensée-agir » et affect, avec le monde extérieur du moment.

C'est alors la tâche même de la psychothérapie, du point de vue de la psychanalyse, que de se prêter sous les formes et aux moments que requiert l'accomplissement des séparations nécessaires à la vie, à la remise en relation élaboratrice du dedans et du dehors, quand, conjoncturellement, elle est grippée de manière excessive. Et la tâche ultérieure de la psychanalyse dite des « adultes » n'est pas différente *en substance*, même si elle a affaire à des défenses plus fermées ou plus malignes qui ne laissent parfois que quelques passages à une relance, une remobilisation du *travail d'objet* pour la *réinvention d'une séparation intérieure supportablement inachevable* dans la relation avec le monde extérieur.

Note :

1 - Ce chapitre est issu d'un exposé publié par les Cahiers de l'I.P.C.C., de Paris VII en 1989, n° 10.
2 - Cf. mon chapitre 3.

CHAPITRE V

UN MOI « SANS OBJET » ?
OU STRUCTURE DU MOI ET NÉGATIVITÉ
Remplir le vide, ou faire de la place ?
Conséquences pour la théorie

Un patient, dont le lecteur peut, s'il le veut, chercher la place dans la systématisation que j'ai risquée dans un chapitre précédent, a entrepris une psychanalyse au motif principal qu'il souffrait dans certaines circonstances d'importantes angoisses d'identité d'un type particulier.

A l'occasion de toutes les décisions professionnelles ou privées un peu difficiles qu'il avait à prendre, il éprouvait le sentiment qu'il ne savait plus bien qui il était véritablement, et quels enjeux étaient engagés dans les choix à faire. Un interminable examen des données le confrontait alors à des issues imaginaires opposées mais pour lui toutes également crédibles, où s'embrouillaient, ensemble, la représentation des effets matériels des actes à poser, celle de leurs effets moraux ou psychiques sur lui-même et sur les autres, et celle de l'incidence sur la suite de l'abstention, s'il devait demeurer indécis. L'impression de paralysie sociale et d'inhibition mentale qui résultait pour lui de cette forme obsédante de maladie du doute, évoquant presque le syndrome de Cottard, ne comportait pas seulement de la souffrance dépressive et de la colère – une colère curieuse à l'égard des autres qui « eux, du moins, savaient que choisir » –, mais aussi du mépris et de la honte à l'égard de lui-même. Elle se transformait vite, à chaque fois, en un vécu, « terrible », disait-il, de complète inconsistance interne, et de « mélange chaotique » de toutes choses, dans lequel ce qu'il appelait précisément son Moi lui semblait brassé, traversé, disloqué, défoncé par de violents mouvements, si bien que finalement épuisé, vidé de lui-même et comme inexistant, le patient plongeait dans une espèce de néant, désespéré et sans borne.

De l'histoire de cet homme, je me limiterai à dire qu'elle était marquée, dans son souvenir, par un enchaînement, ou plutôt, par *une succession désarticulée d'expériences traumatiques graves*, mêlant certaines carences (pauvreté extrême et frusticité des parents ; retard de développement psychomoteur) avec des pressions psychiques et morales insupportables, et utilisation économique abusive des enfants. La première se situait dans la petite enfance et la plus récente à la fin de l'adolescence (accident d'auto et longue convalescence hospitalière). Lors de chacune de ces expériences violentes, il avait pu mettre en œuvre une technique de défense au total très répétitive, quoique comportant des variantes, en établissant avec certains des personnages de son entourage *des alliances très serrées, étroitement interactives*, fondées sur une véritable identification adhésive à ces personnages, et maintenant en lui des dénis ou des clivages profonds. Cette stratégie défensive lui avait permis d'atteindre à une bonne qualification sociale, et une certaine culture. Elle lui assurait assez efficacement la sécurité, sous la condition impérieuse qu'il demeurât psychiquement comme collé, dans un secret état de vitale dépendance et de vigilance défensive, à l'égard de l'étayage en forme de gaine protectrice qu'il s'était ainsi donné pour se préserver des motions pulsionnelles dévastatrices qui le menaçaient dès qu'il prenait ses distances et conflictualisait quelque peu les situations interpersonnelles. Si bien qu'il se percevait paradoxalement, malgré ces étayages, toujours plus ou moins « seul et sans amour », ou encore (disait-il littéralement, et aussi dans tous les sens des termes) « sans objet ». Doué en effet pour les formules de ce genre, utilisées comme un bouclier d'humour féroce fait sur lui-même, ce fut lui qui le premier se décrivit comme « n'ayant pas de Moi propre », ou alors seulement un Moi si fragile et fugitif et si peu « propre » (si étranger, mais aussi si « sale » !) qu'il s'effondrait ou s'embourbait sitôt qu'il prétendait s'y appuyer pour agir en direction du monde environnant, ou même simplement ordonner logiquement ses propres pensées. Un « Moi sans objet » : c'est cette expression frappante qui est à l'origine du titre du présent chapitre.

Après deux psychothérapies brèves, puis une assez longue analyse, le tout s'étirant sur une bonne douzaine d'années, le patient recouvra, en fait, *le sentiment d'avoir un Moi*, ou d'être « quelqu'un » : d'occuper une place de sujet dans la vie, et de pouvoir soutenir sans honte ses désirs en face de ceux d'autrui. Les chapitres successifs et surprenants de cette (re)conquête, qui d'ailleurs laissait derrière elle bien des cicatrices et des symptômes résiduels, ne nous intéressent pas ici dans leur détail.

*

C'est en effet la seule ligne d'ensemble de cette observation relativement banale qui requérera notre attention, à titre paradigmatique. Il devint en effet manifeste à partir d'un certain moment au cours de l'analyse du patient que la restauration du sentiment du Moi n'avançait chez lui que par une démarche tout à fait différente de celle qu'on avait pu d'abord imaginer.

L'idée qu'il communiquait d'emblée avec force, à la fois par le moyen de ses propres représentations de mot et par l'ensemble de son fonctionnement dans l'analyse, était qu'il se trouvait *vide* d'inscriptions structurantes, parce qu'il avait manqué en temps voulu à internaliser des modèles susceptibles de garnir, de remplir son Moi. Les thérapeutes se sentaient donc *d'abord* fortement sollicités contre-transférentiellement de combler d'une manière ou d'une autre ce vide :

1) - soit sur le mode d'un apport personnel de sens, fait par le moyen d'interprétations regroupantes visant à rassembler des

morceaux d'intuitions qui paraissaient flotter chez lui dans un vaste gouffre vertigineux ;

2) - soit en lui proposant par attitude et comportement une sorte de conteneur externe tranquille, sans trop intervenir davantage sur la signification de son matériel : cela dans l'espoir qu'il s'approprierait finalement de façon empathique (par des identifications de type primaire) l'enveloppe mise à sa disposition, et deviendrait lui-même le conteneur de ses contenus psychiques jusqu'ici constamment débordants ;

3) - soit en « travaillant » son « narcissisme » à l'aide d'interventions *ad hoc* ordonnées à lui restituer les projections en miroir, idéalisantes ou persécutoires, par lesquelles il se défaisait, en les expulsant dans un transfert archaïque vers l'analyste, des aspects pour lui les plus inquiétants de lui-même.

Mais cette démarche, qui fut apparemment suivie en ses diverses tactiques par les deux premières thérapeutes, et expérimentée ensuite épisodiquement par son psychanalyste, s'avérait quasi inefficace. Elle ne produisait *rien d'autre en lui qu'un renforcement subtil de la dépendance à l'objet* ressenti comme abandonnant. Il n'avait toujours pas de Moi *à lui* en somme, de Moi propre aux deux sens évoqués plus haut. Au point que la seule perspective de devoir un jour se séparer du thérapeute, alors qu'il se percevait cependant, sinon amélioré, du moins rassuré par la thérapie, induisait de nouvelles terreurs, qui prenaient du coup un aspect paradoxal, et en imposaient pour un inévitable échec à terme par un genre de réaction thérapeutique négative.

Il fallait donc prendre les choses autrement, et considérer l'image que le patient induisait d'un Moi vidé, souffrant de carences, de manque de contenus et appelant des *apports positifs* et ordonnés venus du dehors, comme erronée. *Une certaine métapsychologie implicite trouvait là ses limites cliniques, se disqualifiait empiriquement.*

La solution alternative était-elle donc à chercher dans le parti, contraire, de renoncer à *donner*, pour *enlever* ou déblayer ? *Via di levare* en somme, selon la fameuse formule du Léonard plutôt que *via di porre* ? Ôter de la matière, de l'épaisseur, plutôt que d'en apporter, d'en rajouter ? Appliquée à une représentation du Moi qui fait ici le thème de mes réflexions, cette métaphore aujourd'hui classique prenait cependant un autre sens que dans l'analogie générale, et en quelque sorte, plus superficielle, retenue par Freud entre la psychanalyse et la peinture, ou plutôt la sculpture. Le Moi, appui central et intime ossature de la personnalité, était-il donc – alors que le patient se plaignait de sa vacuité et de son inanité – à *creuser* et à *vider davantage encore* ? Fallait-il voir ce Moi « trop vide » comme un Moi *en réalité « trop plein »* ? Et son *impropriété* (sinon son *impropreté*) venait-elle de l'excès plutôt que du défaut ?

La force des choses, et l'effet différentiel observé à mesure entre les modalités d'intervention choisies allaient pourtant à peu près dans cette direction. Relever simplement (pour « lever » les refoulements archaïques ou originaires« dont ils témoignaient), et de la façon la plus calme et égale possible, les dénis, les condensations, les glissements et confusions de plan du discours du patient, sans se mettre a priori en souci de le gratifier, de l'éduquer, de ménager maternellement son « narcissisme », par crainte de l'effondrement de la névrose de transfert, voire de l'homme lui-même, s'avérait bientôt la voie la plus profitable. Cela avec, certes, des mouvements oscillants de colère, de dépression, de rancune – qu'il fallait prendre en compte en interprétant peu et prudemment –, mais d'une manière pourtant indiscutablement progressive. Le patient développait une intériorité, prenait du recul, du « poids », du jugement – un jugement moins passionnel – sur lui-même et sur les autres, dans la cure, et semblait-il dans sa vie quotidienne. Et il en avait un peu plus d'estime pour lui-même. Il *décollait*, donnait à l'analyste du champ, faisait *lui-même* plus de liens à l'aide des rêves et du matériel vigile. Il s'acheminait même vers l'envisagement d'une séparation, dont il se sentait devenir « capable » : capacité... à contenir au dedans une perte, un manque, la présence d'une absence en même temps que l'absence d'une présence. Bref, c'était l'accès, à terme, à une possible position dépressive bien tempérée.

J'écarterai ici pour l'essentiel l'objection classique qui viendra à l'esprit de quelques lecteurs : qu'il avait sans doute fallu *d'abord* la première méthode pour que la seconde, *ensuite et à la fin*, devint possible. Des raisons multiples, qu'il serait trop long d'exposer maintenant, et dont la plus importante passe par la *comparaison entre l'évolution de plusieurs cas de patients dit « narcissiques » ayant d'évidentes communautés*, selon qu'ils avaient été *dès le départ traités*, par leur analystes respectifs, selon la première ou selon la seconde méthode, me convainquent en effet des avantages, au moins généraux, de la pratique *d'emblée* de la dernière démarche. Essentiellement résolutive, et clarifiante, préoccupée à titre principal du faux et des masques de l'inconscient, ainsi que des raisons de leur emploi, elle payait dans presque tous les autres cas, quand elle y était assez *rapidement* appliquée. Ajoutons cependant, ce qui est *capital*, que ce résultat n'était obtenu que sous l'expresse condition *qu'on ne s'éloignât jamais trop du véhicule transféro-contre-transférentiel dans l'important travail interprétatif sur les résistances que cette voie requérait et qu'on maintînt à l'aide d'un cadre pertinent un transfert de base globalement positif, à base de confiance*, à l'appui du processus interprétatif. Mais il s'agissait bien d'un travail d'*évidement* d'un Moi saturé et non d'un travail de *remplissage* ou de complément.

D'« évidement », ai-je dit, plutôt que de vidange ou d'évacuation. Car la condition d'*appui sur le transfert* et notamment sur l'*alliance* sous-jacente à la névrose de transfert, que l'expérience montrait absolument nécessaire, suggère que tout *alentour du travail interprétatif*, impliquant *désaveu identificatoire, dénonciation de la complaisance à une confusion partagée*, doive persister et être au besoin restauré un *pacte de consentement conteneur*, à base d'identifications tacites primaires appuyées sur le cadre. « Peau commune », transitoire, pour emprunter une expression heureuse à D. Anzieu, *dans* la mince et solide enveloppe de laquelle le patient pourrait élaborer son autonomie en se débarrassant peu à peu, sans se sentir rejeté et détruit, de toutes ses identifications narcissiques abusives avec autrui, ne rompant qu'à la fin de la cure l'ultime communauté qui en interaction avec elles aurait protégé, et permis l'abandon progressif de toutes les autres.

J'ai pu proposer ailleurs (1987) d'introduire, entre les deux voies interprétatives signalées par Freud, (*via di levare* et *via di porre*) une troisième voie, que je nomme « *via di riservare* », et qui consiste à dégager une lacune, un manque, un blanc à l'intérieur d'un ensemble plus compact, en respectant, en étayage, plutôt qu'en utilisant interprétativement, le pourtour ou les bords (le « cadre ») d'un discours convenu et de croyances communes. J'ai avancé que cette opération de langage, précisément *en forme d'évidement central ou nucléaire protégé*, était probablement le ressort essentiel et comme le pivot ou le cœur de tout travail psychique d'intervention psychanalytique structurant, susceptible de modifier *l'état de l'appareil psychique*.

Si l'on dérive de ce modèle de travail général (à mon sens fortement suggéré par la clinique, bien que l'usage en demande de multiples nuances, dosages, apprentissages et tâtonnements) une représentation correspondante du Moi, il paraît inévitable *d'attribuer à ce Moi des caractéristiques métapsychologiques, notamment topiques assez imprévues par rapport à la notion un peu vague, ou même simpliste, que nous en avons généralement*, et que véhicule souvent le discours psychanalytique théorique lui-même.

*

De là qu'il nous faut maintenant tirer, au moins à titre exploratoire, des considérations un peu générales auxquelles m'ont conduit le cas évoqué et les vues thérapeutiques qu'il appelait, une série d'hypothèses plus précises relatives aux corrections que, dans la perspective ouverte, nous avons à apporter à notre représentation métapsychologique du Moi.

1) - Le Moi, pas plus que, par ailleurs, son objet, ne saurait être pensé, à la lumière de la clinique évoquée ici, comme une simple région géographique, plus ou moins compacte, du Soi. Il semble nécessaire de le concevoir comme *organisé en son centre, non par un noyau dense*, mais par *une sorte de vide*, de creux, ou même de « trou noir », au milieu d'une structure périphérique. Vide central, qui fonctionnerait peut-être comme un « attracteur

étrange » (pour emprunter une métaphore scientifique contemporaine), polarisant et maintenant *satellisées autour de lui*, sur des orbites définies et plus ou moins variables, mais systématisées les unes avec les autres, des formations plus massives correspondant en partie à des identifications plus archaïques, à des dépendances plus aliénantes. Celles-ci constitueraient une véritable enveloppe ou écorce formée de représentations bifaces et inconscientes de l'être, regardant à la fois le « dedans » du Moi et les objets du dehors, et sises à la périphérie du noyau de vide qui exercerait sur elles son attraction organisatrice.

2) - Ce qu'on appelle d'ordinaire *un « Moi fort » ne serait alors rien d'autre que l'équivalent d'un champ de force retenant efficacement et durablement à sa périphérie* (plutôt que contenant dans son intérieur) les objets psychiques ainsi satellisés (et le monde extérieur auquel ils se relieraient) sur un mode suffisamment articulé et constant, leur offrant la possibilité d'entrées et de sorties (par rapport au système) dans des conditions économiquement compensables.

3) - Cette conception du Moi « en négatif », qui le dote de pouvoir à la mesure même de son organisation nucléaire « en creux » s'accorde bien à deux évidences cliniques :

A - L'une est celle même qui a conduit Freud à dire étrangement que le Moi est *une surface*. Ce qui, à première écoute, pourrait contredire notre hypothèse. Mais la « surface » projective dont il s'agit serait alors formée de ce pavement d'expériences d'objets liées aux traces intéro- et proprioceptives comme extéroceptives de la sensorimotricité qui, s'il constitue bien une partie du *système du Moi*, n'en est pas « proprement » le coeur, le noyau obscure et le principe. Si le noyau vide ne se maintient pas, l'écrasement de l'écorce sur elle-même entraîne un resserrement ou une contraction en quelque sorte *intra-moïque*, qui détruit tout simplement l'équilibre et la fonction même du Moi. Cette « fonction » tient *dans le rapport dynamique de tension centripète et centrifuge entre la surface brillante et palpable* (Pcpt-Cs), *intégrant les projections de la profondeur et l'intérieur obscur et creux du Moi.* Les métaphores de N. Abraham et N. Torok concernant « *l'écorce et le noyau* » pourraient (moyennant ajustement) s'appliquer ici, à condition de préciser la nature, et les règles de stabilité des échanges centre/périphérie. En tout cas, l'idée fondamentale de Freud dans l'*Esquisse* sur le « noyau du Moi » comme structure interactive formée de neurones *Psi*, *capables de retenir et d'influencer ou de fixer à distance, grâce à des* « *barrières de contact* » *ad hoc, des énergies qui autrement seraient vouées à la décharge rapide, soutient le point de vue avancé.* Le modèle employé par Freud en 1895 est d'ailleurs voisin – on l'a déjà signalé – de celui d'une *bobine d'induction* (d'un(e) Self !) déterminant un champ de force attractif autour d'un lieu vide (« négatif ») entouré d'une structure continue et orientée de fils porteurs, quant à eux d'une énergie « positive ».

B - Autre évidence : celle qui est souvent désignée par les philosophes comme relative à la « transcendance de l'Ego ». En fait, il s'agit cliniquement du dérobement *constitutif* (encore l'irreprésentable, le négatif) du sujet lui-même, *Ich*, en tant que sujet de l'énonciation et de la pensée, sans cesse retiré *derrière* (ou au fondement) de ses propres représentations et énoncés, et dérobé à lui-même par cela même qu'il représente, ou plutôt par l'activité qu'il déploie pour le mettre en représentation. Il est certain que le sentiment d'un *Moi vivant*, et non *directement asservi à la sensorialité périphérique et aux objets*, n'est concevable que dans l'expérience d'*une distance jamais totalement comblée*, et rendue protectrice par l'effet d'un écart irréductible entre, d'une part le centre où règne le Je « absent » (« transcendant ») et, d'autre part, les projections identifiantes et les figurations représentatives du *Ich* « sur » les objets « périphériques ». Je dois noter, en passant, l'analogie de cette inévitable logique du Sujet avec la représentation hébraïque de l'Arche d'Alliance et du Saint des Saints *vides*, lieu même de Dieu (de « Je suis celui qui suis »).

4) - Les formules que j'ai employées s'accordent bien également à la ligne générale des considérations que l'on peut faire sur

la valeur de la *négation* (entendue comme par Freud en 1925) en tant qu'expression symbolique verbale *du rejet hors du Moi d'une confusion identifiante avec l'objet*. J'ai cru pouvoir ajouter, dans un autre écrit (1986), que l'expulsion par la *Verneinung* [1] impliquait (et Freud lui-même l'a soupçonné) le rejet « volontaire » (le sacrifice), *avec* l'introject *refusé*, d'une (petite) partie des contenus antérieurement ou actuellement *admis*, comme bénéfiques par le sujet. L'enjeu véritable de la *Verneinung* serait de *rétablir de l'espace*, du *négatif*, un « vide » attracteur et structurant dans le Moi saturé, envahi par le monde plutôt que d'opérer un simple partage entre ce qui est gardé « dedans » et ce qui est rejeté « dehors ».

5) - Les observations bien connues sur le rôle des attitudes de refus et de négativité dans la constitution de la personnalité de l'enfant, entre deux et trois ans, vont aussi dans le même sens. Les auteurs classiques nous disent que l'enfant cherche à éprouver sa « capacité d'être cause », de « s'opposer gratuitement », donc librement. Fût-ce au prix d'une perte objective supplémentaire pour lui. Pour s'assurer lui-même d'un bénéfice, non d'*avoir* mais d'*être*, l'enfant renonce à un avantage d'avoir, déjà assuré ou promis. Nous pouvons admettre que l'enfant de cet âge, avant de se confronter pleinement à l'oedipe, a le besoin de *vérifier qu'il peut tenir tous les objets angoissants et passionnels à une certaine distance de son centre vital*, qui est le *lieu secret, l'arche d'alliance du sujet avec lui-même*, lieu désormais vécu comme vidé, *déshabité par la mère originaire toute puissante et ses attributs*, et soustrait cependant, par la vertu d'un *sacrifice actif* [1], aux effets massifs d'une avidité qui pourrait entraîner la submersion, par invasion, du Moi par les objets extérieurs perdus faisant retour.

6) - Dans le même sens encore on pourrait invoquer les expériences mystiques, ou les techniques ascétiques du vide, ouvertement dressées par l'ascète contre la violence de ses propres passions, incessamment inspirées par les objets mondains. Ici, le vide intérieur doit permettre de rejoindre ou d'accueillir la « divinité », ineffable et elle-même faite de la plénitude de l'Absence,

comme dans la « théologie négative » que F. Pasche a justement rapprochée de certains aspects essentiels de la pensée psychanalytique. Mais le vide ascétique n'atteint que secondairement (et pas toujours) ce degré « parfait » : il a *d'abord* pour but d'échapper à la séduction de la Maya qu'évoquait Schoppenhauer en référence à la mystique hindoue. L'ascète ne surmonte la « volonté » liée aux « représentations » que par l'établissement en lui *d'une volonté d'essence négative* qui est *suspension* du « vouloir vivre », du désir (cf. *Das Welt als Wille und als Vorstellung*, familier à Freud). On peut estimer que le rêve des mystiques est lui aussi orienté vers une tentative de restitution de son *noyau obscur de force négative* au Moi menacé par l'excès de l'envie vitale d'appropriation des objets. Il s'agit là d'un essai de thérapeutique de la « maladie humaine » en général, et de la dépressivité de base de l'« individu ». Celui-ci *séparé* du Grand Tout par le « vide » interindividuel aurait besoin d'une âme autonome creuse. « L'âme du canon est creuse », nous dit une étrange rêverie du langage. Serait-ce pour tenir en respect les attaques du manque, vécues comme venant des excitations produites par la perte de l'Union avec le monde extérieur ? Je vois un certain accord entre ces remarques et les vues récentes de Catherine Parat (1995) sur l'expérience religieuse et la mystique.

7) - Les considérations, que j'ai faites sur ce qu'on pourrait appeler de façon métaphorique *l'âme négative du Moi* s'articulent par ailleurs heureusement aux principes de la technique psychanalytique, dont Freud n'a cessé de découvrir davantage (après l'avoir – comme je l'ai montré ailleurs – intuitivement aperçue dès le commencement) la nature – ou l'essence – *négative* (règles de non contrainte dans l'association, d'attention également flottante ; paradoxalité des opérateurs logiques, et même des « modèles » propres de la théorie analytique, etc...). Je suis, d'autre part, porté à croire, comme je l'ai encore montré plus haut, que le fonctionnement thérapeutique du dispositif analytique n'opère lui-même spécifiquement qu'*en double* « *charge creuse* », en abouchant par une sorte d'attraction de l'un sur l'autre l'appareil psychique du patient et celui de l'analyste.

Le travail d'analyse s'opère alors (« *via di reservare* »…) en introduisant de la distance, et comme un peu plus de vide dans la sorte de collage ou d'abouchement régressif et différenciateur que la mise en place du cadre et la production du transfert ont opéré.

8) - Quelque intéressantes que puissent paraître par elles-mêmes ces vues sur le « Moi », elles exigent cependant qu'on les mette ici, au moins rapidement, en rapport avec le modèle de Freud dans la « Seconde Topique ». J'indiquerai seulement que le Sur-Moi avec l'Idéal du Moi et le Ça ne sont nullement des homologues, ou d'autres formes du « Moi », dont ils ne partagent pas l'âme ou le noyau « négatif ». Ils s'inscriraient plutôt dans *l'écorce* de cette âme creuse, de cet attracteur étrange, cela au titre de régions particulières de la réalité psychique, exerçant *soit une attraction, soit une pression* sur le noyau « vide », et tendant à l'écraser ou à le faire éclater entre des exigences contraires, dont le Moi règle et maintient en équilibre « à bout de bras » les effets de tensions, comme l'arcature d'une voûte maintient, dans une étroite cohésion maîtrisée, les unes avec les autres les pierres qui pèsent sur le cintre soigneusement évidé.

Peut-être devrait-on dire alors – ce point est à examiner – que la grande différence, sinon entre le Sur-Moi et le Ça (on sait qu'ils ont des éléments inconscients communs), du moins entre *l'Idéal du Moi et le Ça* est que l'Idéal du Moi tend, au moins sous ses formes archaïques, à aspirer le vide interne nécessaire au Moi vers une cible ou un but vécus « externes » ; tandis que le Ça tend à remplir d'excitations et de fantasmes le dedans « évidé » du Moi. L'un et l'autre, s'ils triomphent font éclater, *par des procédés différents,* la voûte, l'écorce du Moi et détruisent l'équilibre dynamique du *champ de force négatif du dedans du Self :* de l'axe creux de la « bobine magnétique » pour reprendre la métaphore notée plus haut. [2]

9) - On continuera par quelques remarques sur la *dépression*, et plus particulièrement sur la forme de dépression du patient dont j'ai évoqué le cas plus haut.

C'est à juste raison, à mon avis, qu'on considère la « dépression » comme la pathologie ou « l'organisation » pathogène la plus générale (J. Bergeret, 1972 ; 1974). Du coup elle devient en même temps l'expérience la plus *spécifique* de l'être humain. Cette vue, qui s'accorde aux conceptions de Mélanie Klein sur l'organisation psychique tant normale que pathologique, et sur l'importance du destin de la position dépressive dans l'élaboration de l'œdipe, correspond à ce que j'ai dit ci-dessus de la fonction organisatrice, et opératrice d'identité, du vide et du non- « identifié » dans le Moi sain. Les deux issues pathologiques spécifiques les plus générales sont en effet, comme je viens de le suggérer, d'une part l'encombrement et le comblement par effondrement en quelque sorte dans ce vide, et d'autre part, son évacuation si je puis dire, son aspiration vers le dehors. La première entraîne le vécu du bétonnage du Moi, cimenté de manière compacte par des objets massivement internalisés *par implosion*. La seconde détermine celui de l'*explosion de la voûte*, de l'écorce du Moi, par précipitation vers le « dehors ».

Dans le cas clinique évoqué, les situations traumatiques répétitives semblaient avoir provoqué *à la fois un remplissage du Moi par les objets* (un collage donc des objets entre eux aux lieu et place du Moi ainsi oblitéré), et *une aspiration du faible pouvoir négatif résiduel de ce Moi vers le dehors*, vers les objets non encore massivement agglomérés au Moi par le béton des condensations archaïques, et désespérément idéalisées de façon projective par la défense sur le mode de doubles protecteurs. Ce mélange d'effets est d'ailleurs (sans doute) banal dans ce qu'on appelle les dépressions, mais avec des *dosages* variables. Chez le patient en question, le sentiment d'effondrement accompagné d'un intense anaclitisme montrait que c'était *l'implosion due à la grandiosité floue d'un Idéal du Moi illimité*, destiné à remplacer le Moi par un objet-Moi parfait tenu au dehors (projectivement mis en charge et en quelque sorte *rempli de toute la vacuité interne perdue* du Moi) qui l'emportait.

Je ne préciserai pas davantage ici ces suggestions sur le destin de « l'âme négative » du Moi, qu'il serait intéressant d'interroger dans *d'autres pathologies*, en particulier dans les « névroses narcissiques » (psychoses) selon Freud. Mais je laisserai de côté un tel ajustement, à la fois requis et problématique. On pourrait aussi tenter de suivre ce destin dans chacune des catégories « topiques » que j'ai envisagées plus haut (chapitre III), en fonction, maintenant de la représentation que nous pouvons nous donner du noyau du Moi du patient, plutôt que du point de vue – corrélatif au demeurant – de la place qu'occupe, dans/pour son appareil psychique, l'objet dans son rapport à la perte et à l'absence.

10) - Je ne peux toutefois clore ce développement sans mentionner – ultime remarque – de quelle manière je vois la « relation d'objet » *en général entre le Moi en creux dont je parle dans ce chapitre et l'Objet d'amour « névrotique »*, *« génital » ou « œdipien »* : un genre d'objet, qui manquait fort, on s'en doute, à notre patient, et qui peut correspondre à ce que je nommais plus haut la disposition « eutopique ».

Selon mon avis, « l'objet d'amour » d'un Moi défini de façon pénétrante comme ci-dessus et visant un objet « total » suffisamment élaboré par ce Moi, est vécu foncièrement et représenté à son image : comme un « autre semblable » (cf. Freud, 1895) *contenant donc aussi dans « son » Moi à lui, une part d'irreprésentable, ayant valeur d'attracteur étrange, de trou noir centrant une constellation d'objets personnelle* en partie au moins irreprésentables.

Ce serait essentiellement la poursuite de cette *similitude*, forcément inachevable, et en partie au moins irreprésentable au sein de l'« *altération* » normale, et structurante, du *Moi par un irreprésenté constitutif, à partager et à débattre avec l'autre, qui deviendrait alors source et but de l'attraction entre les deux Moi*, ou de l'attraction de l'un par l'autre. La philia (φιλια) du philosophe d'Agrigente, (l'Éros de Freud) trouverait ici son origine, et du coup l'accord entre narcissisme et libido « d'objet » se ferait aussi, puisque l'attrait du semblable par le semblable (Narcisse) deviendrait attrait de la capacité de manquer *par la capacité* de manquer.

Tandis que la neïkos (νεικος), la haine (et la Pulsion « de Mort ») – qui pourrait s'identifier à une accélération destructrice de la dynamique de vie – serait attachée à *l'attrait vertigineux du vide par le plein* ou *du plein par le vide*, comblant toute vallée et abrasant toute montagne de différence existentielle, de telle sorte qu'il n'y ait plus, à la fin, *faute de négatif maintenu dans le positif,* que le béton homogène et l'indifférenciation du Tout, ou encore l'immense trou sans berge du Rien.

Entre la haine et l'amour, dans le lieu irréductible et inexhaustible de la différence, *la place du tiers,* enjeu ou passionnel ou plus traitable au moyen des diverses stratégies perverses, psychotiques, névrotiques ou créatives dont le Moi organise ses équilibres. Du tiers (ir-)représenté par la part d'absence et de manque qui, tout ensemble, unit et sépare sans fin, travaillant leur lien tant que la vie demeure, le Moi et son autre.

Note :

1 - Il y aurait beaucoup à dire ici sur cette dimension sacrificielle, souvent évoquée par les analystes depuis quelque temps (cf. par ex., et excellemment chez G. Rosolato, 1987), et qui semble correspondre, en un certain sens, à l'aménagement du masochisme en vue du *renoncement* à une dépendance passionnelle au Surmoi. Voir aussi mon chapitre 2.

2 - Freud a admis qu'il y avait aussi (1923) de l'Inconscient dans le Moi *(Ich)* lui-même. Peut-être doit-on aller jusqu'à dire que, mystérieusement, le *Ich* touche au Ça lui-même de la 2e topique. Le caractère incontournable (on ne passe pas *derrière soi...*) du Je comme sujet, et sa « transcendance » tiennent à cela qu'il est adossé au *corps* même, d'où provient son énergie d'acte et de pensée, au corps dont Freud a souligné la présence au fond du Ça...

CHAPITRE VI

LES FANTASMES ORGANISATEURS ET L'IMPENSÉ DANS L'ANALYSE :

D'un « unique objet »
– d'amour et de ressentiment –,
devenir deux sujets...

Dans ce chapitre [1], j'appellerai *fantasme organisateur dans la cure* une formation largement inconsciente que, de façon paradoxale peut-être, je n'ose désigner comme tout à fait psychique. Hautement nécessaire au travail analytique, elle peut aussi, dans certains cas, et sous certaines conditions, avoir un effet... désorganisateur ou inhibiteur à l'égard du déroulement même et des suites de l'analyse. A vrai dire, on le verra, il ne s'agit pas exactement de ce que nous entendons le plus souvent quand nous parlons de *représentations* inconscientes, mais plutôt d'une sorte de structure dont l'économie, archaïque et très cachée, se donne par le jeu des investissements et des contre-investissements *dans les comportements, et dans les interactions de la cure* entre l'analysé et l'analyste. Sous-jacente, *dès l'origine* de cette cure, à tout le matériel, elle le détermine à quelque égard rigoureusement, en lui fournissant une manière d'étayage clandestin, sans pourtant se laisser saisir dans ce matériel même par la pensée des interacteurs, et donc par l'interprétation intercurrente de l'analyste.

Au terme d'une analyse qui peut avoir été longue et riche en rebondissements, et qui s'est acheminée raisonnablement vers l'élaboration d'un deuil apparemment suffisant de l'analyste chez le patient, du patient chez l'analyste, et – chez tous deux –, du plaisir ambigu du transfert et du contre-transfert et du travail associatif, voici que soudain une difficulté inattendue se manifeste. Qui ne reconnaîtrait là un avatar courant sinon général du devenir des cures, classiques ou non ? Sorte de reste, peut-être, d'une dimension de l'inconscient qui a pu être négligée jusqu'ici, d'un commun mais tacite accord entre les deux protagonistes, ce surgissement, certes interrogeant pour le contre-transfert du thérapeute, peut être vu de différentes façons.

A - On peut le considérer d'abord comme un effet de retour, sous une forme plus subtile ou plus cryptée résultant du travail même de la résistance, d'un élément, déjà interprété en lien avec le transfert, en début ou en cours d'analyse. « Encore un effort, se dira-t-on alors, ce retour vient à point pour parachever l'élaboration et appellera une liaison plus complète, plus synthétique entre des traces mnésiques encore trop faiblement corrélées entre elles ». Et d'évoquer « *Remémorer, répéter, élaborer* »...

B - Si une telle lecture des voies de l'analyse paraît un peu trop processuelle et simple, et surtout si la difficulté insiste, on recourra à une hypothèse plus sophistiquée, et d'ailleurs cliniquement plus dynamique. On admettra qu'il y a là une forme de *résistance plus ou moins spécifique à la fin de l'analyse*, rejeton particulier du souhait de ne jamais finir, et ainsi, de conserver indéfiniment et d'immobiliser ou de disqualifier l'analyste. Réaction thérapeutique négative, ou (et) répétition par retour aux symptômes du commencement de la cure, avec une demande implicite adressée au thérapeute de vider une bonne fois pour toutes le patient de toutes ses souffrances de manque, et, quasiment, de le dispenser de la position désirante elle-même, au nom d'un idéal maternel réparateur omnipotent, projeté sur l'analyste et opposé à la différence, à la séparation, à l'individuation et aux conflits de choix issus de la castration. Comme Freud l'a bien noté dans une note connue, et à laquelle j'aime revenir, du *Moi et du Ça* (1923), l'analyste est sommé ici d'éviter au patient la désidéalisation du thérapeute, qui reste l'inévitable pierre de touche de l'achèvement du travail analytique. Si l'analyste échappe alors à la séduction de la toute-puissance, il saura peut-être lever la difficulté.

Mais Freud admet aussi que cette condition ne suffit pas toujours, et que la difficulté pré-terminale peut perdurer. Et il ajoute curieusement qu'on n'arrive pas à repérer dans tous les cas les identifications « d'emprunts » auxquelles se réfère en de telles situations le patient. Identification (narcissique) d'emprunt, contre-transfert piégé pour l'analyste, ce sont là pour lui des clés possibles. Si elles ne fonctionnent pas, il reste selon lui l'explication par la pulsion de mort (à la réalité de laquelle il croit fermement depuis 1920, sur un modèle que j'ai discuté plusieurs fois ailleurs, en 1985, 1987, 1989, dans son rapport, précisément, au contre-transfert) et par la répétition masochiste autodestructrice.

C - Une troisième approche de ce surgissement tardif d'une difficulté importante dans l'analyse existe pourtant. C'est celle qui m'intéresse ici à titre principal. Et je suis prêt à penser qu'elle nous introduit à une vérité assez générale. Elle consiste à considérer ce qui se passe dans les cas évoqués plus haut comme la manifestation, à l'occasion de la venue d'une pièce de matériel inélaborée au cours du travail antérieur, d'une problématique *basale* et en quelque sorte *fondatrice de la cure, sous-jacente depuis l'origine au jeu même du transfert et du contre-transfert*. Cette problématique-clé, qui, dans d'autres circonstances ou dans d'autres cas, aurait peut-être gardé le silence, et aurait laissé l'analyse aller à son terme sans se manifester, surgirait ici de se trouver trop importante, trop nécessaire, retirant trop d'énergie au processus psychique tout entier pour que la cure puisse se terminer en la laissant banalement pour compte, au nombre infini des inachevables de l'inconscient : en attente ou en gestation pour demain ou pour jamais.

Pour qu'il en soit ainsi, et sauf à revenir à l'hypothèse A, il faut alors admettre, je le souligne, que la problématique qui fait de la sorte retour a une fonction bien particulière. Elle ne correspond pas tant à un simple complément ou à une variation métaphorique nouvelle d'un matériel déjà rencontré, qu'à une sorte de *réclamation, ou à une souffrance de fond portant sur l'ensemble de la relation dans laquelle s'est développé le transfert et s'est travaillée l'interprétation*. Il arrive d'ailleurs que dans une semblable situation, l'analyste en difficulté perçoive d'emblée *nettement* que le patient lui adresse, avec le refus de s'en aller, une rage désespérée au sujet de *quelque chose qui serait ressenti comme une sorte de faux*, sur lequel les protagonistes ne parviennent pas à « s'expliquer », et que l'analysé vit comme toxique voire meurtrier pour lui : ce qui, bien entendu, « empoisonne » aussi le thérapeute. Parfait cercle vicieux d'une complicité dans l'échec, qu'on ne saurait alors réduire à un simple effet de... transfert.

Pour ma part, j'incline à penser que cette difficulté grave n'éclaire pas seulement de manière restreinte un certain type de cas. Ceux, spectaculaires, qui la rendent évidente ne sont ici que des révélateurs. On en trouve à tout le moins le reflet à l'état potentiel ou latent dans toute analyse.

S'il me semble qu'elle mérite de se voir reconnaître une portée générale, c'est d'abord parce qu'elle a l'avantage d'attirer l'attention sur la réalité – pourtant connue mais maltraitée dans certaines pratiques – d'une *pluralité de modes de fonctionnement simultanés de niveaux différents dans l'analyse*, qui prennent *quasiment étayage* les uns sur les autres, sans que cependant les enjeux auxquels ils correspondent soient équivalents, communs ou même simplement à peu près recouvrants. Maintes apories attribuées à l'approche analytique des patients dits « narcissiques » ou « limite » pourraient provenir d'une réflexion insuffisamment centrée sur cette question.

Il n'est probablement pas sans intérêt pratique de classer, *a priori* ou *a posteriori*, les patients en termes de la prévalence empirique, chez eux, de certains mécanismes du traitement de la réalité interne comme externe. Et j'ai montré dans mon chapitre IV que je crois utile l'effort de systématisation théorique, quitte à la faire pivoter en direction d'une évaluation essentiellement métapsychologique. Mais, face aux difficultés concrètes qui surgissent souvent de façon inattendue pour l'analyste *dans des fins de cure jusque-là raisonnablement classiques,* force est bien d'interroger aussi les faits d'une autre manière, qui s'accorde dailleurs *aussi* à l'envisagement topique que j'ai proposé. Il convient alors en particulier de se demander, sans sombrer d'ailleurs dans quelque culpabilité contre-transférentielle naïve, si l'analyste et le patient, qui ont l'un et l'autre *séparément* le sentiment de ne pas pouvoir *se faire entendre* du partenaire par le moyen des mots et dans le registre symbolique, ne se désespèrent pas *ensemble,* et comme de commun accord, parfois inconsciemment, *de communiquer au contraire trop bien dans un autre registre situé d'une certaine façon hors de la « psyché »* (en tant qu'espace métaphorique des transformations représentatives). Je veux parler du registre (certes économiquement pragmatique, mais potentiellement signifiant en quelque sorte « en négatif », à des niveaux qui échappent au langage) des *interactions* qui, comme telles, véhiculent *quand même* de proche en proche, et comme directement un « sens » absent de la pensée et qu'aucun écart métaphorique – de signifié à signifiant – n'organise explicitement. Car elles passent par le comportement et l'affect.

La motricité, l'inter-motricité, l'agir qui, freinés ou non, sont présents, sensibles seulement à des émois et à des indices sensoriels multiples mais discrets, dans toute l'analyse, depuis la première rencontre jusqu'à la fin, constituent à mon avis constamment *une forme limite de représentation par la non-représentation.* Une non-représentation « chargée » de représenter les scénarii irreprésentés qui s'y jouent mais souvent pendant longtemps non repérable, et à ce titre difficilement réductible aux seules formes étudiées en premier, par A. Green, dont il est question ici de l'« hallucination négative ». Le même A. Green a, on l'a noté, lui-même ouvert la voie à une interrogation sur la signifiance de l'affect et des charges (*Affektbetrage*) qui sont contenues dans les émois, comme entrevu par Freud en 1915. Le message ou le sens « absent », immobilisé répétitivement dans ce registre et au niveau des indices quasiment invisibles, se tiendrait alors probablement de manière essentielle *entre* les butées des contre-investissements effectués sur des indices sensoriels apparemment « insignifiants ». De là qu'il n'émergerait que rarement dans ce qu'on a nommé les « *actings in* » ou « out » [2]

Or la clinique montre *couramment*, selon moi, que ce mode de relation sans distance à soi-même et peu isolable, dans lequel s'écrase la représentation-représentative encore qu'elle s'y trouve contenue en creux d'une façon comme *matricielle* (au sens, peut-être où Michèle et Roger Perron ont pu parler en 1986 de la matrice originaire du fantasme) mais inapparente, *est central dans la mise en place du pacte fondateur de la cure*. Ce pacte est supporté, malgré parfois *l'apparence* d'une grande lucidité initiale chez le thérapeute, par peu de pensée et beaucoup d'identifications primaires inconscientes. L'accord (= l'acceptation réciproque) échangé clairement entre l'analyste et l'analysé a, malgré toutes rationalisations, je ne sais quoi d'inconditionnel et d'*a priori*, auquel remédie, et qu'en même temps, souligne paradoxalement la convention « technique » désignant le cadre. Un processus inter-identifications projectives, outil de base du travail analytique, se met en place, et il est aussitôt, ou même d'emblée et *originairement* couvert par une espèce de déni en commun (au sens de M. Fain) relatif à une double séduction, à un double déracinement (être chacun sé-duit = être entraîné « hors de soi », de son *lieu* ou de son identité propres).

Il n'en sera plus question ensuite, puisque l'accord originel sur le cadre *est censé avoir été posé et stabilisé par voie de contrat « social »* à la juste distance. Mais l'interaction infra-symbolique persiste, appuyée sur le non-pensé lui-même des indices sensoriels liés au cadre, et porteuse comme il a été dit, par contre-investissement, du moule, ou de la matrice, d'*une fantasmatique « conteneuse » impensée*, génératrice de tous les fantasmes « contenus » que développera la cure et cachée sous les conteneurs matériels et psychiques plus (trop) manifestes que se donne la technique. Et c'est du silence nécessaire qu'impose d'emblée cette fantasmatique de base (silence qui ne se rompt plus ou moins *fugitivement* qu'à l'occasion des accrocs du cadre) que va jaillir l'énergie, dérivée ensuite vers la parole et la pensée, qui produira les transformations vigiles et oniriques des fantasmes actifs et créateurs, interprétables, eux, dans le champ représentatif, avec l'aide du langage comme moyen privilégié.

On n'a pas affaire cependant à une simple opposition de niveau, avec effet d'appui d'un niveau symbolique sur un autre qui serait par nature différent, indicible, et destiné à demeurer *définitivement* dans l'étayage. J'ai parlé d'une *influence cachée mais déterminante de la structure fantasmatique basale*, ainsi immobilisée en partie dans ce qui s'est joué, mis en place dans la rencontre première et dans l'établissement initial du cadre, sur le développement et le jeu des fantasmes ensuite déployés et interprétés dans la cure. C'est en effet dans la mesure même où le rapport d'étayage contenant/contenus dont il s'agit ici, et qui n'est pas sans parenté avec un rapport fond/forme, mais articulé essentiellement dans le rapport économique contre-investissement/investissement, n'est jamais fortuit eu égard à la psyché et à l'histoire du patient, qu'intervient cette détermination. *L'étayage silencieux ou dénégatoire fait partie intégrante du sens profond de la névrose de transfert arc-boutée au contre-transfert.*

La révélation de cette manière d'étayage fantasmatique très caché (et qui peut ou même doit le rester longtemps), n'intervient, dans mon expérience clinique des fins d'analyse, qu'*à la faveur d'un après-coup terminal ou post-terminal* (qui n'a pas toujours lieu, ce qui laisse, j'y reviendrai, l'analyse « terminée » mais non « finie »), montrant alors clairement la *congruence* profonde et nécessaire mais inattendue de tout ce qui s'est passé et dit dans la cure avec quelque chose qui en est resté secrètement comme le motif commun et général, dessiné, le plus généralement, par interactions non verbalisées sur une toile de fond méconnue, mais donneuse de sens. Ce qui ne s'est jamais dit, ni même (d'une certaine façon) « passé », tout en demeurant sous-jacent à tous les mouvements et pensées d'analyse peut à cette occasion trouver une existence psychique et, mieux, une vérité historique dans l'après-coup.

Cette sorte de non-pensé initial nécessaire, originaire et latent, support de toute l'analyse, fondement de l'alliance, et scellé dans le pacte de travail mis en place et garanti par le *cadre analytique même* (entendu dans tous les sens et à tous les niveaux, intrapsychiques comme matériels, du mot cadre), tient *la clé ultime de la synthèse psychique que recherchent,* « *sans le savoir* » *le patient et l'analyste, et celle de la séparation véritable* à laquelle doit conduire la cure.

Le début d'une analyse se déploie toujours, je pense, mais on ne tient pas trop à le savoir parfois, comme une *répétition matérialisée* « fantastique » (au sens trivial comme au sens technique !) *d'un événement interactif organisateur* qui a « déjà eu lieu » dans l'inconscient (restant indécidable l'exacte part ici, des réalités objectives anciennes). Cet *événement psychique fantastique* inclut probablement tout ce qu'on appelle parfois aujourd'hui *l'appareil psychique familial du patient,* soudain abouché à celui de l'analyste, évidemment présent (en bonne partie, par impensé) dans son contre-transfert. Il y a là, je crois, une capitale et originaire *régression en commun, consentie mais implicite*, vers le partage d'une scène inconnue de l'inconscient le plus archaïque de l'analysant, exportée et prise en charge dans l'archéo-psyché de l'analyste. Cela, je le redis, *sous le couvert de l'explicite, du manifeste, du contrat de travail,* et des informations ou hypothèses claires ou allusives échangées consciemment dans les entretiens initiaux, puis dans le déroulement lui-même du processus transféro-contre-transférentiel verbalisable par interprétation.

Dès le début de la cure la régression de toute une partie du Moi du patient, et même, plus restrictivement, de celui de l'analyste, s'opère vers l'économique, le comportement et l'agir, y compris dans le discours. Il s'agit, pour moi, de ce qu'on a appelé (Jacques Cosnier, 1981) l'aspect *pragmatique* du transfert et du contre-transfert, qui se clive ainsi du Moi « névrotique » pour tendre vers une symbiose interactive « psychotique ». Le mot régression est à définir ici comme je l'ai entendu dans un chapitre sur ce sujet de mon livre *Psyché* (1983) : le mal-représenté, le refoulé, ou l'irreprésentable quittent l'état de représentation ou renoncent à y tendre, et sont expulsés dans l'économie gestuelle et sensori-perceptive, qui, *toujours* interactive, détient désormais, par le moyen, noté plus haut, des contre-investissements qu'elle adresse aux traces dans le Moi des objets de la réalité, la part de sens inconnue ou absentée de la situation.

De plus, j'avancerai volontiers que cette régression économique vers un fantasme inconnu, à la fois agi et immobilisé en commun (dont la nature s'accorderait bien, selon moi, avec certaines vues de D. M'Uzan, et par ailleurs, assez bien aussi avec ce que nous a appris le travail psychanalytique sur le fonctionnement des couples, des familles, des groupes) me paraît marquée par (et appuyée sur) un pouvoir *d'emprise*, qui se saisit perceptivement de l'environnement matériel du thérapeute et s'y infiltre pour s'y agripper – comme il s'infiltre aussi dans la psyché même de l'analyste contre-transférant [3]. C'est de là qu'il restera longtemps, ou *éventuellement toujours,* indélogeable, nécessaire à cette place même, à la garantie silencieuse de la cure et parfois de ses suites, sur un mode peut-être « adhésif », voisin de, sinon identique à celui dont J. Bleger a naguère (1964) fait l'hypothèse concernant l'environnement social en général et le cadre analytique en particulier.

Ce que cependant j'ajoute ici, d'essentiel, me semble-t-il, aux intuitions théorico-cliniques des auteurs que j'évoque, peut être résumé ainsi :

1) - il ne s'agit en aucun cas, à mes yeux, d'une éventualité conjonctuelle et encore moins aléatoire. Cet investissement fantasmatique archaïque insu à économie d'interagir, a *toujours* lieu, et s'investit *toujours* en *contre-investissement des fantasmes « pensables »* et interprétables de la cure, dans la périphérie du dispositif, par des voies sensori-perceptives non repérées des intéressés. Et cela pour y demeurer jusqu'au bout ;

2) - ce mode d'investissement-contre-investissement est, j'y insiste, *structurellement nécessaire à l'analyse.* Il constitue la réserve inerte d'inconscient profond, et l'ombilic maintenu, au prix desquels une part plus superficielle de l'inconscient peut être mise en mouvement, et en sens, livrée au processus de pensée consciente ;

3) - sa structure même est implicitement *corrélative* et complémentaire (et non étrangère et indépendante) de l'organisation du système des fantasmes explicitables qui, eux, paraissent et sont travaillés dans le cours le la cure ;

4) - il détient à ce titre ce qu'on pourrait appeler *l'autre partie de l'ostracon*, la moitié manquante du système symbolique (*sunbolon*) et, globalement, du sens des fantasmes explicites. Moitié dont la présence-absente les fonde, les étaie et les garantit, comme je l'ai dit, en secret, mais qui peut, au terme d'une analyse, devenir, sur le mode persécutif ce que le patient ne saurait se résoudre à laisser dans l'ombre, en quelque sorte derrière lui, plus ou moins déposé en l'analyste (et dans son environnement, support dans lequel se sont infiltrés et enracinés le transfert et le contre-transfert), sur le mode archaïque déjà indiqué.

*

Ces points me paraissent au total rendre compte de façon intéressante et empiriquement vérifiable (je n'ai quant à moi guère de doute sur leur vérité au moins approchée) non seulement de la plupart des phénomènes de *réaction thérapeutique négative*, mais aussi d'autres réalités cliniques.

Je pense en particulier à deux types de situations, entre d'autres :

1) - à des *terminaisons d'analyses suffisamment heureuses* et suivies de divers bons effets, mais à *l'issue desquelles ne semble pas s'être produit de deuil authentique* : c'est plutôt à un détachement apparemment « naturel », en « fruit mûr » qu'on a affaire, ou quelquefois (pas toujours) à un assez brusque *décrochement*. Tandis que subsistent, paradoxalement, le plus souvent inaperçus, de légers liens vaguement idéalisés et bien tolérés avec l'analyste, salué par exemple de loin en loin, avec je ne sais quelle note d'artifice, d'une carte postale, ou d'un trémolo dans la voix à l'occasion de la mention de son nom. Un élément d'identification hystérique (d'incorporation non travaillée) paraît donc persister, corrélatif peut-être d'ailleurs de rares pensées rémanentes insistantes et bizarres (souvenirs imprévus, actes manqués) intervenus naguère chez le thérapeute ;

2) - à des *retours* vers l'analyste après des délais, courts ou longs (six mois, comme cinq, dix... ou vingt ans), pendant lesquels l'analysé a tiré un profit certain de la « guérison » analytique. Mais à la faveur de la vie, l'économie légèrement défensive qu'il a mise en place bouge un peu. Et il revient comme pour réclamer un dû, un *bagage oublié* ou abandonné *dans* l'analyse, *chez* l'analyste.

Dans le *premier* de ces deux cas, il y a pour moi une certaine évidence, qu'un « reste de transfert » n'a pas été élaboré (mais « doit »-il l'être ?), et « sert à vivre » au patient. La logique de mes hypothèses, on l'a noté, oblige aussi à croire qu'il y a, corrélativement entretenu, un reste de contre-transfert (archaïque, du type décrit) qui (*a minima*, et bien sûr, avec d'autres choses venues de d'autres patients ou d'ailleurs) « aide à vivre » l'analyste lui-même. Ce serait ces deux restes-supports corrélatifs qui seraient, à la séparation, demeurés pragmatiquement pris ensemble dans le non-deuil ... et auraient étayé et même permis la séparation elle-même, avec un deuil en quelque sorte « incomplet » (?).

Le *deuxième* cas envisagé illustrerait la rupture, par la vie, de cette alliance terminale et post-terminale « utile » de non-deuil ou de demi-deuil portant sur la fantasmatique impensée, sinon impensable, ayant étayé le travail explicite d'analyse. Le retour secrètement revendiquant ou parfois ouvertement agressif du patient vers l'analyste signifie bien alors un « reproche » pour cause d'analyse insuffisamment « profonde », reproche qui peut d'ailleurs avoir lui aussi des aspects interactifs (par ex. rancune cachée de l'analyste contre un patient « rebelle », qui « l'aurait eu », etc...). Mon expérience est que la reprise dans l'analyse et la réactivation de l'interprétation dans le transfert et le contre-transfert des fantasmes inélaborés et suturant qui ont, dès le début de l'ancien processus, fait partager une histoire à deux aux inconscients du patient et du thérapeute, conduisent valablement, et pour un véritable achèvement (une « *fin* » authentique) de l'analyse elle-même (dans son exigence intime et naturelle d'accomplissement), à la découverte et à l'élaboration d'assez étonnants enjeux inconscients, *engagés à l'insu du patient comme de l'analyste dans la demande initiale et dans l'accord de traitement conclu.* Je ne peux malheureusement donner d'illustrations plus précises dans un domaine qui en comporte de *très nombreuses,* mais en général difficiles à livrer sans inconvénients pour le patient, même en les censurant.

La difficulté qu'il y a à aborder et à traiter cette couche profonde de l'analyse dans le cadre même et au terme effectif de la cure (encore que je croie que cela est *possible* et, à chaque fois, heureux) vient, bien entendu, autant des analystes eux-mêmes que des patients. Et il y a de là quelque instruction à tirer. Une confiance insuffisante des analystes (due à une formation ou superficielle ou mal orientée négligeant notamment *le rôle gestionnaire du contre-transfert dans la cure*) dans leur propre capacité de « survivre » psychiquement à un envisagement quelque peu vertigineux, en fin d'analyse, de leurs obscurs et nécessaires dénis inconscients initiaux, mis en abîme dans la fondation de l'alliance avec l'analysé, *peut contribuer à la résistance naturelle des patients à perdre*, en finissant l'analyse, *une illusion porteuse* (sinon vraiment libératrice et créatrice) à l'égard de leur processus psychique en général en particulier, et de la place même de leur analyse dans leur vie.

Quelque hypothèse qu'on fasse, les faits cliniques conduisent, en tout cas, à penser que le capital virtuel de sens enfoui dans le socle de l'alliance analytique a bien fonctionné, durant la cure, comme une sorte d'« unique objet » partagé, appartenant ensemble silencieusement au patient et à l'analyste, et garantissant une progressive re-différenciation inter-subjective aux niveaux plus conscients. Et que cet unique objet, plate-forme commune et ambivalentielle, doit au bout du compte pouvoir être tranché, à son tour, par l'interprétation, si on veut (mais le faut-il toujours ?) que la véritable séparation et la fin de l'analyse adviennent.

Notes :

1 - Où je développe très librement des vues personnelles venues à l'occasion d'une conférence de Claude Le Guen, faite en 1990 au Groupe Lyonnais de Psychanalyse. On connaît les intéressants travaux de C. Le Guen sur l'originaire (1984, 1986). Ma voie d'approche est fort différente, mais j'ai avec lui *quelques* points de convergences notables, que ce chapitre, ordonné à une autre fin, ne saurait sans doute ici traiter comme ils le méritent.

2 - Il n'y a pas en allemand, chez Freud, d'équivalent exact de l'anglais *acting out* (ou *-in*), qui s'est imposée pour préciser la notion plus vague d'*Agieren*. Voir en ce sens l'article « Acting out » du *Vocabulaire* de J. Laplanche et J. B. Pontalis. Je discerne là une preuve supplémentaire du caractère très caché de la sorte de fantasmes de base dont je parle, qui sont toujours au risque d'être confondus avec des émergences particulières, signalant leur décompensation partielle, et que Freud, immergé dans les compromissions particulièrement denses et inévitables de la psychanalyse *encore en cours d'invention*, avait une difficulté spécifique à apercevoir.

3 - Pour une étude plus poussée de la définition du contre-transfert par rapport au transfert et des *interactions originaires « secrètes » ou « de contrebande » qu'ils entretiennent ensemble,* on peut se reporter à mon article de la *Revue française de Psychanalyse*, 1994, 5, pp. 1481-1520, discutant le bon rapport de L. de Urtubey (dans le même numéro) sur « Le travail du contre-transfert ».

CHAPITRE VII

SIGNIFIER L'OBJET :
ATTENTION FLOTTANTE, AUTO-ÉROTISME D'ÉCOUTE
ET ÉMERGENCE DE L'INTERPRÉTATION

L'attention dite « également flottante » est pour moi le moyen spécifique de perception dans l'analyse, entre liaison et déliaison, – et bien près de l'« inquiétante étrangeté » – de la distance de croyance et d'incertitude qu'appelle pour le praticien toute rencontre première « vraie » avec l'objet « lui-même » de la perte chez son patient.

Les références à la fois heureuses et involontairement contradictoires qu'on nous propose habituellement pour situer le champ de la réflexion analytique sur l'attention flottante et les changements psychiques de l'analyste en séance, ont sur moi un effet troublant. Je me sens double : Freud et Winnicott, Greenson et Bion à la fois. C'est là que je perçois dans toute sa force, au-dedans même de ma pensée, ce qu'il faut bien appeler, avec Jean-Luc Donnet, l'écart théorico-pratique (cf. *Revue Française de Psychanalyse*, 1985, n° 5).[1]

On ne peut en effet *mettre en forme* dans un langage *rigoureusement logique* ce qui est avant tout expérience *vécue* de l'analyste qu'en en évacuant le plus intime, le plus authentique : le noyau singulier, qui ne se dira jamais que de manière tâtonnante et maladroite, par l'évocation ou la description phénoménologique d'un état ou d'un changement d'état, éprouvés en position toute subjective. Et si à l'inverse, on privilégie ce précieux éprouvé au titre de référence nécessaire et de source de sens de tout discours métapsychologique possible, le bénéfice pratique de la généralisation échappe aussitôt ou se réduit à une formulation vague et multivoque.

Il me plaît qu'il en soit ainsi au cœur même du problème du « fonctionnement » de l'analyste – sans quoi il ne serait pas d'analyse pensable. Rien qui pointe mieux l'ambiguïté du mode de connaissance, de *l'épistémé* psychanalytique et, on le verra, le rapport que cette ambiguïté entretient avec la vérité de la rencontre avec l'objet.

Mais on ne peut en rester là : l'énoncé d'une manière de « paradoxe » ou de contradiction, même cliniquement opérants, ne suffit jamais à l'exigence de la pensée théorique, même si celle-ci demeure vouée à d'autres égards à l'inachevable, et nous serions bien trop vite d'accord sur de telles bases. Ne faut-il pas alors approfondir un peu le processus même d'« oscillation » (dont Michel Gressot, 1979, a l'un des premiers parlé) entre les points de vue, et *tenter de dessiner une métapsychologie vivante de l'analyste en train de se représenter lui-même – ou de s'ignorer – fonctionnant* ? Cette voie est intéressante. Poussons-la aussi loin qu'elle ira, et énonçons en ce sens quelques suggestions provisoires :

1 - Première remarque : la clarté de la représentation de lui-même qu'a l'analyste subit des variations considérables, bien notées par J. L. Donnet, *en cours de séance*. Variations que nous éprouvons comme une sorte de recul, d'effacement, ou au contraire d'accentuation, selon le moment, du sentiment de *coïncider* avec le vécu et les pensées du patient, le second mouvement correspondant sans doute seul avec l'état d'être « sans mémoire propre », repéré et recommandé par W.R. Bion. Je propose d'examiner ce point à la lumière des conceptions freudiennes originelles de l'*Esquisse* (où Freud utilise d'ailleurs beaucoup le mot même de « coïncidence »). Les processus « primaires » de *jugement* y sont décrits comme impliquant un déplacement de l'investissement sur les traces associatives à la recherche d'une « identification » à faire entre les traces *perceptives* actuelles, et les traces mnésiques plus anciennes, d'abord tenues séparées – non unifiées, contradictoires, onéreuses – par rapport aux précédentes. La notion *d'identification* mérite, dans ce cas, à mon avis, d'être prise au sens le plus fort, et rapportée à ce que nous entendons aussi par « identification » dans le mécanisme introjectif-assimilatif de ce nom qui concerne le destin de l'objet internalisé. Du reste, Freud utilise à peu près les mêmes mots pour l'opération en quelque sorte logique d'« identifier » et celle de « s'identifier », D. Lagache l'avait naguère noté (1955). Nous ne voyons pas assez, d'habitude, que toute identification, « primaire » ou « secondaire », voire « originaire », inclut et même constitue en soi un processus *cognitif*, en même temps qu'« affectif », au niveau duquel intervient, ainsi que Freud l'a souligné dans *La Dénégation* en 1925, un *jugement* (*Urteil*), explicite ou *implicite*, d'attribution et/ou d'existence.

L'identification (*Identifizierung*) avec le patient impliquant un jugement virtuel ou explicite d'identité, (*Identität*, cf. l'*Esquisse*, II, § 18, p. 358), et ses oscillations au gré des positions fantasmatiques, me paraissent faire intrinsèquement partie de la « *Gleischschwebende Aufmerksamkeit* », en tant qu'elle s'applique à ce que Freud nomme, toujours dans l'*Esquisse*, le « complexe de l'objet », lequel est dit « en partie indéterminé » quant à ses rapports avec le « complexe des attributions de l'objet ». « Flottante », cette « attention » l'est pour autant seulement qu'elle décroche, pour… y revenir peut-être, du collage de l'écoute sur le matériel du patient, tenu implicitement, un moment avant, pour directement et totalement expressif des désirs de ce patient, et qu'elle s'avise ainsi de ses propres séductions narcissiques identifiantes par ce matériel, ramenant l'analyste dans sa « peau psychique » à lui – pour parler comme D. Anzieu –, au contact de ses propres « indices de qualités » internes, et repérant au passage sa différence existentielle : la frontière, deux fois franchie, de sa représentation de lui-même par rapport à celle qu'il a du patient. On pourrait tenter ici, sans doute, de décrire toute une typologie phénoménologique, variable mais précise de la succession, des adhérences prolongées ou excessives, et/ou des insuffisances ou pertes d'identification narcissique avec le patient. Mais il n'est pas exclu que l'attention flottante ne nomme peut-être, finalement, ni plus ni moins qu'une sorte de présence perceptive identifiante/désidentifiante, en soi assez ambiguë, parce que formant des figures perceptives trop imprévisibles, et d'ailleurs changeantes selon les cas traités, les moments, ou les praticiens considérés.

2 - **Seconde remarque** : si j'ai insisté, en 1), sur la dimension de « jugement », d'identité ou de différence (dimension « cognitive » donc), que comporte l'identification empathique dans l'attention flottante, on ne peut pour autant négliger la dynamique pulsionnelle et l'économie corrélative que le « jugement » a pour fonction de régler et de lier. Freud a qualifié de « *quantum* » *d'énergie négligeable* l'investissement énergétique qu'exige la pensée dans le processus *secondaire*. On a certes quelques raisons de croire que cet investissement n'est pas lui-même si « négligeable » que cela, et je l'ai montré dans un article sur la négation, repris dans mon livre *Entre blessure et cicatrice, le destin du négatif dans la psychanalyse*, (1987). Mais quand il s'agit du processus *primaire* de « jugement » (recherche, soustraite à la contrainte de la réalité perceptive externe actuelle, et formée de réductions identifiantes de proche en proche, portant sur les traces mnésiques dans les chaînes associatives) les charges sont beaucoup plus élevées, et l'activité intense de leurs déplacements – ou son contre-investissement massif – s'explique par le niveau encombrant du « reste » à investir (pour parler comme A. Green, 1971). Car celui-ci demeure, *pour l'essentiel,* non lié pendant la durée du travail psychique.

En ce qui concerne ce que j'appellerai l'état émotionnel ou « affectif » d'« attention flottante », j'exprimerai l'avis que la clinique quotidienne nous enseigne l'existence d'une sorte *d'excitation dans la passivité* (mentale autant que sensori-motrice), qui s'entretient elle-même et où « tout ce qui entre fait ventre », continûment. On notera l'oralité de cette formule, qui suppose un libre remplissage de l'écoute, laquelle ne peut alors être contrôlée et contenue qu'à la manière du plaisir « auto-érotique », vécu comme en quelque sorte intermédiaire – transitionnel ? – entre le dehors et le dedans, l'autre et le même, moyennant un appoint de rétention orale-anale. Il semble que cet « auto-érotisme » de l'écoute joue un rôle tout à fait important en conservant aux charges pulsionnelles reçues du patient leur force, et *en même temps*, en en détournant l'impact, active et sensori-motrice, *par transformation en plaisir d'excitation de fonction sans décharge* : c'est-à-dire en une certaine forme d'énergie narcissique, issue d'une régression libidinale, qui cependant est maintenue attachée, mais dans une *relative* indifférenciation ludique, aux représentations suscitées. Cette mise en l'état auto-érotique de *l'appareil à penser et à sentir* de l'analyste, qui correspond assez bien à l'idée que Freud a du Moi primitif (« un réseau de neurones investis dont les relations mutuelles sont faciles », *Esquisse*, II, § 14, p. 341) est peut-être ce qui explique les formulations de Bion sur la mémoire : car un tel mode de pensée et de sensibilité, par la priorité qu'il donne à une sorte d'épicurisme de fonction, se vit au seul présent. De là sa capacité d'accueil à l'égard des fantaisies inconscientes du patient : l'Inconscient lui non plus, Freud l'a dit et redit, « ne connaît pas le temps », au moins en un certain sens. Il y a donc ici syntonie entre le fonctionnement temporel de l'analyste et ce qui, dans le discours du patient, concerne les contenus du refoulement.

3 - Troisième remarque : bien entendu, l'attention flottante ne saurait constituer une finalité *par elle-même* dans l'analyse, même si l'un de ses caractères essentiels est précisément d'être, quand elle se produit, *auto-télique*, puisque toujours auto-érotique à quelque degré, et sans horizon temporel précis. L'« analyse » requiert en effet le *renvoi au patient* – avec ou sans délai ou latence –, par le processus interprétatif, d'une partie des effets de variation que l'écoute de son matériel produit chez l'analyste. J'ai tenté de montrer par quels moyens (1986, 1987 ; voir aussi plus haut) dans ce que j'ai dit de *l'interprétation nucléaire* que j'appelle « *per via di riservare* ». Celle-ci me paraît introduire une sorte d'aire transitioenl dans la formulation.

Précisons ce point. Dans le moment de l'intervention interprétative, l'analyste, en fait, *s'arrache à l'état d'attention flottante*, et utilise un certain *effet de dissonance* – atteignant un seuil de sensibilité qui lui est propre –, perçu ou senti par lui comme se produisant *à l'intérieur d'un matériel* qu'il laisse alentour flotter auto-érotiquement dans son écoute. *Ce qui revient à communiquer au patient une rupture, intérieure à l'écoute de l'analyste, de l'expérience oscillante auto-satisfaisante,* jusqu'ici poursuivie dans une sorte d'alliance dénégatoire (dyadique, ou hybride et semi-fusionnelle) avec ce patient. Tout se passe comme si un représentant étrange et inattendu du tiers méconnu sirgissait soudain dans un lieu dont il était d'abord exclu.

Il ne faut pas confondre ce renversement plus ou moins régulier, qui change l'économie relationnelle à un moment donné, avec les oscillations *contenues dans l'auto-érotisme d'écoute flottante elle-même,* tant qu'elle persiste ou reprend. Après que l'intervention aura fait son effet dynamique, en jetant le patient dans le silence, ou bien dans de nouvelles associations, l'écoute flottante pourra reprendre. Il y a, en somme, *deux rythmes* dont l'un, auto-érotisé, est contenu dans l'autre, plus ample, contrôlé par la pensée consciente du praticien, et auquel l'analyste revient après en être sorti, pour en sortir encore dans quelque temps. *La coopération de ces deux rythmes emboîtés est ce qui permet d'élargir peu à peu l'ampleur du champ associatif engagé dans l'analyse,* et d'étendre le bénéfice d'écoute de l'analyste, repris à son compte, progressivement, par le patient, à des secteurs plus profonds et plus divers du matériel inconscient refoulé. La pensée vient, mais je ne m'y arrêterai pas ici, de comparer ou de rapporter ces « rythmes » aux divers « états de vigilance » que la recherche physiologique avancée sur le rêve repère, chez M. Jouvet notamment...

Au total les trois remarques concordantes que j'ai proposées peuvent aider à mieux se représenter métapsychologiquement l'étrange démarche transitionnelle de représentation-sans représentation, entre dehors et dedans, qui définit le lieu stratégique de la *présence suspendue et active,* de *l'absence attentive de l'analyste à son patient.* De l'un des « sujets » de l'analyse à l'autre, auquel il prête son appareil psychique, et se prête lui-même en quelque sorte comme « objet ».

Peut-on suggérer, que dans l'analyse, la rencontre, pour ainsi dire originaire, entre le transfert et le contre-transfert – dans et par le dispositif proxémique spécifique de la cure – se fait d'abord *au sein et au moyen* de l'attitude d'écoute appropriée d'attention flottantes ? Et que c'est donc là, en premier, que s'organise, d'une certaine corruption-séduction croisée et en partie réciproque des fantasmes du patient par ceux du praticien, et de l'instauration d'un « vide » à deux où ces fantasmes vont se manifester, *l'objet potentiellement commun que j'ai évoqué au chapitre précédent ?* Un objet que, métaphoriquement, on peut désigner comme une sorte « d'objet du 3ème type » : multidimensionnel et interpersonnel, mais confus et embryonnaire en même temps, *qui devra se différencier, se scinder, se répartir, développant et inventant tout ensemble son propre programme* génétique – par régressions/progressions diurnes et nocturnes (onirique) – pour se ré-enraciner à la fin, séparément, dans l'histoire du patient d'une part, de l'analyste de l'autre ; le second aidant le premier, aussi loin que possible, par la prestation de sa psyché.

Ces formulations pourraient aussi convenir aux intuitions convergentes d'une série de recherches contemporaines. Celles de Neyraut (1974) sur l'antécédence (que je vois plutôt comme une simultanéité, mais il est vrai que l'attention flottante *accueille*, et que le contre-transfert *porte* le transfert) du contre-transfert sur le transfert. Celles de J. Laplanche sur la séduction généralisée (1987 notamment). Celle des nouveaux psychosomaticiens issus de l'École de P. Marty qui, tel C. Dejours (1986 ; 1988) parlent d'une « subversion libidinale » intervenant dans la cure, et capable non seulement de lever le refoulement mais de rendre parfois inutiles les clivages les plus redoutables, en remaniant au cœur de son organisation la première topique pour dessiner ce qu'il appelle une « 3e topique » : Conscient, Préconscient, Inconscient secondaire, Inconscient profond, ce dernier correspondant sans doute à la part de l'Ics que Freud, en 1923 et 1932, voyait plonger dans le corps.

Sans ce qui se fomente dans la psyché de l'analyste, attentif et flottant, l'« objet du 3ème type », représentant « à deux » de « l'objet de la perte », certainement ne saurait se former, se féconder et, au terme, engendrer *deux personnes* renonçant pour vivre, à l'entretoise qui les a paradoxalement confondus par excès pour, un jour, suffisamment, les démêler à nouveau [2].

Notes :

1 - Le texte de ce chapitre est celui, à quelques corrections près, d'une étude écrite en 1988 pour le seul *Bulletin* interne du Groupe lyonnais de Psychanalyse, en écho à une remarquable conférence de J. L. Donnet, dont on retrouve les vues personnelles dans son récent ouvrage *Le Surmoi* (II), Paris, P.U.F., 1995.
2 - On ne peut cependant dire, je l'ai marqué dans mon étude de 1994 sur le contre-transfert, que le contre-transfert *précède* à proprement parler le transfert. Même s'il l'*accueille* (dans l'attention flottante…) il naît *comme contre-transfert* en même temps que le *transfert,* comme tel, *au sein de la situation analytique.*

Chapitre VIII

JUGEMENT DE NON-REPRÉSENTABILITÉ ET RENONCEMENT À LA MAÎTRISE DE LA PENSÉE
du destin psychique de l'irreprésentable

Tout ce qui précède s'est dit, au fond, en termes du destin analytique de ce qui, chez le patient et chez l'analyste constitue – peut-on dire représente ? – leur part à chacun, respective ou indivise, *d'irreprésentable*, en notant bien que toujours, le devenir de l'irreprésentable chez l'analyste a une fonction irremplaçable, vectrice et homologue à la fois du changement psychique qui se cherche chez le patient.

L'irreprésentable ? On peut, sans trop se tromper peut-être, discerner *trois façons* très différentes de *se représenter l'irreprésentable en psychanalyse*. Toutes trois ont été pratiquées en pionnier par Freud, qui les a chacune successivement privilégiées. Toutes trois se retrouvent dans le travail quotidien des psychanalystes de notre temps, à qui elles rendent des services de qualité variable, allant de la simple réassurance du praticien (ou même du patient ?) à un meilleur accompagnement du devenir psychique de l'analysé. Seule la dernière, sans doute issue d'une profonde remise en cause de l'opposition entre les deux autres, qui chez Freud ont souvent cohabité, paraît correspondre suffisamment, par-delà le légitime souci de mise en ordre du savoir psychanalytique sur l'homme aux besoins de la *prise en compte praticienne du but même de l'analyse : l'achèvement de la cure* par une sufisamment authentique séparation entre deux sujets.

1 - La première démarche se réclame directement, et comme naïvement, d'un constat précoce qui a eu un rôle déterminant dans l'histoire de l'analyse : il existe une *résistance*, empiriquement estimée *insurmontable* dans certains cas, *à la mise en représentation*. De là l'idée d'*expliquer* cette limitation factuelle, qui atteint le thérapeute tout autant que son client, par une théorie étiopathogénique de type réaliste portant sur l'origine objectivement traumatique de l'obstacle rencontré. Cette théorie [1] implique une définition économique du noyau de l'irreprésentable comme formé de traces d'excitation sans commune mesure avec (et incontenables par) les représentations déjà existantes et disponibles au moment historique « réel » de l'excitation. Au lieu de représenter, le patient répète absurdement. Les produits d'excitations traumatiques insurmontables reviennent anachroniquement et douloureusement, sans pouvoir s'accrocher à un récit intelligible, devenir énonçables dans l'interprétation. La butée que rencontre le pouvoir de lier et de donner du sens est alors conçue comme une limite essentiellement quantitative, due à l'état économique des traces supposées, état qui les exclut définitivement de la psyché débordée, et les assigne à un destin sans avenir, dont il faudra bien qu'analysé et analyste se contentent : un destin inanalysable.

La conception que Freud s'est formée de l'irreprésentable dans les débuts de l'analyse, et qu'il a longtemps préférée à toute autre paraît bien avoir été avant tout celle-là. C'est elle qui – apparentée à la première théorie freudienne de l'Inconscient et de la réminiscence [2] –, prévaut dans les *Études sur l'hystérie*, en 1895, où les thérapies réussissent ou échouent en fonction du degré propre d'intensité et de répétitivité des réminiscences traumatiques sans représentation des malades. C'est elle encore qui est sous-jacente aux modèles topiques et génétiques développés dans *l'Esquisse*, ainsi qu'aux tableaux étiologiques, pathogéniques et nosologiques que contiennent des documents de travail comme le *Manuscrit G*. Le concept d'après-coup (tel que présenté aussi dans *l'Esquisse*) s'y accorde tout à fait, et même le suppose. L'après-coup ne révèle à l'analyste les traces anciennes insignifiées que si celles-ci se compromettent avec de nouvelles plus tardives, qui infléchissent l'expression du noyau traumatique d'excitation, et autorisent dès lors un travail de comparaison et de différenciation entre les diverses couches d'inscription dont parle en 1897 une lettre à Fliess (n° 52 dans *la Naissance de la psychanalyse*).

Même l'abandon en 1897, aujourd'hui discuté (J. Masson, mais aussi J. Laplanche...), de la « Neurotica » de 1895, ne change pas fondamentalement l'affaire. La Neurotica cherchait naïvement un événement objectif précis à l'origine de la répétition et de l'éventuelle irreprésentabilité. La nouvelle donne affermit encore la doctrine en la rendant plus cohérente. On suppose toujours une réalité traumatique précise et datée aux origines de l'irreprésentable : mais cette « réalité » est elle-même, ce qui est logique, non représentable, sinon par imagination arbitraire ou par reconstruction logique, plus ou moins exacte.

Quant à la notion de transfert, des origines aux définitions des petits écrits techniques des années 1910 à 1918, on sait qu'elle reprend et utilise à sa manière l'idée d'après-coup. La nouvelle mise en jeu, dans la cure, du noyau traumatique insignifié du patient permet de lier qualitativement des quantités d'excitation qui demeuraient jusque-là assujetties à une décharge compulsive aveugle. Et ce qui ne pourra accéder au transfert demeurera à jamais psychanalytiquement irreprésentable, objet seulement de spéculations étiologiques de type structurel. De telles vues traverseront en fait, parallèlement à d'autres moins précoces, toute l'œuvre de Freud tantôt repoussée dans l'ombre et tantôt faisant retour à l'avant-scène de la théorie. On les retrouvera dans l'hypothèse de 1920 sur la « Pulsion de mort », et, en 1937, dans *Analyse finie et infinie*.

On comprend que l'ensemble de cette conception, impliquant une *représentation théorique réalistique de l'irreprésentable* ait pu avoir, pour le développement de la psychanalyse commençante, un effet rassurant et structurant qu'on ne saurait regretter. Freud, pourtant si hardi, jouait néanmoins en apprenti sorcier, en ce temps, à quitte ou double avec la fantastique expérience du transfert, tandis que le contre-transfert ne lui était pas même encore... représentable. Il ne lui fallait rien de moins que le confort d'une causalité matérielle (la « quantité d'excitation ») pour justifier la limitation de son pouvoir de comprendre.

Mais nul doute, dans ces conditions, que l'effet de défense obtenu, véritable sauvegarde identitaire devant le vertige des compromis et des entrelacs transféro-contre-transférentiels, n'ait rapidement borné le bénéfice conceptuel et surtout clinique tiré par Freud de cette théorisation de maîtrise fortement armée, qui n'allait rebondir que du passage à une démarche exactement contraire, qu'elle appelait par renversement. Cette démarche se préparait déjà sous le couvert protecteur de la première, dès la même époque.

2 - **La seconde voie** ne se précise pourtant chez Freud qu'entre 1905 et 1925, bien qu'on la trouve amorcée, sous forme d'intuitions éparses, dans les années 1895 et suivantes, où prévaut encore la solution que je viens d'exposer.

L'irreprésentable n'y est plus une sorte de matériau brut, naturellement exclu de la fonction représentative. Il est vu plutôt comme une *représentation d'arrière plan*, ou peut-être *comme une autre espèce de représentation*, située pour ainsi dire derrière (ou au-delà de) la psyché, où elle joue pourtant un certain rôle, sans qu'on puisse l'y faire paraître actuellement. Ou encore comme *des germes de représentation*, des éléments en quelque sorte prére-présentatifs, *à vocation représentative*, ayant *déjà en eux-mêmes*, sur un mode spécial, *une structure symbolique au sémantique virtuellement exploitable* par l'analyse, mais immobilisée, gelée ou dissimulée sous des espèces trompeuses. Ils attendraient en cet état la levée du sortilège qui les retranche de leur propre destin. L'initiative en reviendrait au praticien, à condition qu'il sache reconnaître la Belle au bois dormant dans son cercueil de verre, ou les compagnons d'Ulysse sous les pourceaux de Circé, témoins et victimes dans les deux cas d'un drame antérieur caché, et leur rende enfin quelque chose, s'il le peut, de l'apparence à laquelle ils auraient droit.

Seuls quelques signes quantitatifs, manifestés par des émois, attesteraient habituellement cet état particulier – sorte de limbes de la vie psychique – *de représentations pour ainsi dire perdues avant que d'avoir été formées ou rencontrées par le sujet*. L'action spécifique de l'analyse serait dans ces conditions de faire quand même surgir du sens de ce qui se donne dénégatoirement comme non-sens ; du qualitatif en ce qui, justement, n'exprime la qualité que quantitativement ; une représentation-représentative (*Vorstellung-Repräsentanz*) de ce qui ne s'expose qu'au titre de représentant-non-représentatif de l'Inconscient. C'est une démarche qu'a très bien vu A. Green (1971) et qu'on retrouve (mais étendue à une transmission de sens en profondeur dans l'axe phylogénétique et intergénérationnel) en certains points de mon chapitre II.

Freud esquisse déjà, mais presque allusivement, cette autre conception de l'irreprésentable dans les années 1895, quand il signale l'importance, dans certaines de ses observations, d'histoires familiales plus ou moins dramatiques, chargées de violence et de débordements sexuels – parfois sur plusieurs générations –, histoires qui, mal connues ou même ignorées des intéressés, *organisent cependant mystérieusement leurs émois et leur comportement sans avoir jamais passé, semble-t-il, par une crise de conscience personnelle de leur part*. Peut-être doit-on aussi joindre à ces remarques précoces les considérations qu'il fait sur la texture sensorielle et l'intensité des images des rêves et des souvenirs-écrans, entre 1897 et 1904. Quelque chose de la violence des sensations a ici *valeur de message, mais indéchiffré*.

Ce sont certainement de semblables notations qui le mèneront plus tard à avancer l'idée d'une transmission primaire, ou *originaire*, par des voies particulières, de fantasmes ou pensées insus passant de génération en génération. *Totem et tabou* en 1912, *Vue d'ensemble* en 1915, puis bien d'autres textes donneront corps à la théorie qu'il appellera « phylogénétique », et qu'on a souvent confondue à tort avec une sorte de placage lamarckien flanqué sur la psychanalyse. Comme je l'ai, je crois, montré assez clairement plus haut (ch. II)[3], Freud ne s'est jamais leurré sur ce dernier point. Pour lui, dans la perspective propre à la psychanalyse, l'évolutionnisme des biologistes et des zoologues, et notamment le transformisme (dont il ne récuse pas la valeur scientifique générale), n'a guère plus de valeur qu'un modèle analogique, qui ne dispense en rien d'une compréhension psychanalytique spécifique de la transmission psychique. A ses yeux, il y a *transmission de sens concernant les traces d'une histoire œdipienne structurellement typique déjà vécue, à travers les événements particuliers de leur existence, par les parents.* Cela au moyen d'identifications immédiates archaïques dites primaires (adhésives ? imitatives ? plastiques ?) qui *dotent de façon innée l'individu d'un bagage « originaire » de nature d'emblée psychique ou proto-psychique.* De ce bagage *antérieur clandestin*, la réalisation et l'appropriation personnalisante par la psyché sont soumises aux exigences du développement *ultérieur* d'une *histoire propre* à laquelle le sujet a vocation, et où tout cet héritage interviendra, mais croisé de nouvelles inscriptions, à travers des après-coups successifs. L'ultime noyau de sens de ces *représentations d'avant la mise en représentation personnelle* pourra, en fait, demeurer largement inconnu, inaccessible, et continuer à ne se manifester – peut-être – que par une économie de symptômes ou par des traits de caractère... *Mais il ne cessera de requérir et de nourrir la représentation* ou ses équivalents dans le comportement. Comme si sa nature et son origine mêmes le désignaient comme *le fond représentatif* mais toujours *irreprésentable à quelque degré,* dans la psyché du sujet, de *toute la mise en représentation*, dont il reste *la référence intime et le moteur premier,* source d'excitation permanente et modèle sans doute asymptotique de tous les « signifiants énigmatiques » dont parle de nos jours, en termes heureux, Jean Laplanche (cf. 1988, et ailleurs).

Nous sommes très loin ici, on le voit, et juste à l'opposé en vérité, d'une théorie réalistique et objectivante de l'irreprésentable, du genre de celle que comportait la première conception freudienne du traumatisme, réplication psychologique insuffisante des vues ambigument neurologiques sur l'excitation qui saturent tant de pages de l'*Esquisse*. L'irreprésentable est maintenant donné comme *situé à une limite extérieure* de *l'appareil à représenter du sujet*. Ou plutôt, *il est lui-même cette limite,* qui déjà contient du côté du dehors des principes et des termes métaphoriques dont la présence est essentielle, du côté du dedans, au travail psychique de mise en représentation. L'irreprésentable n'est irreprésentable, en somme, que d'être pour le sujet l'inépuisable analogon primordial de *toutes* les représentations inconnues de la préhistoire personnelle que ce sujet a à déployer sans cesse en se les « appropriant » au cours de son « devenir psychique » (*Psychischegeschehen*), borné seulement par la mort.

Bien entendu, cette seconde théorie, qui se refuse à réduire les échecs du travail de sens aux effets d'une contrainte biologique insurmontable, déterminée par la seule nature des traces du passé dans la personnalité du patient, accorde, à la différence de la première, *toute sa force intentionnelle à la notion de résistance*, liée ici à une véritable *activité* de refoulement. L'irreprésentable – en tant qu'il relève de l'originaire et de la transmission « phylogénétique » – est le produit de ce que Freud appelle précisément le « refoulement originaire » : un point qui s'accord aux vues de Cl. Le Guen sur « l'œdipe originaire » (1974) et sur le refoulement (1985). Il y a ce que j'appelle une *répression d'emblée*, qui *déjà* provient du sujet (auteur actif d'un refoulement primaire), mais qui reste encore comme collée (par identification primaire) à celle des parents refoulant les représentations transmissibles de leur histoire et préhistoire à eux. Et c'est la levée d'un coin plus ou moins grand du voile de ce « refoulement originaire » par le travail de l'après-coup, qui, en définitive, peut agrandir le Moi, ou l'espace psychique du sujet en direction de l'irreprésentable, en lui assurant la conquête – selon un mot de Gœthe cité plus tard par Freud – de ce qu'il n'a jamais possédé mais qui, par héritage, lui appartient déjà, *faisant partie de lui-même dans une sorte d'extériorité paradoxale*.

De vastes horizons s'ouvrent aussitôt de ce point de vue pour le lent travail de la cure psychanalytique, même s'ils ne débouchent que sur un « pays où l'on n'arrive jamais », comme dit le poète (A. Dhotel). Du coup, le psychanalyste se voit interdit de se décourager et de déserter au prétexte de l'acharnement de la résistance. Et il lui faut trouver les moyens de maintenir l'intérêt interprétatif, le goût de la liaison, face à l'action corrosive, démotivante de l'opiniâtreté défensive de la répétition et du retour incessant du non-sens, *masquant la représentabilité potentielle de l'irreprésentable dynamique* dont il vient d'être question.

La clinique de Freud a mis au point ces moyens. C'est d'abord la prise en compte de l'affect – déplacé, bizarre, excessif ou insuffisant – il en a été question dans des chapitres antérieurs, et dont il envisage déjà systématiquement le destin spécifique dans la *Traumdeutung*, en 1900, puis, bien plus tard, dans ses essais métapsychologiques de 1915. C'est aussi l'attention portée à l'*hallucination négative*. Cette dernière, à laquelle il s'intéressera de plus en plus (sans jamais l'étudier à fond, A. Green le note, 1977 ; 1993), à partir surtout de son travail sur la *Gradiva* (1906) et de l'article sur *Le trouble de vision* (1908) [4], est entendue comme une modification de l'état de la perception et de la représentation dans laquelle *quelque chose est éprouvé manquant*, et se donne ainsi à l'écoute analytique en quelque sorte directement et au présent, mais *par perception du défaut*. Il y a *présentation représentative d'une non-représentation*, affichage représentatif d'une irreprésentabilité actuelle sans autre objet ni motifs apparents qu'elle-même. Dans la clinique, c'est pour moi tant dans l'hallucination négative que dans la « positive », avant tout *le décalage, l'écart* senti entre ce qui est saisi par les sens et ce qui est en quelque façon attendu qui est comptable du non-représenté et qui fait signal. Un signal associé à quelque forme de l'expérience d'« inquiétante étrangeté » (Freud, 1919), qui étonne, et produit, prioritairement du côté du contre-tranfert, *un trouble secondaire du sentiment de soi* (un effet relatif à l'investissement du Moi) dont l'analyste peut éventuellement se servir pour avancer sur le chemin de la reconnaissance, et de la nomination dans le discours de l'irreprésentable...

Dans ce que je viens de dire des moyens d'une reconnaissance par effet de trouble, dans l'affect ou/et dans l'hallucination négative, de la présence par non-représentation de l'irreprésentable, il faut souligner l'existence à mon sens *constante et révélatrice* de ce qu'on ne peut appeler autrement que *les sentiments de bizarrerie ou d'étrangeté* qui (fussent-ils légers) accompagnent toujours les expériences perceptives correspondantes. On retrouve bien ces états affectifs singuliers dans toutes les expériences où prévaut l'intensité fascinante et exclusive d'une présence perceptive qui réduit à presque rien tout le reste autour d'elle. *Quelque chose y est en manque dans ce qui est en trop*, tout comme dans l'hallucination négative, *quelque chose est de trop dans le manque*[6]. Mais, il y a toujours un trouble économique *ressenti*, qui est en rapport avec la perception obscure *d'une perte d'étayage* (ou d'une lutte inadéquate contre une perte d'étayage) *représentatif.* Rien ne me paraît plus important.

Car ces affects identitaires plus ou moins intenses, ou au contraire ténus, mais toujours bizarres, ont à l'évidence une spécificité qui « parle », comme on dit d'un trouble des limites du Moi et des appuis de ce Moi sur ce qui à la fois le dépasse, le constitue, le détermine dans ce qu'il est, et l'aliène dans son ailleurs. On les rencontre encore, sous des formes parentes de celle de l'*inquiétante étrangeté*, dans les effets verbaux de *double sens* (Freud, 1910) ; dans les *sentiments de dépersonnalisation/déréalisation* (Freud, 1936) – justement privilégiés, à travers des cas de déséquilibres narcissiques graves, par M. Bouvet (1949) pour le travail analytique ; dans le simple *étonnement* dont usent l'humour ou l'esprit (Freud, 1905), l'art et l'esthétique (cf. par ex., A. Beetschen, 1987) ; dans la pensée mystique[6], et enfin dans l'interprétation psychanalytique elle-même, *interrogeant*[7] par de simples rapprochements les lapsus, les actes manqués, les décalages, les silences ou les remplissages du discours dit associatif du patient, aussi bien que (discrètement et auto-analytiquement) ceux de l'analyste dans le contre-transfert. Qu'on pense encore à l'angoisse, conçue comme signal (Freud, 1926) de ce qui manque dans la pensée. L'angoisse dont j'ai pu montrer plus haut[8] que Freud a fait en 1925-1926, à partir d'une idée plus générale de 1915, en l'associant à la douleur du nourrisson, *un affect précocissime* des jeunes enfants, porteur d'emblée d'un savoir inconnu, précisément relatif à l'absence (énoncée par excès de violence) de ce qui, précédant l'individu et extérieur à lui, est cependant en quelque façon partie prenante à sa vie individuelle. Vieilles intuitions en vérité, qui reviennent alors en référence à ces « preuves cliniques » évoquées par Freud, et auxquelles je me suis arrêté plus haut. Mais l'idée première se rencontrait bien déjà trente ans auparavant, dans de difficiles et profondes pages théoriques du *Projet*.

Il faudrait ajouter également à ces affects spéciaux que j'appelle identitaires et qui concernent la « perception obscure » (Freud, 1897) des fondements et des limites auxquelles s'appuie le Moi (ou le Soi ?), les émois d'un genre spécial, à la fois excités et sidérés que nous constatons dans la cure lors du surgissement de ce que Freud nous a appris à reconnaître comme des « fantasmes originaires ». Relatifs à la conception, à la naissance, à la castration ou au coït, ces fantasmes, souvent quasi oniriques ou alors cauchemardesques, *participés autant que perçus ou représentés*, concernent tous l'individuation parce qu'ils correspondent à ce qu'on pourrait considérer comme une expérience ambiguë d'interface, dehors-dedans, *entre assomption et perte de quelque chose de l'identité*, le sujet étant comme sommé de choisir ses propres limites, et déchiré par la blessure psychique à lui faite par ce qu'il lui faut par nécessité abandonner pour pouvoir être Soi.

Les fantasmes originaires dont la portée, fondatrice ou même ontologique, a été très bien vue, il y a longtemps déjà, par J. Laplanche et J. B. Pontalis (1956), peuvent probablement – quant à eux – être envisagés, à travers les affects qui les accompagnent, comme des *aprésentations violentes et instables de l'irreprésentable lui-même*, fonctionnant comme une source ambiguë et topiquement délocalisante de la mise en représentation. Ces fantasmes ne sauraient se soutenir longtemps sans se détruire, ou sans engloutir (ou, au contraire, mettre en fuite) celui ou celle qui les vit avec une si étonnante intensité psychique, attachée à des émergences figuratives à la fois hautement surdéterminées et perceptivement saisissantes.

Mais le repérage et l'inventaire *des moyens que l'observation clinique fine a suggérés à Freud pour reconnaître davantage*, dans le fil de l'épistémologie nouvelle à demi immergée dans la pratique qu'il fondait, *les caractéristiques et la nature spécifiquement psychiques de l'irreprésentable*, en dépassant la lecture courte, trop clôturante (même si elle était déjà très remarquable) qu'il tentait d'en faire au début de ses découvertes, ne suffisaient pas au travail analytique.

Celui-ci pouvait encore rester menacé par le retour insolite des théories à dominante défensive, dont les vues sur la *pulsion de Mort*, en 1920, constituent en partie, à mes yeux, une résurgence particulièrement originale et intéressante [9]. Par ailleurs, le décrochage entre les concepts nouveaux dont j'ai parlé et la métapsychologie, essentiellement la topique, des années 1915-1920, était maintenant très sensible.

3 - De là, me semble-t-il, la nécessité qui a poussé Freud, à partir de 1923 environ, vers **une troisième approche de l'irreprésentable** qu'on peut décrire comme orientée vers une *sorte de synthèse opérante, (fournissant des modèles d'intervention contre-transférentiellement plus praticables par l'analyste en situation), entre les deux conceptions que j'ai opposées.* Entre l'explication objectivante d'une part, essentiellement étiopathogénique et neurologique, de la première période, tendant, à tout le moins, à *extérioriser* totalement l'irreprésentable, refusant toute signification déchiffrable à l'intérieur de la psyché aux résistances de répétition les plus opiniâtres, à l'insistance durable de l'absurde ou de l'étrange, et, d'autre part, l'approche interrogeante et implicante, sensible plus ou moins empathiquement à la perception et aux messages des immobilités comme des déséquilibres perceptifs et émotionnels du patient, et *intériorisant* davantage l'irreprésentable dans l'expérience clinique, mais du coup *dépourvue de projection théorique acceptable dans l'ancienne métapsychologie.*

La nouvelle voie s'organise bien, en fait, pour être elle aussi avant tout praticienne et aider à la résolution psychanalytique des cas les plus difficiles. *Mais à cette fin même, elle choisit de s'appuyer sur un profond remaniement, et même sur une révolution dans la conception freudienne de la topique*, où figurent désormais les trois « instances » du Moi, du Ça et du Surmoi-Idéal du Moi. Cette révolution succède, comme on le sait, en 1921-1923, avec décalage – sans que le lien apparaisse complètement entre les deux moments de pensée –, à l'introduction de la « seconde » théorie des pulsions (1920). Ce n'est plus une géographie psychique vue d'en haut par un tiers observateur, qui considérerait d'un regard égal les divers *fonctionnements* (Cs-Pcpt, Pcs, Ics), assimilés à des espaces internes différents, de l'appareil psychique. C'est une topique intrapsychique qui s'ordonne, *non d'un point de vue externe, mais à partir d'un regard central du Moi* sur ses sources, ses appartenances, ses relations de « dépendance » (Freud, 1923, cf. le titre du chap. V), et sur les projections, proches ou lointaines, organisant son espace vécu.

Ce changement radical de perspective [10] n'est pas, j'y insiste, de l'ordre de la simple spéculation théorique, comme l'était peut-être peu avant l'invention de la Pulsion de Mort, sorte d'hypostase objectivante, élevée au rang d'une nécessité ontologique, aveugle et irresponsable, de la butée de la pensée sur l'irreprésentabilité des sources obscures du désir de détruire. Il est au contraire essentiel à une *mise au point épistémologique*, d'ailleurs profonde, de la place empirique du sujet même du vécu de la valeur concrète de l'irreprésentable dans le travail transformant infini de l'analyse.

Le « Moi » de 1923 contient en effet lui-même désormais, dans les formulations assez paradoxales qui lui servent de *définition*, l'ambiguïté identitaire *bi-face* que nous avons trouvée installée au cœur de l'expérience affective des limites de la mise en représentation et de la rencontre avec l'irreprésentable. C'est ce *Ich* dont Freud nous dit maintenant en substance qu'il désigne le Moi inséparablement, « *dans toutes les implications possibles à la fois* »(1923, « Le Moi et le Ça », chap. V) :

1 - Sujet, comme lieu focal et source unique d'incessantes évaluations et d'actes positionnels de la pensée, consciente et inconsciente, face aux excitations qu'elle reçoit du dedans et du dehors et aux objets qu'elle se donne ;

2 - Sujet-*Objet* direct (le « me », le « Moi » régime), tel que le sujet-sujet peut précisément le viser et se le donner, en se visant lui-même dans ce qui peut le figurer à son propre regard.

3 - et, assurément aussi, Sujet comme *object indirect* des attributions circonstancielle du discours projectif et identifiant sur Soi à travers la représentation des « autres », onirique ou non.

Le *Ça* n'existe psychiquement, pour sa part, qu'en tant qu'il apparaît dans la place où le Moi-sujet le désigne au fond de lui, place où en même temps il demeure extérieur à ce sujet, partenaire irréductiblement étranger et aliénant, parce que lui-même partie vive du regard auquel il est cependant confronté. Le Ça, lui aussi, ne peut… se représenter dans la théorie qu'indissociablement double, toujours en instance et en demande insatiable (parce que toujours en manque) de représentation : figure déictique de l'irreprésentabilité foncière du *Ich*-sujet, lui revenant ici de face, du fond de lui-même et des sources corporelles de la pulsion, comme la source retournée du désir même qui le meut à son insu.

Quant au *Surmoi-Idéal-du-Moi*, si Freud semble bien retrouver en lui un héritier *théorique* évident des prémonitions de 1895, il lui donne aussi le caractère dune concrétion *clinique* nouvelle remarquable. De même que le Ça est un Moi qui se découvre en partie étranger à lui-même, de même le Surmoi figure, ou *représente* (on a de nouveau envie de dire « irreprésente » !) pour le *Ich*, le *dehors*, l'*étranger*, l'*autre* devenu Moi, « colonisant » le Moi et revenant dans le Moi, *pour lui parler précisément d'une dépendance anaclitique à jamais originaire*, et pourtant oubliée, aux objets inconnus mais exigibles du monde extérieur de la perception, dépendance qui fait retour au-dedans comme tyran domestique et, *ensemble*, comme modèle idéal.

Autant de figures topiques[11] *de l'irreprésentabilité de fond que gardent pour eux-mêmes, ensemble, le fonctionnement et l'organisation de la psyché*, qui vit et palpite, tirée ou déchirée entre un dehors et un dedans tous deux constitutifs de son identité, inconciliables mais à quelques égards et en quelque lieu ombilical, indémêlables : soustraits à toute « analyse » *radicale* ou définitive, et donc à toute synthèse *pleinement* rationnelle.

C'est donc désormais, depuis 1920, *la nouvelle théorie ellemême de l'appareil psychique qui inscrit, enregistre, pour s'en organiser conceptuellement, la présence empirique universelle, dans l'expérience de l'Inconscient en tous ses états et régimes, de l'irreprésentable* : d'un irreprésentable, lui, *fondamental*, et *par là-même*, *naturellement en exigence de représentations* aussi *nécessaires* que *vouées par nature à l'insatisfaction.*

Sans doute Freud n'est-il arrivé à ces étranges certitudes théoriques qu'après avoir dépassé la crise d'objectivisme spéculatif de 1920 au moyen d'un approfondissement de son auto-analyse. Celui-ci a dû porter, à l'occasion des deuils de l'âge et de l'éclosion de son cancer, sur la perte de ses rêves narcissiques secrets de toute puissance, y compris psychanalytique, et sur le masochisme inconscient sous-jacent à ses pulsions d'emprise (1924), accompagné d'une forte dépendance en retour aux partenaires habituels de ses pensées aux partenaires habituels de ses interlocuteurs, patients, collègues, ou publics scientifiques. C'est aussi d'un tel progrès *auto-analytique* : qu'on peut voir les indices à peu près sûrs dans les pénétrants passages sur les affects, la douleur, l'angoisse et la phylogenèse que contient, on l'a rappelé plusieurs fois, *Inhibition*, en 1925-1926, et dans les issues que, comme on sait, il propose discrètement en 1923 (« *Le Moi et le Ça* », chap. V, en note) au traitement psychanalytique, un moment abandonné, pour raison de pulsion de mort, de certains cas de réaction thérapeutique négative, par voie de *réduction dans le contre-transfert de l'Idéal du Moi grandiose du thérapeute, allié à son insu aux résistances du patient.*

Mais les effets intimes de cette évolution ne changent rien à ceci : c'est, dans le débat avec l'Inconscient, le *praticien qui l'emporte sur le théoricien impénitent*, au point d'imposer à ce dernier des énoncés... théoriques, qui, intimement appropriés aux expériences quotidiennes de la cure, mènent encore aujourd'hui notre pensée spéculative aux *limites flottantes du pensable*... sans cependant l'en faire sortir, comme c'était au contraire le cas en 1920 [12].

On soulignera combien dans cette théorisation ouverte ou blessée, mais fine et soumise à une rigueur vraie, soucieuse de fidélité au concret de la clinique, *la résistance et ses répétitions doivent désormais être prises comme un phénomène de coalescence du transfert avec le contre-transfert* (encore que Freud, pudiquement, ne prononce plus ce dernier mot, pourtant naguère si bien proposé par lui), comme je l'ai marqué dans mes propositions récentes (1994) sur le contre-transfert. Et cela vaut sans doute dans tous les cas, y compris dans ceux où l'on pourrait être tenté de les attribuer d'abord exclusivement aux compulsions intraitables du *seul* patient. Le dispositif et le processus analytiques prennent maintenant en charge cette entretoise du dehors et du dedans, de l'autre et du Moi, dont nous sommes tous issus quelle que soit notre structure particulière, et qui se concentre dans la cure comme dans une éprouvette psychique. *L'irreprésentable, c'est sans doute, précisément,* le cœur même de cet « *hybride* » (selon le mot de M. de M'Uzan), de cette hydre aux cent têtes (aux « sans tête » diraient les Surréalistes) de l'autre et du soi. L'irreprésentable, c'est le nœud en bande de Mœbius du transfert doublé de son contre-transfert, et *vice versa*, où l'un n'est jamais à l'abri d'être *altéré* par l'autre, et l'autre par l'un, et où l'un et l'autre doivent enfin, dessaisis ensemble, recourir en tâtonnant au tiers mais quand même obscur arbitrage du réel.

Rendu à ce point, en effet, il reste seulement à quitter définitivement avec Freud l'illusion d'une meilleure et peut-être moins implicante théorie psychanalytique... de l'irreprésentable, et du fonctionnement comme des limites de la mise en représentation, pour se contenter de s'interroger sur *ce qu'il peut advenir dans l'expérience de la cure de cette intrication sur fond d'irreprésentabilité.*

Nous avons déjà la réponse : l'issue n'est autre que *la fin même de l'analyse*. Mais alors, non pas une rupture par colère ou découragement, mais une *séparation*, où, de tout cela, il résultera pour le patient (avec l'aide de l'analyste) l'admission d'une vérité commune et la reconnaissance d'une suffisamment équitable différence, dans l'originalité inévitablement solidaire de destins un moment abouchés mais vitalement voués à l'individuation, sinon à la solitude.

Je voudrais ici me faire bien comprendre : la théorie freudienne de l'irreprésentable s'approfondit entre 1920 et 1930 au point qu'elle ne trouve plus désormais de réponse et de suite que dans l'*acte analytique,* auquel elle *tend* à s'égaler, en admettant la *priorité* (sans falsification ni anticipation défensive, ni infinis moratoires) de l'*élaboration du deuil, et de la séparation analytique* : problème qui va d'ailleurs occuper jusqu'au bout la pensée de Freud : jusqu'à sa propre séparation d'avec la vie...

Toutes les parties entendues, toutes hypothèses faites, tous échanges de rôles ou emprunts identitaires inconscients accomplis, toutes théories explorées du moins autant qu'il a été donné de le faire dans la cure, il reste seulement à la fois *à trancher au moins mal des chances de la vie ce qui ne peut être plus complètement démêlé*, après l'avoir été *aussi loin qu'il était possible*. Tant de fenêtres ouvertes et rouvertes sur l'irreprésentable, par le moyen de *l'interprétation de la résistance de répétition*, du *destin des affects, des émois identitaires, des fantasmes originaires*, envisagés tous et toujours *dans le transfert et le contre-transfert*, ne conduisent au total qu'à ce terme, et c'est *sur ce test concret seul* que se détermine le bien-fondé de chaque cure, et de la psychanalyse tout entière.

Rien d'étonnant, alors, si ce que nous avons pu nous borner d'abord à considérer comme la suite des variations de Freud à la recherche d'un modèle théorique satisfaisant des limites du représentable, *aboutit à une analyse très praticienne des mécanismes de décision du Moi-Sujet dans son rapport à l'Objet*, analyse que Freud a entreprise en 1925, dans *die Verneinung*, l'année même où il rédigeait *Inhibition, symptôme et angoisse*.

La *décision du « sujet » du jugement négatif* comporte un acte de volonté dont j'ai pu suggérer ailleurs (1987 ; 1988) que, si élaboré soit-il, il garde toujours *une part non négligable* d'arbitraire (de « libre » arbitre, peut-être ?), qui en fait au moins pour une part, un hybride de pensée rationnelle secondaire *et* d'agir. Réunissant ces deux genres d'économie dans un *geste psychique* assumé aux limites du Moi, à la fois dans l'intérieur et dans l'extérieur, le jugement tranche, et rejette hors des appartenances du Moi *ce dont il décide de faire le sacrifice afin d'être lui-même* et de marquer ses propres frontières. Il y a toujours *la mise à mort d'une ambivalence résiduelle*, et un peu, au moins, de violence dans les « non » même les plus tranquilles. Et la libération créatrice qu'ils produisent est proportionnelle à l'ampleur de l'ambiguïté qu'ils tranchent. Encore faut-il que la décision soit mûre, c'est-à-dire n'entraîne pas un tel sacrifice que le Moi ne puisse faire de la liberté retrouvée qu'un appauvrissement nostalgiquement regretté, transformant la négation en déni.

D'où la nécessité de lier le processus de séparation-négation à un processus de *renoncement* (*Verzicht*) que Freud a souvent mentionné sans trop le commenter, et dont je pense qu'il est à comprendre essentiellement comme un *abandon*, sous l'emprise de la réalité enfin admise et du besoin de vivre, *de la passion incestueuse originaire pour le Surmoi*, masochiste dans son essence et mêlant narcissiquement dans le désir l'Autre et le Moi. *Le renoncement aux amours incestueuses avec le Sur-Moi* (amours dont on retrouve la marque dans l'excitation-agrippement terrifiante produite par les fantasmes originaires [13]) porte en lui le *renoncement à accomplir la « complète » mise en représentation voyeuriste de l'irreprésentable de la représentation*. Car *la pensée impensable de l'inceste* avec le parent originaire, dans sa dimension narcissique de déni de la différence des générations, comme aussi bien de celle des sexes et de la castration, *est probablement elle-même dans l'Inconscient le paradigme de l'irreprésentable*, le « trou » inexhaustible et incomblable – sauf par artifice fétichique – de la pensée et de l'expérience humaines, mises au demeurant si douloureusement à l'épreuve de ses propres limites par notre XXe siècle.

Consentir à en répudier le désir narcissique incestueux, fût-il voilé, à *s'en séparer*, soumet l'identité à l'épreuve de la mise à mort de la Gorgone par le héros Persée. La théorie psychanalytique de l'irreprésentable s'achève par une invitation à détourner de soi en renonçant à la dévisager, la tête séductrice et mortelle, volontairement tranchée, du monstre, pour pétrifier par cet arrachement les envahisseurs du Moi et préserver le lien du Moi lui-même avec la réalité [14].

Mais cette œuvre de sauvegarde du Moi, qui lui permet de *survivre*, ne lui suffit pas pour s'enrichir et s'élargir. Elle épure et protège, elle ne développe, ni ne crée. La tâche est toujours à reprendre, par nature. Les têtes de l'hydre renaissent.

Quelle voie alors ? Celle de la reconnaissance « rationnelle » d'un irrationnel ?

La clinique suggère que le pouvoir libérateur, et peut-être créateur et auto-créateur du Moi dépend d'une modalité réduplicative du jugement d'existence, appliqué à une négation : *j'affirme*, à regret, mais il y va de la vérité, l'existence réelle de la non-représentabilité [15]. « Je » juge qu'il y a *toujours* quelque part de l'impensable, et donc de l'injugeable... C'est ici que nous retrouvons, dans la logique même, la nécessité *fondatrice* de l'irreprésentable, qui doit pouvoir *recevoir un statut négatif de l'assertion de la pensée rationnelle et du processus secondaire eux-mêmes*. Le jugement d'irreprésentabilité consiste à admettre en profondeur, dans le *champ du discours réaliste, que tout n'est pas actuellement ni finalement connaissable, réalisable dans la pensée*, pour ces sujets-là que nous sommes ici et maintenant, et que *quelque chose* demeure irréductiblement en mal de sens, qui ne peut être qu'*évoqué* par les arabesques de la vie et de l'imagination. Vivre, créer, penser est alors possible, *peut exister* et aussi finalement *cesser*, – c'est-à-dire s'inscrire dans le devenir –, *de par ce jugement même de renoncement au contrôle totalitaire du sens* [16], du « représentable ». Le devenir psychique ne peut être engendré qu'au prix de concéder la fragilité, la dépendance, la relativité, la précarité enfin de la psyché désirante. D'une psyché-sujet qui, comme son objet, n'existe, comme telle, que de *souffrir* une part, fondatrice, *de sens en souffrance*. [17]

Notes :

1 - Véritable théorie sexuelle infantile, à usage scientifique, de l'origine de l'excitation de la pensée de l'analyste par la résistance du patient à (se) représenter ?

2 - que j'ai étudiée dans mon livre *La genèse du Souvenir*, P.U.F., 1968, ch. 1.

3 - Cf. notamment ci-dessus mon chapitre sur L'objet de la perte dans la pensée de Freud.

4 - Une célèbre note de *Inhibition* (1926) consacre l'importance que Freud (sans trop la justifier, hélas) accorde à l'hallucination négative.

5 - Le *trop* et le *pas assez* blessent tous deux (traumatisent) l'appareil psychique. Voir l'article pénétrant de Cl. Janin (*Revue française de Psychanalyse*, 1985, n° 2), et J. Cournut, *L'ordinaire de la passion*, Paris, PUF, 1991.

6 - Cf. la profonde étude de C. Parat sur *Le sacré* (1988) et les travaux de H. et M. Vermorel (1987, 1991, 1993) sur Freud et le romantisme, Freud et R. Rolland. Murielle Gagnebin a étudié psychanalytiquement l'irreprésentable dans l'art (1987).

7 - Sans affirmer ni nier (*via di riservare*, cf. J. Guillaumin, 1987, chap. 3 et ci-dessus dans cet ouvrage).
8 - J. Guillaumin, voir n. 1, plus haut.
9 - Cf. J. Guillaumin, *Entre blessure et cicatrice*, P.U.F., 1987, dernier chapitre, et La pulsion de mort comme prothèse théorique de l'impensé du contre-transfert, *Revue française de Psychanalyse*, 1989, n° 2, p. 593-618.
10 - Sur lequel j'ai pu attirer pour ma part l'attention, il y a déjà longtemps (J. Guillaumin, Le rêveur et son rêve (suivi d'une discussion), *Revue française de Psychanalyse*, 1972, n° 1).
11 - Qui sont maintenant autant de régions ou d'orientations, de pôles du regard du *Ich* sur son propre univers d'existence, vu du dedans.
12 - Freud reste donc un homme de *science*, mais au sens le plus complet et le plus vrai du terme : il respecte *la réalité, y compris la réalité psychique du sujet épistémique*, qu'il renonce à faire *artificiellement* sortir de sa position cognitive naturelle de dépendance au monde de ses objets pour simplifier le problème de la connaissance de Soi et d'autrui..
13 - Dont le surgissement et le traitement dans l'analyse annoncent souvent des progrès essentiels.
14 - Comme le donnait à entendre, dès 1971, l'article connu de F. Pasche, Le bouclier de Persée ou psychose et réalité, *Revue française de Psychanalyse*, 1971, n° 5-6, p. 859-870.
15 - Il s'agit d'une forme particulière du jugement de négation, qui concerne l'évaluation des limites de ce que le sujet consent par nécessité, quoiqu'avec peine et « sacrifice » (Rosolato), à laisser dans l'inconnu, à l'extérieur de l'empire du conscient et des marches qui en gardent les frontières, sans toutefois l'idéaliser, ni le déifer défensivement.
16 - Portant, pour reprendre un terme heureux d'André Green, sur la « réserve de l'incréable » ?
17 - Cf. aussi en ce sens le beau rapport de R. Cahn, 1991, sur le Sujet, et ma contribution à sa discussion (« Sujet, vérité et séparation », *Revue française de Psychanalyse*).

POSTFACE

Postface : je voudrais donner ici à ce mot, qui fournit à ma conclusion une sorte de titre (mais à quel autre titre conclure ?), c'est-à-dire un impératif d'existence dans l'après-coup – impératif dont l'effet dépend des lecteurs –, la valeur plutôt d'une *interface*. Je voudrais que mon écrit prenne un double visage.

Car tournées par fonction des deux côtés, ces lignes regardent déjà d'une part vers ce que j'ai fini d'écrire, et d'autre part vers ce que d'autres en feront peut-être en me lisant. Elles ont donc le pouvoir transitif de faire communiquer entre eux, et ainsi de changer un peu l'un dans l'autre deux temps, deux écoutes (d'écriture et de lecture), deux générations de la transmission aléatoire et des épigenèses possibles de la pensée sur l'objet, que j'ai après d'autres, avant d'autres interrogée.

Voici ce que je souhaiterais qu'on garde de mon propos au bout du compte – ou qu'alors on perde de vue, pour le laisser revenir du dedans.

Livre sur l'Objet, ce livre est aussi finalement, et il n'a pu éviter d'être, livre sur le Sujet.

Attentif à la théorie, et même fervent parfois à cet égard, il renvoie de tout côté à l'indépassable originaire de la pratique, ici psychanalytique.

Écrit pour des psychanalystes, il s'adresse aussi à tous ceux qui, entre les lignes savantes ou parfois raconteuses, experts en silences, entendent l'auteur à la recherche du sens, au fil d'une plume hésitante. D'un sens dont l'âme (psyché ou réalité psychique ?) n'existe en tant que source du désir de comprendre, tout comme l'objet qu'elle vise, que du creux qui l'habite, et ne persiste que des dons inconnus qu'elle reçoit de ses renoncements et de ses limites mêmes à comprendre. Les pensées n'ont point de propriétaire, seulement des propriétés, en partie inconnues.

L'analyste et les siens (ses « proches » ou doubles, ses autres-semblables), maîtres, collègues, patients, mais aussi bien ceux qui liront le texte d'une autre place, ont maintenant ce livre-objet en commun. Partagé jusqu'à un certain point, et jusqu'à un certain point indivis. Chargé après-coup et par avance de tous les détournements ou transgressions de pensée que l'auteur, de manière sue ou insue de lui, a commis en écrivant. Et voué aux détournements et appropriations conscients ou inconscient auxquels il se prête pour soutenir, et définir d'autres réflexions qui s'y reposeront ou s'y opposeront à la recherche d'un tiers toujours dérobé, et nécessaire au travail de l'esprit.

Objet lui aussi, peut-être, du « troisième type » ? Destiné à une partition, à une séparation, page par page, personne par personne, dont le mot *fin* donne le signal conventionnel. Chaque écriture, qu'elle soit légère ou érudite, si elle touche, et quand elle touche la pensée, devient à nouveau nébuleuse originelle, aspirant ensuite à des expansions ou à des retraites qui, chez l'auteur ou chez d'autres, s'y appuieront, mais la dessaisiront aussi d'elle-même.

ANNEXES

BIBLIOGRAPHIE

Cette bibliographie comprend :

I - Les titres de Freud cités dans le texte et les notes de l'ouvrage.
II - Les autres titres utilisés, cités directement ou évoqués dans le corps du texte ou dans les notes.

I - *Écrits de Freud*

Freud (S.) (1873-1939), *Correspondance*, trad. franç., 1960, par A. Berman et J.-P. Grossein, Paris, Gallimard, 1966.

– (1887-1902), *La naissance de la psychanalyse*, 1950, trad. franç. par A. Berman, Paris, P.U.F, 1956, éd. revue, 1976.

– La mélancolie (*manuscrit G* de janvier 1895), trad. franç. par A. Berman, dans *La naissance de la psychanalyse*, Paris, P.U.F, 1956, 91-97 (SE 1).

– Esquisse d'une psychologie scientifique (manuscrit du 9 octobre 1895), trad. franç. à partir de l'allemand (*Aus den Anfängen der Psychoanalyse*, Londres,1950) par A. Berman, dans *La naissance de la psychanalyse*, Paris, P.U.F, 1956, p.307-396 [mentionné aussi sous le titre de Projet de psychologie scientifique à l'usage des neurologues]. (SE 1, le texte allemand ne se trouve pas dans les GW).

– (1899), Sur les souvenirs-écrans, trad. franç. par D. Berger, P. Bruno, D. Guérineau et F. Oppenot, dans *La vie sexuelle*, Paris, P.U.F, 1969, 113-131 (GW 1, SE 3).

– (1900), *L'interprétation des rêves*, trad. franç. par I. Meyerson, Paris, P.U.F, 1926, et nouv. éd. revue par D. Berger, Paris, P.U.F, 1967 (GW 2-3, SE, 4 et 5).

– (1900), Fragment d'une analyse d'hystérie (Le cas Dora), trad. franç. par M. Bonaparte et R. Loewenstein, dans *Cinq Psychanalyses*, Paris, Denoël & Steele, puis P.U.F, 1954, éd. 1970, 1-91 (GW 5, SE 7).

– (1900), *Psychopathologie de la vie quotidienne*, trad. franç. par S. Jankélévitch, Paris, Payot, 1922 (GW 4, SE 6).

– (1905), *Trois essais sur la théorie de la sexualité*, trad. franç. par R. Reverchon, Paris, Gallimard, 1923. Nouvelle trad. franç. par P. Koeppel, Gallimard, 1987 (GW 5, SE 7).

– (1905), *Le mot d'esprit dans ses rapports avec l'inconscient*, trad. franç. par M. Bonaparte et M. Nathan, Paris, Gallimard, 1930 (GW 6, SE 8).

– (1909), Analyse d'une phobie chez un petit garçon de cinq ans, trad. franç. par M. Bonaparte, *Revue française de Psychanalyse*, 1928, 2, n° 3, 411-438, et dans *Cinq psychanalyses*, Paris, Denoël & Steele, 1935, et P.U.F, 1954 (GW 7, SE 10).

– (1909), *L'Homme aux rats, journal d'une analyse*, trad. franç. des notes de Freud par Elza Ribeiro-Hawelka, Paris, P.U.F, 1974, (GW Nachtragsband, 1987).

– (1910), Des sens opposés dans les mots primitifs, trad. franç. par E. Marty et M. Bonaparte, dans les *Essais de psychanalyse appliquée*, Paris, Gallimard, 1971 (GW 8, SE 11).

– (1911), Formulations sur les deux principes du cours des événements psychiques, trad. franç. par J. Laplanche, *Psychanalyse à l'Université*, 1979, 4, n° 14, 189-196 (GW 8, SE 12).

– (1909), Remarques sur un cas de névrose obsessionnelle (L'Homme aux rats), trad. franç. par M. Bonaparte et R. Loewenstein, dans *Cinq psychanalyses*, Paris, Denoël & Steele, 1935, et P.U.F, 1954 (GW 7, SE 10).

– (1912), Conseils aux médecins sur le traitement psychanalytique, trad.franç. par A.Berman dans *De la technique psychanalytique*, Paris, P.U.F., 1953 (GW 8, SE 12).

– (1912-1913), *Totem et tabou*, trad. franç. par S. Jankélévitch,

Paris, Payot, 1973 (GW 9, SE 13).

– (1913), La disposition à la névrose obsessionnelle (une contribution au problème du choix de la névrose), trad.franç. par D.Berger, P.Bruno, D.Guérineau et F.Oppenot, dans *Névrose, psychose et perversion*, Paris, P.U.F., 1981 (GW 8, SE 12).

– (1914), *Pour introduire le narcissisme*, nouvelle trad. par J. Laplanche, dans *La vie sexuelle*, Paris, P.U.F, 1969, 81-105 (GW 10, SE 14).

– (1915), Pulsions et destins des pulsions, trad. franç. dans *Métapsychologie*, par M. Bonaparte et A. Berman, Paris, Gallimard (Les pulsions et leur destin, 1940). Nouvelle trad. par J. Laplanche et J.-B. Pontalis pour *Métapsychologie*, Paris, Gallimard, 1968 (GW 10, SE 14).

– (1915), L'inconscient, trad. franç. par M. Bonaparte et A. Berman, *Revue française de Psychanalyse*, 1936. 9, n° 1, 58-90, et dans *Métapsychologie*, Paris, Gallimard, 1940. Nouvelle traduction de J. Laplanche et J.-B. Pontalis pour *Métapsychologie*, Paris, Gallimard, 1968 (GW 10, SE 14).

– (1915), *Vue d'ensemble des névroses de transfert.* trad. franç. par I. Grubris-Simitis et P. Lacoste, Paris, Gallimard, 1987. Voir aussi dans volume 13 de la nouvelle traduction dirigée par J. Laplanche aux P.U.F., référencée plus bas (le texte ne figure ni dans SE, ni dans GW).

– (1916), Quelques types de caractères dégagés par la psychanalyse, trad. franç. par M.Bonaparte et E.Marty dans les *Essais de psychanalyse appliquée*, Paris, Gallimard, 1933 (GW 10, SE 14).

– (1917), *Deuil et mélancolie*, trad. franç. par M. Bonaparte et A. Berman, *Revue française de Psychanalyse*, 1936, 9, n° 1, 22-116, et dans *Métapsychologie*, Paris, Gallimard, 1940. Nouvelle traduction de J. Laplanche et J.-B. Pontalis pour *Métapsychologie*, Paris, Gallimard, 1968 (GW 10, SE 14).

– (1917), Complément métapsychologique à la théorie du rêve, trad. franç. par M. Bonaparte et A. Berman dans *Métapsychologie*, 1940. Nouvelle trad. par J. Laplanche et J.-B. Pontalis pour *Métapsychologie*, Paris, Gallimard, 1968 (GW 10, SE 14).

– (1916-1917), *Introduction à la psychanalyse*, trad. franç. par S. Jankélévitch, Paris, Payot, 1949 (GW 11, SE 16).

– (1917), Sur la transformation des pulsions sexuelles, particulièrement dans l'érotisme anal, trad. franç. par D. Berger, dans *La vie sexuelle*, Paris, P.U.F, 1969 (GW 10, SE 17).

– (1918), Extrait de l'histoire d'une névrose infantile (L'Homme aux loups), trad. franç. par M. Bonaparte et R. Loewenstein, révis. par A. Berman, dans *Cinq psychanalyses*, Paris, P.U.F, 1970 (GW 12, SE 17).

– (1919), L'inquiétante étrangeté, trad. franç. par E. Marty et M. Bonaparte, dans *Essais de psychanalyse appliquée*, Paris, Gallimard, 1933, et nouvelle trad. franç. par B. Feron, Gallimard, 1985 (GW 12, SE 17).

– (1920), Au-delà du principe du plaisir, trad. franç. par S. Jankélévitch, dans *Essais de psychanalyse*, Paris, Payot, 1927, revue par Hesnard, 1970 (GW 13, SE 18).

– (1921), Psychologie collective et analyse du Moi, trad. franç. par S. Jankélévitch, dans *Essais de psychanalyse*, Paris, Payot, 1927 (GW 13, SE 18).

– (1923), Le Moi et le Ça, trad. franç. par S. Jankélévitch, dans *Essais de psychanalyse*, Paris, Payot, 1927 (GW 13, SE 18).

– (1925), La négation, trad. franç. par H. Hoesli, *Revue française de Psychanalyse*, 1934, 7, n° 2, 174-177 (GW 14, SE 19). Voir aussi nouvelle trad. par J. Laplanche, dans *Résultats, idées, problèmes II, 1921-1938*, Paris, P.U.F, 1985.

– (1926), *Inhibition, symptôme et angoisse*, trad. franç. par P. Jury et E. Fraenkel, Paris, P.U.F, 1951 (GW 14, SE 19).

– (1927), Le fétichisme, trad. franç. par D. Berger, dans *La vie sexuelle*, Paris, P.U.F, 1969 (GW 14, SE 2l).

– (1927), Dostoiewski et le parricide. Nouvelle trad. par J.-B. Pontalis et coll. , dans *Résultats, idées, problèmes*, t. 2. Paris, P.U.F, 1985, p. 161-179 (GW 14, SE 21).

– (1932), *Nouvelles conférences sur la psychanalyse*, trad. franç. par A. Berman, Paris, Gallimard, 1936. Nouvelle trad. franç. par R. M. Zeitling, Gallimard, 1984 (GW 15, SE 22).

– (1937), Constructions dans l'analyse, trad. franç. par E.R. Hawelka, U. Huber et J. Laéplanche dans *Résultats, idées, problèmes II, 1921-1938*, Paris, P.U.F., 1985 (GW 16, SE 23).

– (1937), Analyse terminée et analyse interminable, trad. franç. par A. Berman, *Revue française de Psychanalyse*, 1939, 11, n° 1, 3-38. Voir aussi nouvelle trad. par J. Altounian. A. Bourguignon et coll., dans *S. Freud. Résultats, idées, problèmes*, II, Paris, P.U.F, 1985 (GW 16, SE 23).

– (1938), *Abrégé de psychanalyse* (publié en 1940), trad. franç. par A. Berman, Paris, P.U.F, 1967 (GW 17, SE 23).

– (1939), *Moïse et le monothéisme*, trad. franç. par A. Berman, Paris, Gallimard, 1967, Nouvelle trad. par C. Heim, Gallimard, 1986 (GW 16, SE 23).

– et Breuer (J.) (1895), *Études sur l'hystérie*, trad. franç. par A. Berman, Paris, P.U.F, 1956 (GW 1, SE 1).

– et Jung (C. G.), *Correspondance avec C. G. Jung* (1906-1910; 1910-1914), trad. franç. par R. Fivaz-Silbermann, Paris, Payot, 1975, 2 vol.

Pour plusieurs des textes de Freud, voir aussi dans ceux des six volumes déjà publiés à cette date (1995) de la nouvelle traduction française, sous la direction de J. Laplanche, des *Œuvres complètes*, Paris, P.U.F., 21 vol., en particulier dans le vol 13, qui contient le cas de « l'Homme aux loups » et la *Métapsychologie* (avec notamment « Deuil et mélancolie » et « Vue d'ensemble »), le 16, qui contient « Psychologie des masses » ainsi que « Le moi et le ça », et enfin le 17, où l'on trouve *Inhibition, sysmptôme et angoisse*. La nouvelle traduction, cité ci-dessus, de ce dernier texte, faite par J. et R. Doron, est reproduite, à l'identique, dans un petit volume spécial des P.U.F., 1993.

II - *Autres références*

Abraham (K.), Préliminaires à l'investigation et au traitement psychanalytique de la folie maniaco-dépressive et des états voisins (1912), dans les *Œuvres complètes*, trad. franç., Paris, Payot, 1965, p. 99-113.

– Perte objectale et introjection au cours du deuil normal et des états psychiques anormaux (1924), dans les *Œuvres complètes*, trad. franç., t. II, Paris, Payot (1913-1925), 1965, p. 258-265.

Abraham (N.) et Torok (M.), L'objet perdu-Moi : notation sur l'identification endocryptique, *Revue française de Psychanalyse*, 1975, 39, n° 3, p. 409-426.

– *Le verbier de l'Homme aux loups*, Paris, Aubier/Flammarion, 1976.

– *L'écorce et le noyau*, Paris, Aubier, 1978, voir not. « Le crime de l'introjection » (1963), par N. Abraham, p. 123-131 : et « Deuil ou mélancolie : introjecter-incorporer », par N. Abraham et M. Torok, p. 259-275.

– (voir aussi à Rand N., la référence a l'ouvrage de M.Torok et de cet auteur)

Alsteens (A.), Problématique narcissique et cadre analytique, *Revue belge de Psychanalyse*. 1984, n° 5, p. 41-62.

– Négativité du cadre et déploiement de la psyché, *Revue belge de Psychanalyse*, 1987, n° 11, p. 33-58.

Andreoli (A.), Processus analytique, auto-érotisme et anti-auto-érotisme (XXXVIIe CPLF). *Revue française de Psychanalyse*, 1977, 41, n° 5-6, p. 951-956.

– L'Œdipe précoce, mythe et réalité du processus psychanalytique, *Revue française de Psychanalyse*, 1981, 45, n° 4, p. 787-796.

Anzieu (A.), L'enveloppe hystérique, dans le collectif *Les enveloppes psychiques*, par D. Anzieu, D. Houzel, A. Missenard, M. Enriquez, A. Anzieu, J. Guillaumin, J. Doron, E. Lecourt, T. Nathan, Paris, Dunod, 1987, p. 114-137, § II.

Anzieu (D.), Le Moi-Peau, *Nouvelle Revue de Psychanalyse*, 1974, n° 9, p. 195-209.

– L'auto-analyse de Freud et la découverte de la psychanalyse, 2 vol., Paris. P.U.F, 1975.

– Quelques précurseurs du Moi-Peau chez Freud, *Revue française de Psychanalyse*, 1981, 41, n° 5, p. 1163-1186.

– *Le Moi-Peau*, Paris, Dunod, 1985, et nouvelle édition 1995, augmentée.

Baldwin (J. M.), *Le développement mental chez l'enfant et dans la race*, 1895, trad. franç., Paris, Alcan, 1897.

Balint (M.), *Amour primaire et technique psychanalytique*, trad. franç.; cf. not. Instincts et relations, p. 13-174, Paris, Payot, 1972.

Baranes (J. J.), A soi-même étranger, *Revue française de Psychanalyse*, 1986, 50, n° 4, p. 1079-1096.

Barande (I.), *Le maternel singulier*, Paris, Aubier, 1977.

— De l'assassinat de Moïse comme immolation de l'instinct de mort, *Revue française de Psychanalyse*, 1984, 48, n° 4. p. 967-986.

Barande (I.) et Barande (R.), Antinomies du concept de perversion et épigenèse de l'appétit d'excitation (notre duplicité d'être inachevé) (Rapport au XLIIe Congrès des Psychanalystes de Langue française, Montréal, 1982), *Revue française de Psychanalyse*, 1983, 47, n° 1, p. 143-281.

Barande (R.), *La naissance exorcisée ou l'érotique anale de l'homme inachevé*, Paris, Denoël, 1975.

Barande (I. et R.), David (C.), Major (R.), McDougall (J.), M'Uzan (M. de), Stewart (S.), *La sexualité perverse*, Paris, Payot, 1972.

Barbier (A.), Étude d'ensemble des fantasmes originaires, dans le collectif dirigé par H. Sztulman, A. Barbier, J. Cain, *Les fantasmes originaires*, Toulouse, Privat, 1986.

— Le refoulement originaire dans ses rapports avec le fantasme originaire et l'identification, *Revue Française de Psychanalyse*, 1986, 5-6, p.451-457.

Bauduin (A.), Espace d'illusion et statut de l'objet chez l'enfant prépsychotique, *Psychiatrie de l'Enfant*, 1975, vol. XVIII, fasc. 1, p. 147-190.

Bayle (G.), Future, passée, présente : la douleur, *Revue française de Psychanalyse*, 1986, 50. n° 3, p. 803-816.

— Traumatisme d'origine qualitative, *Bulletin de la Société psychanalytique de Paris*, 1987, n° 12, « Clinique et théorie du traumatisme », p. 85-89.

Becache (A.), La chair et le sang, *Revue française de Psychanalyse*, 1987, 51. n° 5, p. 1385-1402.

Beetschen (A.), Une représentation en trompe-l'œil, *Bulletin de la Société psychanalytique de Paris*, 1987. n° 12, p. 41-48.

Bégoin (J.), Contre-transfert et perte d'objet, dans le collectif dirigé par Sztulman (H.), *Le psychanalyste et son patient*, Toulouse, Privat, 1983, p. 39-53.

– Présentation : quelques repères sur l'évaluation du concept d'identification, *Revue française de Psychanalyse*, 1984, 48, n° 2, p. 483-490.

Bégoin (J.), Névrose et traumatisme, *Revue française de Psychanalyse*, 1987, 51, n° 3, p. 999-1019.

Begoin (J) et Begoin-Guignard (F.), Le travail du psychanalyste, (De la technique à l'éthique psychanalytique), chap. V : « La dépression, la relation d'objet et le caractère » (K. Abraham et W. Reich), p. 41-50 (Rapport au 41e Congrès des psychanalystes de langue française, Paris, 1981) *Revue française de Psychanalyse*, 46, n° 5-6, p. 189-293.

Begoin (J.) et Fain (M.), Dialogue : identification hystérique et identification projective, *Revue française de Psychanalyse*, 1984, 48, n° 2, p. 515-528.

Bergaigne (A.), *Manuel pour étudier la langue sanskrite* (avec une préface de L. Renou) Paris, Champion, 1984.

Bergeret (J.), Dépressivité et dépression dans le cadre de l'économie défensive (rapport au 36e Congrès des psychanalystes de langue française, Genève, 1976), *Revue française de Psychanalyse*, 1976, 40, n° 5-6, p. 835-1044.

– *La dépression et les états-limites*, Paris, Payot, 1980.

– *La violence fondamentale*, Paris, Dunod, 1982.

– Refoulement originel, inconscient primitif et fantasmes archaïques (XLVe CPLF, 1985) *Revue française de Psychanalyse*, 1986, 50, n° 1, p. 458-460.

– *Le « Petit Hans » et la réalité*, Paris, Payot, 1987.

Bibring (E.), The conception of the repetition compulsion, *Psychoanalytic Quarterly*, 1943, n° 4

Bion (W. R.), *L'attention et l'interprétation* (1960), trad. franç., Paris, Payot, 1973.

Bleger (J.), *Symbiose et ambiguïté*, (1967), trad. franç., Paris, P.U.F, 1981.

Bokanowski (Th.), « Ensuite survient un trouble » : Sandor Ferenczi, le transfert négatif et la dépression de transfert, dans le collectif avec M. Bertrand, M. Dechaud-Ferbaus, A. Draint, M. Ferminne,

N. Koury, *Ferenczi patient et analyste*, Paris, L'Harmattan, 1994.

Botella (C. et S.), Sur la carence auto-érotique du paranoïaque, *Revue française de Psychanalyse*, 1982, 46, n° 1, p. 63-79.

— L'homosexualité inconsciente et la dynamique du double en séance, *in Revue française de Psychanalyse*, 1984, 48, n° 3, p. 687-708.

Boulanger (J.), Quelques jalons dans l'histoire du narcissisme, *Bulletin du Groupe lyonnais de Psychanalyse*, 1984, n° 2, p. 3-15.

Bourdier (P.), Besoins des enfants, désirs et folie des adultes, étude clinique comparée de quelques incompatibilités, *Perspective psychiatrique*, 1986, 25, n° 1, p. 7-20.

Bourgeron (J. P.), États d'amour et idéalisation, *Revue française de Psychanalyse*, 1986, 50, n° 3, p. 647-658.

Bouvet (M.), Dépersonnalisation et relation d'objet, (Rapport au XXIe Congrès des Psychanalystes de Langues romanes, Rome, 1960), *Revue française de Psychanalyse*, 1960, vol. 24, n° 4-5, p. 451-604.

— La clinique psychanalytique, la relation d'objet, *in* collectif *La Psychanalyse d'aujourd'hui*, 2e éd. (S. Nacht. dir.), 1967, p. 41-121.

— *La relation d'objet. Névrose obsessionnelle. Dépersonnalisation*, t. 1, avant-propos de M. de M'Uzan. Paris, Payot, 1967.

Braunschweig (D.) et Fain (M.), *Éros et Antéros (réflexions psychanalytiques sur la sexualité)*, Paris, P.U.F, 1971.

— *La nuit, le jour (essai psychanalytique sur le fonctionnement mental)*, Paris, P.U.F, 1975.

— Des mécanismes communs à l'auto-érotisme et à l'interprétation (37e CPLF), *Revue française de Psychanalyse*, 1977, 41, n° 5-6, p. 993-1002.

Brette (F.), Du traumatisme... et de l'hystérie « pour s'en remettre », dans *Quinze études psychanalytiques sur le temps; traumatisme et après-coup*, coll. dir. par J. Guillaumin, Toulouse, Privat, 1982. p. 42-54.

— Pour introduire la question du traumatisme narcissique, *Bulletin de la Société psychanalytique de Paris*, 1987, n° 12, p. 65-74.

— Les théories du traumatisme chez Freud, relectures et après-coup, *Bulletin de la Société psychanalytique de Paris*, 1987, n° 12. p. 9-14.

Brusset (B.), *Psychanalyse du lien*, Paris, Le Centurion.,1988, avec une préface d'A. Green.

Burloux (G.), La douleur, l'économique et le sens, *Bulletin de la Société psychanalytique de Paris*. 1987, n° 12, p. 55-61.

Cahn (R.), L'objet de la psychose, *Revue française de Psychanalyse*, 1982, 46, n° 6, p. 1107-1132.

– Le procès du cadre ou la passion de Ferenczi, *Revue française de Psychanalyse*, 1983, 47, n° 5, p. 1107-1134.

– Intervention, dans *La dépression insaisissable*, Actes du 13ᵉ Colloque du Centre Psychothérapique A. Binet, 1984, p. 90-93.

– Du sujet, rapport au 51ᵉ Congrès des psychanalystes de langue française des pays romans, Paris, *Revue française de Psychanalyse*, 1991, p. 1371-1490

Caïn (J.), Position et qualité de l'objet dans l'auto-érotisme (37ᵉ CPLF), *Revue française de Psychanalyse*, 1977, 41, n° 5-6, p. 1009-1018.

Castoriadis-Aulagnier (P.), *La violence de l'interprétation, du pictogramme à l'énoncé*, Paris, P.U.F, 1975.

Chasseguet-Smirgel (J.), Essai sur l'Idéal du Moi, contribution de l'étude de la maladie d'idéalité (Rapport au 33ᵉ Congrès des Psychanalystes de Langue française, Paris, 1973), *Revue française de Psychanalyse*, 1973, n° 5-6, p. 709-929.

– *Éthique et esthétique de la perversion*, Paris, Champ-Vallon, Seyssel, 1985.

– *Les deux arbres du jardin*, Paris, Des Femmes, 1988.

– *La maladie d'idéalité, essai psychanalytique sur l'Idéal du Moi*, Paris, Editions Universitaires, 1990.

Cinelli (M.), Cris et chuchotements, *Bulletin de la Société psychanalytique de Paris*, 1987, n° 12, p. 81-84.

Clancier (A.) et Kalmanovitch (J.), *Le paradoxe de Winnicott*, Paris, Payot, 1984.

Colin-Rothberg (D.), Entre pratique et théorie, langage et création chez Freud autour du journal de l'Homme aux rats, *in Bulletin du Groupe lyonnais de Psychanalyse,*, 1986, n° 6, p. 21-26.

– Interrogations sur la langue analytique à partir du surgissement de langues étrangères dans la cure (Conférence du 20 octobre 1987 à la SPP), communication personnelle et article publié dans *Bulletin de la Société psychanalytique de Paris*, 1988, n° 13, p. 65-76.

Cosnier (Jacqueline), A propos de l'équilibre des investissements narcissiques et objectaux dans la cure, *Revue française de Psychanalyse*, 1970, n° 4, p. 575-600.

– A propos de l'auto-érotisme dans ses rapports avec le narcissisme (Interv. au 37e CPLF), *Revue française de Psychanalyse*, 1977, 41, n° 5-6, p. 1019-1028.

– Séparation et/ou réminiscence, *in* collectif *Quinze études psychanalytiques sur le temps, traumatisme et après-coup*, par J. Guillaumin (dir.) et autres, Toulouse, Privat, 1982, p. 73-90.

– Masochisme féminin et destructivité, *Revue française de Psychanalyse*, 1985, 49, n° 2, p. 551-568.

– Destins de la féminité, Paris, P.U.F, *Le fait psychanalytique*, 1987.

Cosnier (Jacques), *Nouvelles clés pour la psychologie*, Lyon, P. U. L., 2e éd., 1981.

Cournut (J.), La névrose du vide, *Nouvelle Revue de Psychanalyse*, 1975, n° 11, p. 79-90.

– Deuils ratés, morts méconnues, *Bulletin de la Société psychanalytique de Paris*, 1983, n° 2, p. 9-Z5.

– L'ombre de l'objet et la représentation de mot, *Revue française de Psychanalyse*, 1985, 49, n° 3, p. 871-874.

– De la séduction à la castration ou comment limiter les dégâts, *Bulletin de la Société psychanalytique de Paris*, 1987, n° 12, p. 21-26.

– La réaction psychanalytique négative, *in* collectif *Pouvoirs du négatif dans la psychanalyse et la culture*, dir. par M. Gagnebin et J. Guillaumin, Seyssel et Paris, Champ-Vallon, P.U.F, 1988, p. 26-31.

– *L'ordinaire de la passion*, Paris, P.U.F., 1992.

Cournut (J.) et Cournut-Janin (M.), La castration et le féminin dans les deux sexes (rapport au 53e congrès des Psychanalystes de langue française des pays romans), *Revue Française de Psychanalyse*.

Cournut-Janin (M.), D'un fantasme incestueux à un meurtre originaire,

Revue française de Psychanalyse, 1986, 50, n° 1, p. 417-420.

– Objet(s) perdu(s) depuis toujours, depuis jamais, *Revue française de Psychanalyse*, 1986, 50, n° 3, p. 735-747.

David (C.), La perversion affective, dans le collectif *Sexualité perverse*, Paris, Payot, 1972, p. 185-230.

– *L'état amoureux*, Paris, Payot, 1972.

– Souffrance, plaisir, pensée : un mixte indissociable, dans *Souffrance, plaisir et pensée*, collectif par J. Caïn, C. David, M. Fain, J. Guillaumin, S. Mellor-Picaut, M. Olender, Paris, Les Belles-Lettres, 1983, p. 15-59.

– A propos de la représentation de l'affect, *Revue française de Psychanalyse*, 1985, 49, n° 3, p. 797-806.

Decourt (P.), Rôle de la corrélation entre réalité et mythe, dans le collectif H. Sztulman, A. Barbier, J. Caïn, *Les fantasmes originaires*, Toulouse, Privat, 1986, p. 111-128.

Dejours (C.), Le corps entre biologie et psychanalyse, Paris, Payot, 1988.

– Recherches psychanalytqique sur le corps : répression et subversion en psychosomatique, Paris Payot, 1989.

Denis (P.), La dépression chez l'enfant, réaction innée ou élaboration ?, *Psychiatrie de l'Enfant*, 1987, 30, n° 2, p. 301-328.

– Emprise et théorie des pulsions (rapport au 52e Congrés des psychanalystes de langue française des pays romans), *Revue Française de Psychanalyse*, 1992, N°spécial 3 De l'emprise à la perversion », p. 1295-1421.

Diatkine (R.), Réflexions sur la genèse de la relation d'objet psychotique chez le jeune enfant (XXIe Congrès international de Psychanalyse, Copenhague, 1959), *Revue française de Psychanalyse*, 1959, 23, n° 5, p. 629-643.

En relisant en 1966 Analyse terminée et analyse interminable, *Revue française de Psychanalyse*, 1968, 32, n° 2, p. 226-230.

– Rêve, illusion et connaissance (Rapport au XXXVIIe CPLF, Madrid, 1974), *Revue française de Psychanalyse*, 1974, 38, n° 5-6, p. 779-820.

Donnet (J. L.), Analyse définie et analyse indéfinissable : à propos de la

2ᵉ règle fondamentale (rapport au 43ᵉ Congrès des psychanalyste de langue française des pays romans), *Revue française de Psychanalyse*, 1983, 48, n° 1, p. 239-477.

– Sur l'écart théorico-pratique, *Revue française de Psychanalyse*, 1985, 49, n° 5, p. 1289-1301.

– Pour introduire une discussion sur le fonctionnement psychique de l'analyste, *Bulletin du Groupe lyonnais de Psychanalyse*, 1987, n° 9, p. 4-14.

– *Surmoi I, le concept freudien et la règle fondamentale*, Monographies de la Revue Française de Psychanalyse, Paris, P.U.F., 1995.

– et Green (A.), *L'enfant de Ça (psychanalyse d'un entretien : la psychose blanche)*, Paris, Editions de Minuit, 1970.

Dorey (R.), L'expérience de la transgression comme mise en question du sujet, *Bulletin du Groupe lyonnais de Psychanalyse*, 1987, n° 7, p. 53.

– *Le désir de savoir*, Paris, Denoël, 1988.

Dubor (P.), « La dialectique du faire et du dire en pathologie et en thérapeutique », Communication au 10ᵉ Congrès international de Psychanalyse, 1976, *Actes du Congrès*.

Dufour (J.), Des mots et du contre-transfert (synchronie dans la cure et diachronie dans la théorie), *Bulletin du Groupe lyonnais de Psychanalyse*, 1988, n° 11, p. 11-26.

Duparc (F.), Sujet à confusion, *Revue française de Psychanalyse*, 1991, n° 6, p. 1959 1969.

Eiguer (A.), *La parenté fantasmatique*, Paris, Dunod, 1987.

Enriquez (M.), Souviens-toi de l'apocalypse, considérations sur l'angoisse de mort, *Topique*, 1976, n° 17, Le Roc du primaire, p. 35-70.

– *Aux carrefours de la haine*, Paris, Desclée de Brouwer, 1984.

Faimberg (H.), Le télescopage des générations, *Psychanalyse à l'Université*, 1987, n° 46, p. 181-200.

– A l'écoute du télescopage des générations, pertinences psychanalytiques du concept, dans *Topique*, 1988, 42, 2, p. 223-238.

– Le télescopage des générations, à propos de la généalogie de certaines identifications, ch 2 du collectif *Transmission de la vie psychique entre générations*, par R.Käes, H. Faimberg, M. Enriquez, et J.-J. Baranes, Paris, Dunod, 1993.

Fain (M.), *Le désir de l'interprète*, Paris, Aubier, 1982.

– Biphasisme et après-coup, dans le collectif par J. Guillaumin (dir.) et autres *Quinze études psychanalytiques sur le temps, traumatisme et après-coup*, Toulouse, Privat, 1982.

– Psychanalyse, un métier impossible : Rome et Londres, dans le collectif par M. Fifali, M. Cournut, E. Enriquez. M. Fain, *Les trois métiers impossibles*, Paris, Les Belles Lettres, 1987, p. 9-39.

– (voir aussi à Braunschweig et Fain)

Faure (S.), Constitution des instances et processus d'introjection dans la dépression, *Revue française de Psychanalyse*, 1986, n° 5, p. 1375-1390.

Favreau (J.), Contribution à la table ronde sur Entretiens préliminaires et premiers temps d'une cure psychanalytique, 23ᵉ Séminaire de Perfectionnement, Institut de Psychanalyse, 1981, avec notamment des interventions de Jacqueline Cosnier, J. Bergeret, R. Cahn (Public. interne de l'Institut Psychanalyse, Paris, 1981).

Federn (P.), *La psychologie du Moi et les psychoses* (1952), trad. franç., Paris, P.U.F, 1979.

Fedida (P.), *L'absence*, Paris, Gallimard, 1978.

Flournoy (O.), *L'acte de passage*, Neuchâtel, La Baconnière, 1985.

– Mécanismes archaïques et refoulement, *Revue française de Psychanalyse*, 1986, 50, n° 1, p. 480-481.

Ferenczi (S.), Introjection et transfert (1909), dans *Œuvres complètes*, trad. franç., t. I, Paris, Payot, 1967.

– De la définition de l'Introjection (1912), dans *Œuvres complètes*, trad. franç., t. II, Paris, Payot, 1970, p. 51-65.

Fréjaville (A.), L'incapacité d'être seul(e) de l'hystérique, *Revue française de Psychanalyse*, 1986, n° 3, p. 979-988.

Freud (S.), Voir Bibliographique spéciale, plus haut (I).

Frismand (J.), Note sur le non-pensé, non-refoulé, rationalisé, perpétué, *Revue française de Psychanalyse*, 1986, n° 1. p. 482-483.

Fusco (M. C.) et **Smirnoff (V.)**, Les limites de la dépression. Espace fusionnel et faille identificatoire, *Topique*, 1976, n° 17, Le roc du Primaire, p. 7-34.

Gagnebin (M.), *L'irreprésentable, ou les silences de l'œuvre*, Paris, P.U.F, 1984.

Gibeault (A.), Destins de la symbolisation (rapport au XIIe CPLF), *Revue française de Psychanalyse*, 1989, 53, n°6, p. 1517-1617.

Gagnebin (M.) et **Guillaumin (J.) dir..**, *Pouvoirs du négatif dans la psychanalyse et la culture*, avec contribution de ces auteurs, et par ailleurs de Y. Bonnefoy, J. Chasseguet-Smirgel, J. Cournut, C. David, A. Jeanneau, R. Kaes, J. Miller, M. de M'Uzan, M. T. Neyraut-Sutterman, B. Rosenberg, L. de Urtubey, R. Roussillon, M. Gagnebin, A. Oppenheimer, et de A.T. Ahami, J. Blasquez, G. Broyer, B. Chouvier, M. Favaro, L. Gadeau, L. Mémery, H. Reboul, J.-M. Talpin., Seyssel, Champ Vallon, 1988.

Gantheret (F.), *Incertitudes d'Éros*, Paris, Gallimard, 1984.

Gillibert (J.), De l'auto-érotisme (Rapport au XXXVIIe CPLF), *Revue française de Psychanalyse*, 1977, 41, n° 5-6, p. 769-949.

– L'image de l'absence du père, *Images du père*, Colloque du Groupe lyonnais de Psychanalyse, Institut de Psychanalyse, 1979, p. 59-69.

– *Le Moi soulagé* (Œdipe Maniaque, III), Paris, Payot, 1979.

– De la table, du bloc, de l'appareil : quand psyché est magique, *Revue française de Psychanalyse*, 1981, 45, n° 5, p. 1261-1280.

Godfrind (J.), L'affect, un autre roc ?, *Revue française de Psychanalyse*, 1986, n° 9, p. 15-31.

– La fêlure, *Revue française de Psychanalyse*, 1986, 50, n° 1. p. 485-488.

– Deuil et fin d'analyse, *Revue française de Psychanalyse*, 1987, 10, p. 13-33.

– *Les deux courants du transfert*, Paris, P.U.F., 1992 (préface de J. Guillaumin).

Gori (R.), *Le corps et le signe dans l'acte de parole*, Paris, Gallimard, 1978.

Granoff (W.), *Filiations, l'avenir du complexe d'Œdipe*, Paris, Genève, Édit. de Minuit, 1973.

– *La pensée et le féminin*, Paris, Genève, Édit. de Minuit, 1976.

Granoff (W.) et **Rey** (J. M.), *L'occulte, objet de la pensée freudienne*, Paris, P.U.F, 1983.

Green (A.), *Le discours vivant*, Paris, P.U.F, 1973.

– De l'esquisse à l'interprétation des rêves, coupure et clôture, *Nouvelle Revue de Psychanalyse*, n° 5, L'espace du rêve, 1972.

– *Le discours vivant*, Paris, P.U.F., 1973

– L'hallucination négative, *L'Evolution psychiatrique*, 1977, t. 43, fasc. III/2. p. 645-656.

– La réserve de l'incréable, dans le collectif *Créativité et/ou symptôme*, dir. N. Nicolaïdis, E. Schmid-Kitsikis, Paris, Clancier-Guénaud, p. 163-197.

– Réflexions libres sur la représentation de l'affect, *Revue française de Psychanalyse*, 1985, 49, n° 3, p. 773-788.

– *Narcissisme de vie, narcissisme de mort*, Paris, Ed. de Minuit, 1980.

– Le travail du négatif, *Revue française de Psychanalyse*, 1986, 50, n° 5-6, p. 489-493.

– *La folie privée*, Paris, Gallimard, 1990.

– *Le travail du négatif*, Paris, Editions de Minuit, 1993.

– *Propédeutique, la métapsychologie revisitée*, Seyssel, Champ Vallon, 1995.

Gressot (M.), Les illusions gagnées, réflexions sur la dualité fonctionnelle, structurante et défensive des processus de rationalisation, *L'Évolution psychiatrique*, 1965, 4, p. 577-610.

– Illusion et auto-érotisme (26ᵉ CPLF), *Revue française de Psychanalyse*, 1966, 30, n° 5-6, p. 732-734.

– L'idéal du Moi, entre une illusion créatrice et une illusion aliénante, *Revue française de Psychanalyse*, 1973, 37, n° 5-6, p. 973-977.

– *Le royaume intermédiaire*, Paris, P.U.F, 1979.

Grubrich-Simitis (I.), « Métapsychologie et métabiologie », à la suite de la trad. franç. par J.-P. Lacoste de S. Freud, *Vue d'ensemble des névroses de transfert* (1915), Paris, Gallimard, 1985, p. 97-165.

Grunberger (B.), Préliminaire à une étude topique du narcissisme, *Revue française de Psychanalyse*, 1958, 22, n° 3, p. 269.

– Étude sur la relation objectale anale, *Revue française de Psychanalyse*, 1960, 24, n° 2, p. 137.

– Étude sur la dépression, *Revue française de Psychanalyse*, 1965, 29, n° 2-3, p. 163-182.

– *Le narcissisme*, Paris, Payot, 1971.

– Narcisse et Anubis, *Revue française de Psychanalyse*, 1983, 47, n° 4, p. 921-938.

– Quichotte-Narcisse, son combat et son échec, *Revue française de Psychanalyse*, 1987, 51, n° 4, p. 1193-1205.

Guérin (C.), Les enveloppes externes du Moi, dans le coll. D. Anzieu et al., *L'Épiderme nomade et la peau psychique*, Paris, Apsygée 1990, p. 141.

Guillaumin (J.), *La genèse du souvenir, souvenir d'enfance et enfance du souvenir*, Paris, P.U.F., 1968.

– Le rêveur et son rêve, *Revue française de Psychanalyse*, 1972, 37, n° 1-2, p. 5-39; et remarques en réponse à Y. Dalibard, A. Green, J. Chasseguet-Smirgel, C. David, J. Gillibert et E. Kestemberg, p. 39-48.

– Freud entre les deux topiques, le comique après l'humour : une analyse inachevée, *in Revue française de Psychanalyse*, 1973, 37, n° 4, p. 607-654.

– Honte, culpabilité, dépression (comm. au 33ᵉ CPLF), *Revue française de Psychanalyse*, 1973, 37, n° 5-6, p. 983-1006.

– Psychanalyse, épreuve de la « réalité psychique », *Nouvelle Revue de Psychanalyse*, n° 12, automne 1975, p. 163-187; repris avec modifications dans Psyché, 1982.

– L'étayage et le 'désir d'objet' dans la création picturale (pour une psychanalyse des rapports du motif et du fond dans la peinture), *Bulletin de Psychologie*, 1977/1978, XXXI, 12-17, 336, p. 796-814.

– L'énergie et les structures dans l'expérience dépressive, le rôle du préconscient (comm. au Congrès des Psychanalystes de Langues romanes, Genève, juin 1976), *Revue française de Psychanalyse*, 1976, n° 5-6, p. 1059-1072; repris avec modifications dans *Psyché*,

Paris, P.U.F.,1983

— La souffrance travaillée par la pensée dans l'écriture, dans le collectif *Souffrance, plaisir et pensée*, J. Cain, C. David, M. Fain, J. Guillaumin, S. Mellor-Picaut, et M. Olender, Paris, Les Belles-Lettres, 1986.

— Le travail du rêve comme deuil des objets de la veille : crise d'objet et nouvelle création du rapport de réalité, *Revue française de Psychanalyse*, 1981, n° 1, p. 161-185. Repris avec modification dans *Psyché*, P.U.F., 1983.

— La position hystérique de la réalité, *Etudes psychothérapiques*, 1981, 12, n° 44, p. 109-114.

— Avant-propos à *Quinze études psychanalytiques sur le temps, traumatisme et après-coups*, collectif par J. Guillaumin (dir.) et S. Bécache, J. Bergeret, F. Brette, J. Caïn, A. Clancier, R. Diatkine, M. Fain, G. Hummel, J.-P. Jacquot, S. Lebovici, F. Lévy, M. Netter, A. Ong, M. Utrilla, Toulouse, Privat, 1982, p. 7-10,

— Le traumatisme et l'expérience des limites dans la psychanalyse, dans *Quinze études Psychanalytiques sur le temps*, cité, collectif par J. Guillaumin (dir.) et autres, 1982, p. 124-148.

— *Psyché, études psychanalytiques sur la réalité psychique*, Paris, P.U.F, 1982.

— Transferts et contre-transferts homosexuels dans la cure psychanalytique, leurs rapports avec les défenses paranoïaques, dans *Les transferts homosexuels,* Groupe lyonnais de Psychanalyse, Institut de Psychanalyse, 1982, p. 58-76.

— Effets tardifs des traumatismes en amont et en aval du moment pubertaire, dans le collectif dir. par A.-M Alléon, O. Morvan et S. Lebovici, *Adolescence achevée et inachevable*, Paris, P.U.F, 1984, p. 83-98.

— Besoin de traumatisme et adolescence, *Adolescence*, 1985, 3, 1, p. 127-137.

— *Entre blessure et cicatrice, le destin du négatif dans la psychanalyse*, Seyssel, Champ Vallon, 1987.

— Les enveloppes psychiques du psychanalyste, dans le collectif *Les enveloppes psychiques*, par D. Anzieu (dir.), A. Anzieu, J. Doron, M. Enriquez, J. Guillaumin, D. Houzel, E. Lecourt, A. Missenard,

T. Nathan, Paris, Dunod, 1987 p. 138-180.

– Fliess-Freud-Ferenczi (création permise et création refusée : succès et échecs de la transmission dans l'appropriation identifiante du négatif), p. 83-99 dans le collectif, cité plus haut, *Pouvoirs du négatif dans la psychanalyse et la culture*, par J. Guillaumin (dir. avec M. Gagnebin) et autres, Seyssel, Champ Vallon, 1988.

– Quelqu'un veut guérir, *Revue française de psychanalyse* 1991, N) 2, p. 395-408

– L'emprise, la répétition aux frontières de l'appareil psychique, *Revue française de Psychanalyse*, 1992, 5, p.1485-1489.

– Les contrebandiers du transfert, ou le contre-transfert et le contournement du cadre par la réalité extérieure (contribution à la discussion du rapport de L. de Urtubey (54° CPLFPR) sur le travail du contre-transfert), *Revue française de Psychanalyse*, 1994, N° spécial, p. 1483-1534.

– La douleur, un inanalysable ? (Les deux sources de la douleur, morale et somatique), dans le Compte-rendu du Colloque « La psychaitrie et la douleur », Médecine du Sud-Est, t. 31, 1995, n°7, p. 1962-1966.

Guttieres-Green (L) - Le tombeau vide, douleur de l'oubli, *Revue française de psychanalyse*, 1991, 4, p. 855-870

Gutton (Ph.), Essai sur le narcissisme primaire en clinique du nourrisson, *Psychanalyse à l'Université*, 1979, 4, n° 16, p. 697-707.

Guyotat (J.) et Fedida (P.), *Généalogie de la transmission*, Paris, Écho-Centurion, 1986.

Haber (M.), Quelques réflexions à propos de fins d'analyse chez des patients narcissiques, dans *Bulletin du Groupe lyonnais de Psychanalyse,*, 1988, n° 11, p. 127-142, et, dans un texte modifié, *Revue française de Psychanalyse*, 1988, n° 13, p. 23-38.

Hall (E. T.), *La dimension cachée* (1966), trad. franç., Paris, Le Seuil, 1971.

Hartmann (H.), *Essays on Ego Psychology*, New York, Int. University Press, 1964.

Haynal (A.), Le sens du désespoir (Rapport au 36e CPLF, 1976), *Revue française de Psychanalyse*, 1977, 41, n° 1-2, p. 17-185.

– *Dépression et créativité*, Lyon, Césura, 1987.

– et coll., *Le narcissisme : l'amour de Soi*, Paris, Sand, 1985, avec des textes de S. Freud, P. Federn, O. Rank, P. Bourdier, W. Reich, J. Chasseguet-Smirgel, D. W. Winnicott, P. Heimann, H. Rosenfeld, B. Grunberger, F. Pasche, H. Kohut, O. Kernberg, E. Brenman.

Henny (R.), L'économie de l'affect dans la sublimation, dans le collectif *L'économie de l'affect*, Institut de Psychanalyse de Lyon, 1981, p. 68-85.

Hochmann (J.), *La consolation*, Paris, Odile Jacob, 1994, ch. 9.

Hollande (Cl.), Quelques remarques sur les repères structuraux et l'évolution de la demande dans les entretiens préliminaires, *Bulletin de la Société psychanalytique de Paris*, 1983, n° 4, p. 3-8.

Jacobson (E.), *Le Soi et le monde objectal* (1964), trad. franç., P.U.F, 1975.

Janin (Cl.), Le traumatisme : entre hystérie et dépression, *Bulletin de la Société psychanalytique de Paris*, 1987, n° 12, p. 75-80 : à paraître dans *Revue française de Psychanalyse*, 1988.

– L'empiètemebnt psychique, dans le collectif *La psychanalyse, questions pour demain*, Monographies de la Revue Française de Psychanalyse, Paris, P.U.F., 1990.

Jeanneau (A.), A partir de la douleur psychique (XXXVIe CPLF, Genève, 1976), *Revue française de Psychanalyse*, 1977, 41, n° 1-2, p. 253-256.

– Angoisse et anxiété, *Encyclopédie médico-chirurgicale* (Psychiatrie), 1977, fasc. 37141.A.10.

– *La cyclothymie, étude psychanalytique*, Paris, Payot, 1980.

Josserand (S. A.), Au-delà des rêves typiques, *Bulletin de la Société psychanalytique de Paris*, 1987, n° 12, p. 101-104

Kaës (R.), *L'idéologie, études psychanalytiques : mentalités de l'idéal et esprit de corps*, Paris, Dunod, 1972.

– Introduction à l'analyse transitionnelle, dans le collectif *Crise, rupture et dépassement*, par R. Kaes (dir.), A. Missenard, R. Kaspi, D. Anzieu, J. Guillaumin, J. Bleger, Paris, Dunod, 1979, p. 1-81.

– « Le sujet de l'héritage », et »Introduction au concept de transmission psychique dans la pensée de Freud «, dans Kaès (R.),

Faimberg (H), Enriquez (M.) et Baranes (J.-J.), *Transmission de la vie psychique entre générations*, Paris, Dunod, 1993.

Kaës (R.), dir., et coll., *Rapport sur la transmission psychique intergénérationnelle et intragroupale, aspects pathologiques thérapeutiques et créatifs*, Université Lyon II, 1985.

Kestemberg (E.), La relation fétichique à l'objet, *Revue française de Psychanalyse*, 1978, 42, n° 2, p. 195-214.

Khan (M. M. R.), *Le Soi caché* (1974), trad. franç., Paris, Gallimard, 1976.

Klein (M.), On the criteria for the termination of a psycho-analysis, *International Journal of Psychoanalysis*, 1950, 31, p. 204-298.

– Les origines du transfert (1952), trad. franç., dans *Revue française de Psychanalyse*, 1952, 16, n° 1-2, p. 204-214.

– Contribution à l'étude de la psychogenèse des états maniaco-dépressifs (1934), *Essais de Psychanalyse*, trad. franç., Paris, Payot, 1967, p. 311-340.

– De l'identification (1955), trad. franç., dans *Envie et gratitude et autres essais*, Paris, Gallimard, 1957, 1963.

– Le deuil et ses rapports avec les états maniaco-dépressifs (1940), trad. franç., *Essais de Psychanalyse*, Paris, Gallimard, 1948, p. 341-369.

Kohut (H.), *Le Soi* (1971), trad. franç., Paris, P.U.F, 1974.

Kristeva (J.), *Soleil noir, dépression et mélancolie*, Paris, Gallimard, 1987.

Lacan (J.), *Écrits*, Paris, Le Seuil, 1972.

– *Le séminaire*. Livre I : Les écrits techniques de Freud, Paris, Le Seuil, 1975, XVII, « relation d'objet et relation intersubjective », p. 238-244.

– *Le séminaire*. Livre II : Le Moi dans la théorie de Freud et dans la technique de la psychanalyse (texte établi par J. A. Miller), Paris, Le Seuil, 1978.

– *La relation d'objet*. vol. 1 : Séminaire 1956-1957, Paris, Ed. du Pirhana, 1981.

Lacoste (P.), Destins de la transmission (à la suite de la trad. franç. de Freud), pour *Vue d'ensemble des névroses de transfert* (1915), Paris,

Gallimard, 1985, p. 165-210.

Lagache (D.), Deuil pathologique, *La Psychanalyse*, 1957, vol. II, p. 45-74.

Laplanche (J.), *Vie et mort en psychanalyse*, Paris, P.U.F, 1970.

— *Problématiques* (1970-1985), 5 vol., Paris, P.U.F, publiés de 1980 à 1987.

— *Nouveaux fondements pour la psychanalyse*, Paris, P.U.F, 1987.

— La pulsion et son objet-source, son destin dans le transfert, dans D. Anzieu, R. Dorey, J. Laplanche, D. Widlöcher, *La pulsion, pour quoi faire ?*, APF, 1984, p. 9-26.

Laplanche (J.) et Pontalis (J. B.), Fantasme originaire, fantasmes des origines et origine du fantasme, dans *Les Temps modernes*, 1964, n° 215, p. 1833-1868.

— *Vocabulaire de la Psychanalyse*, Paris, P.U.F, 1967.

Le Guen (Cl.), *L'Œdipe originaire*, Paris, Payot, 1974.

— et coll., Le refoulement (Rapport au 45e Congrès des psychanalystes de langue française des pays romans, Paris 1985), *Revue française de Psychanalyse*, 1986, n° 1, p. 23-35.

— *Théorie de la méthode psychanalytique*, (tome 2 de « La dialectique freudienne »), Paris, P.U.F., 1989.

Lebovici (S.), L'expérience du psychanalyste chez l'enfant et chez l'adulte devant le modèle de la névrose infantile et de la névrose de transfert (rapport au 39e Congrès des psychanalystes de langue française des pays romans, Paris 1979), *Revue française de Psychanalyse*, 1979, n° 5-6, p. 743-1113.

Lebovici (S.) et Soulé (M.), La relation objectale, sa genèse, dans *La connaissance de l'enfant par la psychanalyse*, Paris, P.U.F, 1970.

Legendre (P.), *L'inestimable objet de la transmission, étude sur le principe généalogique en Occident*, Paris, Fayard, 1987.

Letarte (P.), Angoisse d'engloutissement et Idéal du Moi (XXXIIIe CPLF), *Revue française de Psychanalyse*, 1973, 37, n° 5-6, p. 1134-1138.

Lévy (F.), Pour ainsi dire « le négatif », *Psychanalyse à l'Université*, 1978, 3, n° 11, p. 481-507.

Lombard (P.), A propos des fantasmes conscients de l'analyste (XLVIe CPLF, 1986), *Revue française de Psychanalyse*, 1987, 51, n° 2, p. 821-825.

Luquet (P.), Les identifications précoces dans la structuration et la restructuration du Moi (Rapport au CPLF), *Revue française de Psychanalyse*, 1962, 26, numéro spécial, p. 117-293.

— A propos de l'Identification, *Revue française de Psychanalyse*, 1984, 48, n° 2, p. 529-540.

Lustin (J.-J.), Entre James et Freud : à la recherche du primaire, *Bulletin de la Société psychanalytique de Paris*, 1987, n° 12, p. 105-115.

McDougall (J.), L'interprétation de l'irreprésentable, dans le collectif *L'économie de l'affect*, Institut de Psychanalyse à Lyon, 1981, p. 18-67.

— *Le théâtre du Je*, Paris, Gallimard, 1982.

Mallet (J.), Formation et devenir des affects, dans le collectif (S. Nacht, dir.), *La théorie psychanalytique*, Paris, P.U.F, 1969, p. 167-180.

Mancini (R.), Traumatisme, contre-transfert, représentation limite, *in Bulletin de la Société psychanalytique de Paris*, 1987, n° 12, p. 15-20.

Martel (H.), Intervention à propos du texte de J. McDougall, dans *L'Économie de l'Affect*, collectif du Groupe lyonnais de Psychanalyse, Institut de Psychanalyse de Lyon, 1981, p. 120-125.

Marty (P.), *Les mouvements individuels de vie et de mort*, t. I : Essais d'économie psychosomatique, Paris, Payot, 1976.

— L'ordre psychosomatique (*Les mouvements individuels de vie et de mort*, t. II : Désorganisations et régressions), Paris, Payot, 1980.

Masson (J. M.), Le réel escamoté, Paris, Aubier (1984)

Meltzer (D.), *Les structures sexuelles de la vie psychique* (1972), trad. franç., Paris, Payot, 1977.

— Les concepts d'identification projective (Klein) et de « conteneur-contenu » (Bion) en relation avec la situation psychanalytique, *Revue française de Psychanalyse*, 1984, n° 2, p. 541-550.

Menahem (R.), Urverdrüngung primaire, originel, originaire, *Revue française de Psychanalyse*, 1986, n° 1, p. 506-507.

Mercier (G.) et Bergeret (J.), La faille primaire de l'imaginaire chez les états limites, *Revue française de Psychanalyse*, 1978, n° 5-6, p. 999-1010.

Merle-Béral (A.-M.), *Le corps de la cure,* Paris, P.U.F., 1994.

Mijolla (A. de), *Les visiteurs du Moi,* Paris, Les Belles-Lettres, 1981.

– Aux origines de la pratique psychanalytique, dans le collectif, *Histoire de la psychanalyse,* I, dir. par R. Jaccard, Paris, Hachette, 1982, p. 13-40.

– La psychanalyse en France, dans le collectif *Histoire de la Psychanalyse,* t. II, dir. par R. Jaccard, Paris, Hachette, 1983, p. 9-105.

Miller (J.), La problématique du négatif ou l'énigme des mots, dans le collectif *Pouvoirs du négatif dans la psychanalyse et dans la culture,* dir. par J. Guillaumin, Seyssel et Paris, Champ Vallon, P.U.F, 1988, p. 49-56.

Moscovici (M.), *L'ombre de l'objet, sur l'inactualité de la psychanalyse,* Paris, Le Seuil, 1990.

– « Aucun mot pour le dire ou l'intraduisible dans la cure psychanalytique », conférence faite à la SPP, le 20 octobre 1981, communication personnelle.

M'Uzan (M. de), Le même et l'identique, *Revue française de Psychanalyse,* 1970, n° 3, p. 441-450.

– *De l'art à la mort,* Paris, Gallimard, 1977.

– Transfert et névrose de transfert, *Revue française de Psychanalyse,* 1966, n° 2, p. 235-241.

Nacht (S.), *De la pratique à la théorie psychanalytique,* Paris, P.U.F, 1950.

– De l'importance du masochisme primaire organique comme condition traumatisante préœdipienne, dans le collectif *La présence du psychanalyste,* Paris, P.U.F, 1963.

Nacht (S.) et Racamier (P. C.), Les états dépressifs; étude psychanalytique (Rapport au 21ᵉ Congrès international de Psychanalyse, 1960), dans S. Nacht et coll., *La présence du psychanalyste,* Paris, P.U.F, 1963.

Nasio (J.), *Les yeux de Laure : le concept d'objet dans la théorie de Lacan,* Paris, Aubier, 1987.

Neyraut (M.), *Les logiques de l'inconscient,* Paris, Hachette, 1978.

– L'identification, pour une introduction ?, *Revue française de Psychanalyse,* 1984, 48, n° 2, p. 509-514.

Neyraut-Sutterman (M. T.), Télépathie, double, fantasme de meurtre, *Revue française de Psychanalyse*, 1984, 48, n° 3, p. 725-730.

Nicolaïdis (N.), *La représentation, essai psychanalytique de l'objet référent à la représentation symbolique*, Paris, Dunod, 1985.

Nicolaïdis (G.) et Nicolaïdis (N.), Jeu d'ombre et sujet-objet mélancolique, *Revue française de Psychanalyse*, 1977, 41, n° 1-2, p. 281-286.

Nicolaïdis (N.) et Andreoli (A.), Discussion du rapport de Cl. Le Guen et coll. au 45e CPLF, 1985, *Revue française de Psychanalyse*, 1986, n° 1, p. 337-370.

Ody (M.), Travail de deuil, représentation amimique, représentation de chose, *Revue française de Psychanalyse*, 1985, 49, n° 3, p. 897-901.

– De l'opposition entre hystérie et dépression, *Revue française de Psychanalyse*, 1986, 50, n° 3, p. 905-922.

Parat (C.), Réflexions sur le transfert homosexuel dans le cas particulier d'un homme analysé par une femme (contribution à l'étude de la pulsion introjective anale), *Revue française de Psychanalyse*, 1962, 36, n° 2, p. 501-526.

– Perte de l'objet, perte de l'amour, *Revue française de Psychanalyse*, 1986, 50, n° 2, P. 643-646.

– A propos de la coexcitation libidinale, *Revue française de Psychanalyse*, 1987, 51, n° 3, p. 925-936.

– *L'affect partagé*, Paris, P.U.F., 1995.

Pasche (F.), *A partir de Freud*, Paris, Payot, 1960 ; cf. notamment les chapitres 2 (sur l'angoisse); 3 (sur l'objet et l'économie); 10 (sur la dépression); 14 (sur l'anti-narcissisme).

– *Le sens de la psychanalyse*, Paris, P.U.F, 1989.

Pasche (F.) et Renard (M.), Réalité de l'objet et point de vue économique, *Revue française de Psychanalyse*, 1965, 20, n° 4, p. 517-523.

Pellet (J.), Pour une théorie du « vrai flou », *Bulletin du groupe lyonnais de Psychanalyse*, 1991, n° 20, p. 15-25

Perron (M.), « La matrice originelle du fantasme », conférence faite à la SPP, mai 1988, communication personnelle.

Perron (R.), Autismes et psychoses infantiles, ou le traumatisme permanent, *Bulletin de la Société psychanalytique de Paris*, 1987, n° 12, p. 93-l00.

— *Histoire de la psychanalyse*, P.U.F, « Que sais-je ? », 1988.

Perron (M.) et (R.), Fantasme et action (Rapport au XLVIe CPLF, Liège), *Revue française de Psychanalyse*, 1986, 50, n° 5-6, p. 539-637.

Petot (J. M.), L'archaïque et le profond dans la pensée de M. Klein, *Nouvelle Revue de Psychanalyse*, 1982, n° 26, p. 253-272.

Piaget (J.), *La naissance de l'intelligence*, Paris, Neuchâtel, Delachaux & Niestlé, 1937.

Pinol-Douriez (M.), *Bébé agi - bébé actif (l'émergence du symbole dans l'économie interactionnelle)*, Paris, P.U.F, 1984.

Pontalis (J. B.), *Après Freud*, Paris, Gallimard, 1968.

— Naissance et reconnaissance du Self *in* collectif, *Psychologie de la connaissance de Soi*, dir. par Angelergues et coll., Paris, P.U.F, 1975, p. 271-298.

— *Entre le rêve et la douleur*, Paris, Gallimard, 1977.

— *Perdre de vue*, Paris, Gallimard, 1988; voir notamment 1ère partie « Se trouver ou se perdre dans le négatif » avec, aux p. 37-43, « La haine illégitime » et, plus loin, « Mélancolie du langage », p. 193-196.

Pribram (K. H.) et Gill (M. M.), *Le « projet de psychologie scientifique » de Freud un nouveau regard* (1976), trad. franç., Paris, P.U.F, 1982.

Quinodoz (J. M.), Forces primitives de communication dans le transfert et la relation d'objet, *Revue française de Psychanalyse*, 1984, 48, n° 2, p. 571-580.

— Affects retournés : affects intégrés ? (Interv. au 45e CPLF), *Revue française de Psychanalyse*, 1986, n° 1, p. 525-526.

Racamier (P. C.), De l'objet-non-objet, notre folie, psychose et passion, *Nouvelle Revue de Psychanalyse*, 1980, n° 21, p. 235-241.

— Les paradoxes des schizophrènes (rapport au 38e CPLF, Florence), *Revue française de Psychanalyse*, 1978, n° 5-6, p. 877-970.

— Entre agonie psychique, déni psychotique et perversion narcissique, *Revue française de Psychanalyse*, 1986, 50, n° 5, p. 1299-1310.

– Dépression, deuil et alentour, *Revue française de Psychiatrie*, 1985, 3, 2, p. 5-7.

– De la perversion narcissique, *Gruppo*, 1987, n° 3, p. 11-23.

Ramel-Morel (J.), Précocité et traumatisme, *Bulletin de la Société psychanalytique de Paris*, n° 12, p. 49-54.

Rand (O.) et Torok (M.), *Questions à Freud*, Paris, Les Belles Letres/Archimbaud, 1995.

Rank (O.), Le traumatisme de la naissance (1924), trad. franç., Paris, Payot, 1968, postface de Cl. Girard.

Rosenberg (B.), Culpabilité et masochisme moral, ou culpabilité comme négatif du masochisme, *Cahiers du Centre de Psychanalyse, et de Psychothérapie du 13ᵉ arrondissement*, 1982, n° 4, Le masochisme moral, I, p. 2-10.

– Le travail de mélancolie ou la fonction élaborative de l'identification, le rôle du masochisme dans la résolution de l'accès mélancolique, *Revue française de Psychanalyse*, 1986, 50, n° 6, p. 1523-1544.

– Sources pulsionnelles de la négativité, dans le collectif *Le Négatif*, par A. Green et coll., Bordeaux, L'Esprit du Temps, 1994, p. 187.

Rosolato (G.), Trois générations d'hommes dans le mythe religieux et la généalogie, *L'Inconscient*, 1967, n° 1, La transgression.

– *Essais sur le symbolique*, Paris, Gallimard, 1969.

– L'axe narcissique des dépressions, *Nouvelle Revue de Psychanalyse*, 1975, n° 11, Figures du vide, p. 5-34; repris dans *La relation d'inconnu*, Paris, Gallimard, 1978.

– La psychanalyse au négatif, *Topique*, 1977, n° 18, p. 11-29.

– *La relation d'inconnu*, Paris, Gallimard, 1978.

– *Le sacrifice interdit*, Paris, P.U.F, 1988.

Roudinesco (E.), *Histoire de la psychanalyse en France en France*, 2 volumes, Paris, Le Seuil, 1986.

Roullet (A. et F.), La prégénitalité dans l'histoire de l'Homme aux loups, *Bulletin du Groupe lyonnais de Psychanalyse,*, 1984, n° 2, p. 76-79.

Roussillon (R.), Le traumatisme perdu, *Bulletin de la Société psychana-*

lytique de Paris, 1987, n° 12, p. 27-37.

– « A propos de la réaction thérapeutique négative et de quelques difficultés cliniques », Mémoire de candidature de membre adhérent à la SPP, 1987, communication réservée.

– Négation, négativisme, négativité : les destins du reste dans la pensée de S. Freud de 1918 à 1925, dans le collectif *Pouvoirs du négatif dans la psychanalyse et la culture*, dir. par M. Gagnebin et J. Guillaumin, Seyssel, Champ Vallon, P.U.F, 1988.

– *Paradoxes et situations limites de la psychanalyse*, Paris, P.U.F., 1991.

– *Logiques et archéologiques du cadre psychanalytique*, Paris, P.U.F., 1995.

Ruffiot (A.), Freud et le problème de l'objet, *Bulletin du Groupe lyonnais de Psychanalyse,*, 1985, n° 3, p. 53-72.

Ruffiot (A.) (dir.) et coll., *La thérapie familiale*, Paris, Dunod, 1981.

Scheler (M.), *Nature et formes de la sympathie* (1913), trad. franç., Paris, Payot, 1928.

Schoppenhauer (A.), *Le monde comme volonté et comme représentation*, trad. franç. de l'allemand (1818), Paris, P.U.F., 1966.

Shentoub (S. A.), L'image du père du point de vue méthodologique, dans le collectif *Les premiers temps de la cure psychanalytique* (23e Séminaire de Perfectionnement), Institut de Psychanalyse, 1979, p. 1-5, publication réservée.

– Remarques sur la conception du Moi et ses références à l'image corporelle, *Revue française de Psychanalyse*, 1963, 27, n° 2, p. 271-300.

– Prélude à la fin de l'analyse (l'alliance thérapeutique et les transferts homosexuels dans l'Homme aux rats), dans le collectif *Les moments mutatifs dans la cure*, Édit. par le Groupe lyonnais de Psychanalyse, Institut de Psychanalyse, Lyon, 1982, p. 61-74.

Spielrein (S.), *Entre Freud et Jung*, 1980, trad. franç., Paris, Aubier, 1981.

Spitz (R.), La cavité primitive (1955), trad. franç., *Revue française de Psychanalyse*, 1959, 23, n° 2, p. 205-234.

Stein (C.), *L'enfant imaginaire*, Paris, Denoël, 1971.

Sulloway (F. J.), *Freud, biologiste de l'esprit* (1979), trad. franç., Paris, Fayard, 1981.

Sztulman (H.), Barbier (A.), Caïn (J.) (dir.), *Les fantasmes originaires*, Toulouse, Privat, 1986, collectif avec en outre A. Bécache, S. Bécache, J. Bergeret, A. Brousselle, A. Clancier, P. Decourt, R. Dorey, M. Fain, J. Fénelon, H. Haïk-Trivous, Cl. Hollande, A. de Mijolla, M. Netter, Cl. Nachin, A. Perez, J. Picard, R. Puyuëlo, S. Salmeron, Th. Tremblais-Dupré et J. Violette.

Torok (M.), Maladie du deuil et fantasme du cadavre exquis, dans N. Abraham et M. Torok, *L'écorce et le noyau*, Paris, Aubier, 1978, p. 229-251.

Tort (M.), Le concept freudien de « Repräsentant », *Cahiers pour l'analyse*, 1966, n° 5, p. 37-64.

Toubiana (E.), *L'héritage et sa psychopathologie*, Paris, P.U.F, 1988.

Urtubey (L. de), Du rôle du contre-transfert dans la décision de terminer l'analyse, *Bulletin de la Société psychanalytique de Paris*, 1986, n° 10, p. 59-78.

– Le travail du contre-transfert, rapport au 54ᵉ Congrès des psychanalystes de langue française des pays romans, Lisbonne, 1994, *Revue française de Psychanalyse*, 1994, N° spécial, p.1271-1372.

Varenne (J.), *Grammaire du Sanskrit*, Paris, P.U.F, « Que sais-je ? », 1971.

Vermorel (H.), To be or not to be ? Le poids des réalités infantiles traumatiques dans les cures, *Revue française de Psychanalyse*, 1987, 51, n° 5, p. 947-966.

Vermorel (M.), Du père des origines au père œdipien, *Revue Française de Psychanalyse*, 1994, 6, p. 403 sqq.

Vermorel (H. et M.), Freud et la culture allemande, *Revue française de Psychanalyse*, 1986, 50, n° 3, p. 1035-1064.

– *Sigmund Freud et Romain Rolland, correspondance 1923-1936*, Paris, P.U.F., 1993.

Viderman (S.), *La construction de l'espace analytique*, Paris, Denoël, 1970.

Wainrib (S.), Les refoulements originaires, primaire, secondaire, *Revue française de Psychanalyse*, 1986, 50, n° 1, p. 445-449.

Widlöcher (D.), *Les logiques de la dépression*, Paris, Fayard, 1986.

Winnicott (W. D.), La crainte de l'effondrement (1935), trad. franç., *Nouvelle Revue de Psychanalyse*, N° 11, « Figures du vide », 1975.

— Objets transitionnels et phénomènes transitionnels, étude de la première « not-me possession » (1953), trad. franç., *La Psychanalyse*, 1959, n° 5, Paris, P.U.F, p. 89-97.

— *De la pédiatrie à la psychanalyse*, trad. franç., articles de 1935 à 1963, avec une préface d'H. Sauguet, Paris, Payot, 1969.

— *Jeu et réalité : l'espace potentiel* (1971), trad. franç., Paris, Gallimard, 1975.

Numéros de Revue :

Nouvelle Revue de Psychanalyse, 1970, « *Objets du fétichisme* », avec des articles de J.-B. Pontalis, G. Rosolato, W. Smirnoff, R.C. Bak, MM.M.R. Khan, R. Dorey, J. Pouillon, P. Bonnafé, M. Godelier, J. Baudrillard, R. Dadoun, P. Fedida, et deux textes de S. Freud ainsi qu'un de Alfred Adler.

Revue française de Psychanalyse, 1986, 50, n° 2, intitulé « Perte d'objet, perte d'amour, douleur, » avec les contributions de C. Parat, J. P. Bourgeron, J. Lubtchansky, C. Rabenou, F. Duparc, M. Mathieu, R. Berouti, M. Ledoux, J.-P. Obadia, G. Bayle, M. L. Roux, p. 643-828.

Bulletin du Groupe lyonnais de Psychanalyse,, n° 11, 3-4/1988, sur « Le contre-transfert », avec les contributions de D. Colin-Rothberg, J. Dufour, J. Guillaumin, Cl. Janin, S. A. Josserand, R. Roussillon, S. Cohen, J. Godfrind-Haber, M. Haber, A. Bernard-Richemont, M. Charazac, p. 1-156.

Revue française de Psychanalyse, 1982, n° 6, intitulé « L'objet », avec les contributions de P. Sullivan, R. Cahn, M. Hanus, R. Puyuelo, D. Cahn et P. Ajchenbaum, M. Vincent, C. Athanassiou, J. Gillibert, cf. p. 1091-1243.

Revue française de Psychanalyse, 1986, n° 4, intitulé « A soi-même étranger (déni, désaveu) », avec les contributions de G. Diatkine, J.-J. Baranes, J. Cournut, B. Penot, C. Athanassiou, B. Joseph, E. Brenman, J. Guillaumin, T. Vergopoulo, E. Lanson, I. Barande, p. 1075-1930.

Revue française de Psychanalyse, numéro spécial sur » Psychanalyse terminée, psychanalyse interminable », 1986, 32, n° 2.

Revue française de Psychanalyse, n° sur « La douleur et la souffrance psychique, 1991, n° 4, avec (notamment) la contribution de A. Barbier, de L. Guttieres-Green, d'A. Clancier, de S. Amati-Sas, de Cl. Athanassion et de J. Guillaumin

N.B. - Les « Bulletins » de la Société psychanalytique de Paris, et d'autre part du Groupe lyonnais de psychanalyse ne sont pas dans le commerce, et les articles, mentionnés ici, ne peuvent en être communiqués qu'avec la permission de leurs auteurs.

INDEX DES AUTEURS

A

ABRAHAM K. : 86, 103, 128.
ABRAHAM N. : 29, 138, 181.
ALSTEENS A. : 154.
ANDREOLI A. : 152, 154.
ANZIEU D. : 48, 64, 66, 120 ,127, 129, 138, 142, 178, 205.
AULAGNIER P. : 135.
AVRON O. : 168.

B

BALDWIN J. M. : 59.
BALINT M. : 85, 116.
BARANDE I. : 130.
BARANDE R. et I. : 77.
BARBIER A. : 120.
BECACHE A. : 123.
BECACHE S. : 121.
BEETSCHEN A. : 219.
BÉGOIN J. : 117, 154.
BÉGOIN-GUIGNARD F. : 117.
BERGAIGNE A. : 121.
BERGERET J. : 32, 119, 123, 136, 155, 185.

BESDINE M. : 120.
BIBRING E. : 136.
BION W. R. : 22, 73, 116, 125, 129, 167, 203, 204, 207.
BLEGER J. : 116, 167, 197.
BOKANOWSKI Th. : 122.
BOTELLA C. et S. : 126.
BOURGUIGNON A. : 42.
BOUVET M. : 8, 117, 128, 129, 219.
BRAUNSCHWEIG D. : 109, 117, 126.
BRETTE F. : 120.
BREUER J. : 49, 121.
BRUSSET B. : 9.
BURLOUX G. : 120.

C

CAHN R. : 10, 125, 229.
CAIN J. : 120.
CHARCOT J. M. : 49.
CHASSEGUET-SMIRGEL J. : 136, 155.
CLANCIER A. : 125.
COLIN-ROTHBERG D. : 154.
COSNIER Jacqueline : 32, 104.
COSNIER Jacques : 118, 121, 124, 196.
COURNUT J. : 119, 121, 139, 228.

D

DAVID C. : 104, 120, 126, 129.
DEJOURS C. : 209.
DENIS P. : 104, 126, 142.
DHÔTEL A. : 217.
DIAKTINE R. : 9, 121, 125.
DONNET J. L. : 125, 203, 204, 210.
DUPARC F. : 24.

E

EIGUER A. : 116.
ENRIQUEZ M. : 154.

F

FAIMBERG H. : 38, 118, 138.
FAIN M. : 20, 77, 106, 109, 115, 117, 126, 163, 194.
FAVREAU J. : 33.
FECHNER Th. : 123.
FERENCZI S. : 83, 85, 95, 103, 122, 127, 128.
FLIESS W. : 121.
FLOURNOY O. : 154.
FREUD S.
(Pour Freud, les références, très nombreuses, et pratiquement constantes, ne sont pas rappelées ici.)

G

GAGNEBIN M. : 120, 228.
GANTHERET F. : 130.
GILLIBERT J. : 126, 154, 166.
GIRARD R. : 98.
GODFRIND-HABER J. : 143.
GODFRIND J. : 154.
GRANOFF W. : 154.
GREEN A. : 9, 32, 120, 123, 125, 127, 128, 129, 130, 166, 193, 206, 215, 218.
GREENSON : 203.
GRESSOT M. : 124, 204.
GRUBRIS-SIMITIS I. : 90, 91, 92.
GRUNBERGER B. : 32, 136, 147, 155.
GUILLAUMIN J. : 101, 120, 122, 124, 127, 229.
GUYOTAT J. : 120, 138.

H

HABER M. : 143, 155.
HALL E. T. : 123.
HARTMANN H. : 74.
HAYNAL A. : 119, 124.

J

JANET P. : 49.
JANIN Cl. : 121, 1329, 228.
JEANNEAU A. : 120.
JONES E. : 96.
JOUVET M. : 208.
JUNG C. G. : 79, 121.

K

KAËS R. : 125, 138, 139.
KESTEMBERG E. : 126, 129, 155.
KLEIN M. : 8, 18, 22, 73, 83, 87, 121, 125, 159, 185.
KOHUT H. : 8, 74, 136.
KRISTEVA J. : 119.

L

LACAN J. : 39, 74, 125.
LACOSTE P. : 90, 92.
LAGACHE D. : 8, 136, 205.
LAPLANCHE J. : 42, 71, 72, 73, 79, 80, 82, 92, 114, 115, 117, 120, 121, 122, 127, 209, 213, 216, 220.
LE GUEN C. : 114, 115, 201, 217.
LEBOVICI S. : 81, 121, 126.
LEGENDRE P. : 92.
LÉVY F. : 121.
LUQUET P. : 10, 117, 128.
LUSTIN J. J. : 123.

M

M'UZAN de M. : 120, 149, 197, 225.
MAHLER M. : 74.
MARTEL H. : 124.
MARTY P. : 129, 209.
MASSON J. M. : 52, 122, 213.
MC DOUGALL J. : 154.
MELTZER D. : 116.
MIJOLLA de A. : 138.
MIJOLLA de S. : 128.
MILLER J. : 154.
MOSCOVICI M. : 10.

N

NACHT S. : 87.
NETTER M. : 121.
NEYRAUT M. : 147, 209.
NICOLAïDIS G. et N. : 119.

O

OLENDER M. : 120.

P

PARAT C. : 104, 126, 129, 155, 183, 228.
PASCHE F. : 32, 229.
PELLET J. : 24.
PERRON M. : 121, 130.
PERRON M. et R. : 194.
PIAGET J. : 123.
PINOL-DOURIEZ M. : 118.
PONTALIS J. B. : 71, 72, 74, 79, 120, 121, 125, 201, 220.

R

RACAMIER P. C. : 87, 116, 118, 138, 139, 155.
RACKER : 138.
RANK : 98.
RENOU L. : 121.
REY J. M. : 154.
ROLLAND R. : 228.
ROSENBERG B. : 87, 104, 126, 128.
ROSOLATO G. : 120, 124, 166, 187, 229.
ROUDINESCO E. : 119.
ROUSSILLON R. : 121, 126, 129.
RUFFIOT R : 116, 138, 139.

S

SCHELER M. : 73.
SCHOPPENHAUER A. : 183.
SHENTOUB S. A. : 155.
SPIELREIN S. : 102.
SPITZ R. : 127.
STRACHEY J. : 59, 96.

T

TOR M. : 123.
TOROK M. : 29, 138, 181.
TOUBANIA E. P. : 119.

U

URTUBEY de L. : 130, 201.
UTRILLA M. : 121.

V

VALÉRY P. : 69.
VERMOREL H. : 108, 130.
VERMOREL H. et M. : 228.
VERMOREL M. : 124.
VIDERMAN S. : 119.

W

WINNICOTT D. W. : 22, 74, 116, 124, 142, 168, 203.

INDEX DES NOTIONS

La pagination renvoie au corps du texte, à l'exclusion des notes.

A

Absence : 9, 10, ch. 1.
Adolescence : 27, 169, 171.
Affect : 67, 88, 90, 94, 97, 98, 111, 117, 118, 218, 224.
Agir (acte, acting - in, out -) : 194, 196.
Ambivalence/ ambiguïté : 37.
Amour/haine : 117, 118. Voir Intrication.
Anaclitisme interne, dépendance(s) : 136, 154, 167.
Analité : 86, 87, 103, 106, 159, 175.
Analyse (psychanalyse), avec ou sans fin : 106, 137, 190, 195.
Angoisse : 93, 94, 96, 163, 173, 219.
Appareil psychique : 133, 143, 151, 183, 207, 216, 232.
Après-coup : 36, 41, 81, 115, 195, 212, 213, 231.
"Atopique" (topique -) : 13, 139.
Attention également flottante : ch. 7, 203, 206.
Attracteur étrange : 13, 179, 182, 184.
Auto-érotisme , - d'écoute : 167, ch. 7, 203, 206.
Auto-analyse : 64, 66, 132, 224.
Autre, altérité : 8, 11, 27, 39, 57, 58, 63, 86, 152, 162, 168, 170.

B

Besoin, besoin d'objets, de pulsions : 70, 76, 78, 134.
But, - de l'analyse, - pulsionnel : 74, 83, cf. Fin et Pulsion.

C

Ça : 223.
Cadre : 147, 148, 149, 157, 158, 195.
Castration : 34, 35.
Coexcitation : 65.
Comportement : 16, 176, 189.
Compréhension : 161, 176, 189.
Conscient : 209.
Constitution : 91.
Contrebande transfert/contre-transfert : 26, 28, 105.
Contre-investissement : 117, 148, 159, 193, 194, 195, 196, 197.
Contre-transfert : 26, 28, 134, 147. Voir Transfert.
Corps : 159.
Crypte : 116, 138.
Culpabilité : 106, 109, 135, 161.
Cure psychanalytique : 32, 110, 190 et Passion.

D

Début d'analyse : 33, 147.
Dedans/dehors, interne/externe : 52, 53, 130-133, 140, 141, ch.4, 157, 161, 180, 208.
Déliaison / Liaison : 165.
Délire : 86, 87.
Déni, - en commun : 106, 174.
Dépersonnalisation/déréalisation : 102, 159, 218-219.
Dépression, - et position dépressive : ch. 2, 36, 52, 54, 118, 149, 152, 162, 165, 170, 177, 184-185.
Deuil, - de soi : 38, 48, 106-108, 131, 133, 198, 225.

Disposition : 113.
Double(s) : 8, 10, 109, 136, 137.
Douleur, énigme de la - : 12, ch. 2, 60, 61, 150, 224.
Dynamique : 131 et Passion. Voir Métapsychologie.

E

Economique, énergétique : 62, 86, 100, 104, 202. Voir Métapsychologie.
Ecorce/noyau : Voir Moi-peau, et Noyau.
Elaboration, travail : 11, 159-160, 225.
Emprise : 65, 87, 152, 197.
Enigme(s) : ch. 2, 113, 216.
Epistémé, épistémologie psychanalytiques : 7-9, 204, 222.
Esthétique : 182, 183.
Etayage sur le corps, sur le monde externe : 72, 75, 78, 131, 134, 153, 166, 174, 179, 189, 195, 219.
Etrangeté, inquiétante - : 102, 111, 140, 180, 203, 218.
"Eutopique" (topique -) : 13, 135, 186.
"Exotopique", ou "ectopique" (topique -) : 13, 135.

F

Faux : 192.
Fantasme(s), - originaires, - organisateurs : 15, ch. 6, 189, 194, 197, 220.
Féminin : 104.
Fétichisme, auto-, fétiche : 140-141.
Fin de l'analyse, - et terme : 36-38, 106, 135, 158, 190, 193, 199, 213, 225.

G

Générations, télescopage des - : 38, 65, 66, 113, 115, 117, 138, 215.
Génital (primat du -) et pré : ch. 2, 73, 75, 113, 118, 186.
Guérison : 170, 199.

H

Hallucination, - négative : 109, 117, 141, 142, 218.
Homosexualité : 109, 153, 161.
Honte : 136, 173.
Hybride : 149.
Hystérie : 49-51, 65, 93, 94, 97, 109, 110, 118, 163

I - J

Idéal du Moi : 135, 184, 222.
Idéalisation, idéalité (maladie d'-) : 105, 135, 136, 138, 141, 154, 158-159.
Identification, secondaire, primaire, archaïque : 41, 55, 107-108, 116, 151, 174, 176, 198, 206, 216.
Inceste : 105.
Inconnu : 109.
Inconscient (l'-) : 79, 82, 107, 142, 207, 209, 224, 227.
Incorporation : 108, 198.
Inhibition : 173.
Interface : 231-232.
Intergénérationnel(le) : Voir Générations.
Interprétation : 140, 175, 178, 189, 192, 199, ch.7, 203-207, 226.
Interpretation via di porre, di levare, di riservare : 177, 179.
Intrication des Pulsoins : 23. Voir Pulsions.
Introjection : 152.
Investissement, désinvestissement : 147. Voir Contrinvestissement.
Irreprésentable : 149, 150, 62, 181, 196, ch. 8, 211, 227-228.
Jugement, - et croyance : 25, 162-163, ch. 8, 226-228.

L

Langage, les mots : 7, 41-42, 46, 48, 142, 179, 214.
Libido, d'objet, narcissique, du Moi : 78, 79, 80, 142.

M

Maîtrise : ch. 8, 211, 228.
Manie, hypo -, défenses maniaques : 88.
Masochisme, pervers, féminin, moral, originaire, sado- : 104, 106, 114, 141, 152, 191.
Mélancolie, - et manie : ch. 2, 85, 88, 166.
Métaphore : 23, 131, 133.
Métapychologie : 13, 84, 101, ch. 3, 131, 135, 151, 165, 177, 180-181, 184, 192-193.
Moi (*Ich*) : ch. 2, ch. 4.
Moi idéal : Voir Idéalité et ch. 3.
Moi-peau : 138, 178, 180.
Mots/choses (inscriptions de) : 142. Voir Langage.
Mystique(s) : 142, 182-183.

N

Narcissicisme : 60, 79-80, 88, 108, 139-140, 143, 157-158, 178, 192.
Négativité, négatif : 11, 40, 41, 109, 150, 166, 173 et ch. 5, 182, 183, 206.
"Neurotica" : 64, 213.
Névrose, de transfert : 64, 147, 150, 186. Voir Transfert.
Nostalgie : 170.
Noyau, noyau/écorce ou surface du Moi : 179-181 et ch. 5, 180, 184.
Noyau narcissique de l'Objet, du Sujet : 11, ch. 1, ch. 5.

O

Objet, objectalité, complexe de l'O. etc. : ch. 2, et Passion.
Objet partiel, total : 79, 84, 140.
Obsession, -nel : 69, 91, 103, 160, 179.
Œdipe, - originaire : 36, 113, 114, 152, 161, 186-202, 217.
Ombre : 11, ch. 1, ch. 4.
Ontogenèse : 102, 113.
Oralité : 136, 138, 159.
Originaire, Fantasme -, Scène - : 69, 80, 81, 95, 108, 110, 113, 114, 146, 215, 217.

P

Paradoxe, paradoxalité : 72, 160, 174, 176, 183, 204, 217.
Paranoïa : 52.
"Paratopique" (topique -) : 135, 140.
Pare-excitation : 60.
Passion : 141.
Perceptif, extéro -, intéro -, proprio - : 59, 60.
Père, de la réalité, de la préhistoire personnelle : 108, 109. Voir Préhistoire.
Perversion, - polymorphe, - affective : 40, 64, 71, 77, 105, 106.
Phallus, phallique : 105, 106, 140.
"Philogenèse" : 18.
Phylogenèse : 12, 41, 51, 90, 95-100, 102, 107, 110, 115, 215.
Phobie : 94, 160.
Plaisir / Déplaisir (principe du -) : 42-44.
Pratique (la) : 131.
Précession du contre-transfert : 147.
Préconscient : 142, 209.
Préhistoire : 95, 108, 110.
Processus primaire, secondaire : ch. 7, 204-205.
Proche-semblable, alter-ego : 57, 59, 62, 63, 75-76.
Projection : 76, 157.
Psyché, Ame, *Seele* : voir Appareil psychique.
Psychose : 187.
Psychosomatique : 209.
Pulsion(s), - de Vie, de Mort, du Moi, - et Autoconservation : 56, 57, 71, 78, 83, 134, 167, 174, 194, 213, 221.

Q - R

Quanité, quantitatif : 62-63, 72, 80, 181. Voir Economique.
Réaction thérapeutique négative : 105, 137, 168, 176, 190, 198, 224.
Réalité, psychique, matérielle, Epreuve de la - : 25, 31, 32, 55, 59, 71-73, 81, ch. 4, 160-162, 213.
Refoulement : 139, 148.
Régression/progression : 88.
Relation d'objet : 8-10, 60.

Renoncement : 149, ch. 8, 227, 232.
Renversements/retournements : 133, 151, 153, 158, 167.
Répétition : 191, 226.
Représentance : 90, 166, 215.
Représentation et Irreprésenté : 105, 118, 143. Voir Irreprésentable.
Résistance(s), - de l'analyste : 106, 158, 159, 168, 178, 180, 212.
Rêve : 66, 151-152, 158, 177, 208-209.
Rêves de Freud : 66-69, 132.
Roman familial : 151.

S

Sacrifice : 182, 226.
Sadisme/masochisme : Voir Masochisme.
Séduction, - généralisée : ch. 2, 148.
Séparation : ch. 4, 149, 169-170.
Source, - pulsionnelle, -objet-but : 72, 73, 83.
Souvenirs-écrans : 76.
Sujet, - et Objet : 7-13, 189, ch. 6, 222, 226.
Sublimation : 69, 76, 138.
Surmoi : 108, 160, 184, 222.
Symbole, symbolisation : 9, 57, 118, 142, 193-194, 198, 214.

T

Technique : 194.
Temporalité : 87, 109, 115, 152-153, 158, 165, 168, 207.
Théorie, - sexuelle inf. : 9, 11, 110, 144, 157, 203, 213.
Tiers, "tiercéïté" : 7-9, 110, 187.
Topique : 107, ch. 3, ch. 4, 164.
Traces perceptives, mnésiques : 105, 207.
Transfert, - et contretransfert, - narcissique : 26, 28, 67, 68, 91-92, 147, 151-152, 169, 175, 178, 186, 190-191, 199, 209, 224-225.
Transitionnel(le), (Aire -) : ch. 7, 207, 208.
Transmission, - narcissique, - par le négatif : 113, 216.
Trauma, traumatique : 52, 60, 95, 98, 212.

U

Utopie : 137.
"Utopique"(topique -) : 13, 137.

V

"Vide" : ch. 6, 175, 207, 209.
Violence, Agressivité : Voir Pulsions.
Visuel(le), vision : 131, 132.

Ouvrages de Jean Guillaumin :

La genèse du souvenir, souvenir d'enfance et enfance du souvenir, Paris, P.U.F., 1967.

Le rêve et le Moi, rupture, continuité, création dans la vie psychique, Paris, P.U.F., collection Le Fil Rouge, 1979. Le livre a été traduit en espagnol.

Psyché, études psychanalytiques sur la réalité psychique, Paris, P.U.F., collection Le Fil Rouge, 1983.

Entre blessure et cicatrice, le destin du négatif dans la psychanalyse, Seyssel, Champ Vallon, collection L'Or d'Atalante, 1987.

Ouvrages collectifs dirigés ou co-dirigés par Jean Guillaumin, avec préface et contributions personnelles :

Corps Création, entre Lettres et Psychanalyse, Lyon, Presses Universitaires de Lyon, 1980.

Quinze études psychanalytiques sur le temps, Traumatisme et après-coup, Toulouse, Privat, 1982.

Le temps et la vie, les dynamismes du vieillissement, (co-dirigé avec H. Reboul), Lyon, Éditions de la Chronique Sociale, 1982.

Ordre et désordre de la parole, Lyon, publication du C.R.I., Université Lumière-Lyon II, 1986.

Pouvoirs du négatif dans la psychanalyse et la culture, (co-dirigé avec M. Gagnebin), Seyssel, Champ Vallon, collection L'Or d'Atalante, 1988.

TABLE DES MATIERES

AVANT-PROPOS 7

PREMIÈRE PARTIE :
L'EXPÉRIENCE D'OBJET
DANS LA PENSÉE PSYCHANALYTIQUE

CHAPITRE I

L'objet, l'absence et l'ombre,
ou le noyau narcissique de l'objet 17

CHAPITRE II

L'objet de la perte dans la pensée de Freud

A - *der Verlust,* la perte 42
B - *das Objekt,* l'objet 45
C - *der Schmerr,* la douleur 46

1. - La première théorie de la perte : 1895
a - Les prémisses : avant 1895 49
b - La mise en place théorique de 1895 52

2. - L'objet et la perte au niveau des Trois Essais (1905)
a - Le trajet conceptuel entre 1895 et 1905 64
b - La théorie en 1905 et les Trois Essais 70

3. - Le problème de la perte et de l'objet autour de 1915
a - Recherches et notions intermédiaires, entre 1905 et 1915 : 78
b - La perte de l'objet dans la Métapsychologie de 1915 : 82

4. - De 1915 à Inhibition, symptôme et angoisse
1° Le bilan proposé par Inhibition, symptôme et angoisse en 1925.. 96
2° Les changements qui ont conduit aux solutions de 1925 . 100
a - La grande secousse théorique de 1920 101
b - L'approfondissement de la problématique de l'analité.... 103
c - La nouvelle topique 107
d - L'identification « primaire » 107

CHAPITRE III

Variations de la topique du deuil : les lieux de l'objet perdu 131

DEUXIÈME PARTIE

LE TRAVAIL D'OBJET EN PSYCHANALYSE

Avant-propos 147

CHAPITRE IV

Entre dehors et dedans :
Une clinique qui éclaire la théorie... 157

CHAPITRE V

Un moi « sans objet » ? ou structure du Moi et négativité 173

CHAPITRE VI

Les fantasmes organisateurs et l'impensé dans l'analyse 189

CHAPITRE VII

Signifier l'objet : attention flottante, auto-érotisme d'écoute et émergence de l'interprétation 203

CHAPITRE VIII
Jugement de non-représentabilité et renoncement
à la maîtrise de la pensée 211

POSTFACE 231

ANNEXES 233

BIBLIOGRAPHIE 235

INDEX DES AUTEURS 267

INDEX DES NOTIONS 275

OUVRAGES DE JEAN GUILLAUMIN 283

Ouvrage réalisé
par les Ateliers Graphiques de l'Ardoisière
à Bedous
Reproduit et achevé d'imprimer
par l'Imprimerie Floch à Mayenne
le 1er mars 1996
pour le compte des éditions
L'Esprit du Temps
B.P. 107 - 33491 Bordeaux-Le-Bouscat

Dépôt légal : mars 1996
N° d'éd. : 63 - N° d'imp. : 39145